MIJN JAAR IN KOERDISTAN

Susanne Fischer

MIJN JAAR IN KOERDISTAN

*Met vijf vrouwen in een huis
aan de rand van de waanzin*

VERTAALD DOOR
SONJA VAN WIERST

MOURIA

De foto's uit het fotokatern zijn van de hand van de auteur afgezien van p. 1 boven © Christoph Reuter, p. 2 boven, p. 3 boven, p. 8 boven © Erwin Decker; p. 6 onder, p. 7, p. 10, p. 11 onder, p. 14 boven © Niaz al Bayati.

© 2006 by Piper Verlag GmbH, München
All rights reserved
© 2007 Nederlandse vertaling uitgeverij Mouria, Amsterdam
Alle rechten voorbehouden
Oorspronkelijke titel: *Meine Frauen-WG im Irak oder die Villa am Rande des Wahnsinns*
Omslagontwerp: Janine Jansen
Omslagfotografie: © Niaz al Bayati

ISBN 978 90 458 0002 8
NUR 402

www.mouria.nl

Inhoud

Toenadering
Gevoeld Koerdistan 9

Lente
De villa aan de rand van de waanzin 17
Een kebab op de rechten van de vrouw! 24
Over nonnen en vibrators 36
De bekeerling in de badkamer 43
'Lechajim' – Op het leven! 54
Goodbye, my lover 60

Zomer
Soms moet je vrouwen gewoon slaan 71
Waar Mariwans jeugd stierf 77
Wittebroodsweken in de *Green Zone* 84
Reis naar het verleden 94
Allah en de wilde dieren 99

Herfst
De duivel zit in de sla 109
Verliefd in Koerdistan 120
Koerdische familie 129
In avondjurk naar de politie 139
Alien – over vreemd-zijn 148

Winter
Rasha ba – koude wind in zware tijd 161
Braveheart of Waarom Alan niet wil trouwen 172
Lurpak-boter 183
Vrouwen aan de rand van een zenuwinzinking 200
Kamal 208

Vertrek
Met lichte bagage 217

Woord van dank 224

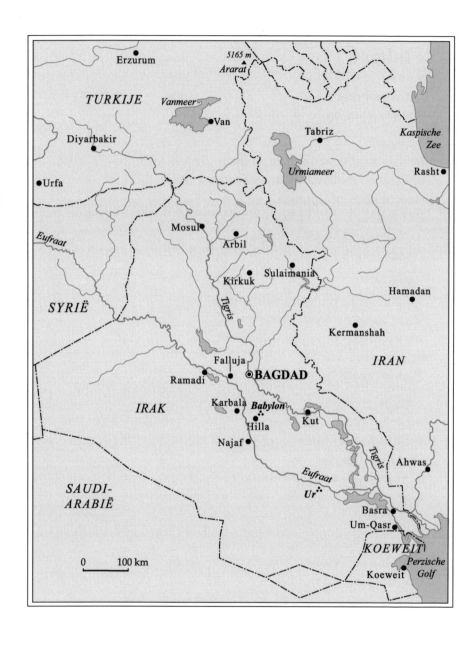

Toenadering

'Ik wens je toe dat je je altijd
blijft verbazen. Op de dag waarop je
ophoudt je te verbazen – houd je op
te denken, en vooral: te voelen.'

RYSZARD KAPUŚCIŃSKI

Gevoeld Koerdistan

In een huis wonen en werken met vrouwen die elkaar nooit eerder hebben gezien en uit vijf verschillende landen komen, is waarschijnlijk overal ter wereld een ervaring met vele lagen. Maar met slechts vijf uur elektriciteit per dag, een beperkte voorraad warm water, bewakers met kalasjnikovs voor de deur, verschillende culturen op een zeer klein oppervlak en een nog vreemdere cultuur voor de deur, zijn wij sinds voorjaar 2005 een woongroep onder aangescherpte omstandigheden.

We zijn bij elkaar gekomen door ons werk voor het Institute for War and Peace Reporting (IWPR), een internationale hulporganisatie die door het opleiden van onafhankelijke journalisten de democratie bevordert in voormalige of nog bestaande dictaturen en gebieden waar burgeroorlog heerst. Ieder van ons wil, uit verschillende motieven, helpen bij het opbouwen van een vrije pers in Irak. Zo is er een Australisch-Amerikaans-Duits-Iraaks-Zuid-Koreaanse vrouwenwoongroep in het Iraakse deel van Koerdistan tot stand gekomen, die zich ontpopt als een praktijktest die het leven verandert, wat niemand van ons ook maar in de verste verte had verwacht.

Koerdistan – waar ligt dat eigenlijk? Bestaat het wel? Er is geen staat die Koerdistan heet en toch zijn er op de hele wereld vijfentwintig tot dertig miljoen mensen die zichzelf Koerden noemen. Ze leven in Turkije, in Syrië, in enkele GOS-staten van de voormalige Sovjet-Unie, in Iran en zeker in Irak. En uiteraard in de diaspora, vooral in Europa (alleen al in Duitsland ongeveer een half miljoen) en in de Verenigde Staten.

'Koerdistan' is een zeer persoonlijk begrip. Probeert u maar eens met een boek waarin of een kaart waarop dit woord voorkomt, naar Turkije te reizen. Dan zult u merken dat namen in de politieke wereld allesbehalve inhoudsloze klanken zijn.

Er bestaat geen land dat Koerdistan heet, en toch zijn er plaatsen op de wereld waar de reiziger onmiddellijk voelt: nu ben ik in het land van de Koerden. Gevoeld Koerdistan.

Mij vergaat het zo in de noordelijke provincies van Irak, van Zakhu vlak over de Turkse grens tot onder in Khanakin in het zuidelijkste puntje van de provincie Germian. Taal, traditie, kleding, muziek en cultuur zijn zo duidelijk Koerdisch, dat ik het raar zou vinden om het niet over Koerdistan te hebben. Kan en mag er zoiets bestaan als een gevoelde natie in onze angstvallig geordende wereld van staten waarin een van onze belangrijkste identificatiekenmerken de nationaliteit is?

Ik heb het verder over 'Koerdistan' omdat iets anders me na een jaar ter plekke kunstmatig zou voorkomen. Niemand in Sulaimania of Arbil, geen van mijn Koerdische collega's en vrienden zegt ooit 'Iraaks Koerdistan' of 'de Koerdische gebieden in Irak'. Ik bedoel dit niet als een politiek statement.

Onze vrouwenwoongroep zit dus in Koerdistan. Dat wordt in het Westen meestal als het modernste gedeelte van Irak beschouwd. Misschien omdat het geloof daar minder invloed heeft dan in het zuiden. Misschien omdat daar minder vrouwen een hoofddoek dragen, en deze of gene zelfs een korte rok. Of omdat hier het dagelijks leven en de krantenkoppen niet worden gedomineerd door moord en bommen en er sinds najaar 2005 zelfs rechtstreekse vluchten gaan van Frankfurt naar Arbil, de hoofdstad van Koerdistan. Dat is allemaal niet onjuist. Maar toch slechts een deel van de realiteit.

Wie meer dan een paar weken in Koerdistan verblijft, merkt hoe dun het korstje op de wonden van het verleden nog is. Inderdaad hebben de Koerden hun gebied sinds 1991 onder bescherming van de Verenigde Naties en van de door de Engelsen en Amerikanen gesanctioneerde vliegverbodszone autonoom bestuurd. Maar de grote vijand Saddam Hussein lag altijd op de loer, klaar voor de sprong. Steeds weer waren er aanvallen en inmengingen. Wanneer het geweld een keer niet van buiten kwam, sleepten de tegengestelde partijen van de twee Koerdische leiders Masoud Barzani en Jalal Talabani hun volk mee in een jarenlange burgeroorlog. Bovendien leefden niet alle Iraakse Koerden in de veilige autonome zone. De stad Khanakin bijvoorbeeld bleef tot de val van Saddam op 9 april 2003 onder het juk van de Baath-partij.

Gemeten naar de eeuwenlange strijd tegen onderdrukking en vervolging is de oorlog voor de Koerden in Irak nog maar kort voorbij; de overgang naar een vredesmaatschappij hebben ze nog voor de boeg.

'Dit is nog altijd een gewond land,' zegt Michael, een Engelse journalist, die van vaderskant zelf een halve Koerd is en vaak bij ons in Sulaimania op bezoek komt. 'De Koerden hebben te vaak meegemaakt dat een veelbelovende situatie plotseling omsloeg – ook vaak door hun eigen schuld of de schuld van hun leiders.' Geloof in het geluk, dat merken we zelf al spoedig, is onder Koerden niet al te sterk.

Wie, vooral als vrouw, meer dan een paar weken in Koerdistan leeft, leert nog een andere, donkere kant van Koerdistan kennen. Een die men uit vreugde over het bestaan van ten minste één gebied in Irak waar niet iedere dag een auto in de lucht vliegt en tientallen mensen de dood in jaagt, gemakkelijk over het hoofd ziet.

Onder het dunne laagje vernis van de beschaving en vooruitgang leeft een patriarchaal, conservatief, soms genadeloos Koerdistan voort. Waar vrouw-zijn nog altijd betekent zich aan de lokale tradities onderwerpen, of sociaal aanzien op het spel zetten tot aan de weinig eervolle 'eerwraak' aan toe, waar ook in Duitsland telkens weer veel over te doen is.

Vrouwen mogen dan in spijkerbroek, met opvallende makeup en zonder hoofddoek over straat gaan – van de westers-moderne wereld van Hamburg of New York, waar mijn huisgenotes en ik normaal gesproken leven, is Koerdistan desondanks lichtjaren verwijderd. Niet omdat het een achtergebleven gebied zou zijn, maar omdat het anders is. Vooral voor vrouwen. Dat heeft ook, maar niet alleen en zelfs niet hoofdzakelijk, met de islam te maken.

Over dit anders-zijn en hoe wij, grotestadsvrouwen uit het Westen, daarmee wel of niet overweg kunnen, daarover gaat dit boek.

Ik zou ook kunnen zeggen: over mijn jaar als *alien*.

Hoe leef je, als de buren sceptisch kijken en de grote baas uit Londen ons aanraadt ons als nonnen te gedragen? Hoe zien wij de Koerdische vrouwen, hoe zien zij ons? Is vriendschap mogelijk als zelfs een gezamenlijk bezoek aan het zwembad – op vrouwendag! – mislukt door echte of vermeende tradities ('Koerdische vrouwen zwemmen niet in de openlucht')? En: waar loopt de grens tussen respect en onderdanigheid? Hoever kunnen, hoever moeten we gaan met ons aanpassingsproces, zonder onze opdracht te verraden, het opkomen voor democratie, waartoe volgens onze opvatting juist ook gelijke rechten behoren?

Natuurlijk wist ik vooraf dat ik in Koerdistan anders zou leven, anders moest leven dan in Hamburg of Berlijn. Maar ik zou er veel moeite mee hebben wanneer ik overdag als docente voor de vrije, onafhankelijke en moedige journalistiek optrad en dan 's avonds niet zonder mannelijke begeleiding naar een restaurant zou durven.

Mijn leven, mijn werk, mijn bestaan als journaliste en als vrouw: voor mij hangt alles met elkaar samen, ieder facet is een deel van het geheel, en als in Europa en in de Verenigde Staten gesocialiseerde vrouwen brengen we niet alleen professionele kennis uit de wereld van de media mee, maar staan we ook voor een westers vrouwelijk levensconcept. Een dat zich aan andere normen houdt dan de in Koerdistan gebruikelijke en meer keuzemogelijkheden en individuele vrijheid voor vrouwen garandeert.

Net doen alsof dat niet zo is, en me gewoon aan de plaatselijke sociale code voor vrouwen onderwerpen, zou ik onoprecht hebben gevonden, bijna verraad. Maar in elk geval een gemiste kans.

Ik heb nooit veel opgehad met Europese vrouwen die – hetzij omdat ze het chic vinden, hetzij uit culturele verlichting – een hoofddoek dragen, zelfs op plaatsen waar het helemaal niet hoeft, en die, zodra ze binnen gehoorafstand van een moskee komen, vergeten lijken te zijn dat er zoiets als vrouwenrechten bestaan. Als wij, mijn huisgenotes en ik, ten minste kleine plekjes nieuw gebied voor Koerdische vrouwen kunnen ontsluiten, is het de vele misprijzende, vaak ook alleen maar verraste blikken van de mannen waard, wanneer we puur door onze aanwezigheid enkele van hun domeinen ontheiligen.

Ons dagelijks leven in Sulaimania slingert heen en weer tussen persoonlijke drama's en grote politiek. Het persoonlijke en het politieke gaan hand in hand, de kleine en grote gebeurtenissen in onze vrouwenwoongroep spelen zich af tegen de historische achtergrond van Irak op de grens tussen democratie en anarchie.

De samenstelling van de woongroep is in de loop van een jaar diverse keren gewijzigd. Steeds weer nieuwe nationaliteiten, temperamenten en godsdiensten botsen met elkaar. Begrip tussen volkeren en botsing van culturen, in de villa hebben we allebei onder een dak, en als we 's morgens opstaan, weten we nooit zeker wat deze dag de overhand zal hebben. Wanneer begin 2006 een twaalftal karikaturen in een kleine Deense krant een wig tussen het seculiere Europa en delen van de islamitische wereld drijft, blijft ook onze kleine gemeenschap daar niet voor gespaard.

Zouden we thuis, in New York, Hamburg, Hawaii of Bagdad, ooit vrienden zijn geworden? Waarschijnlijk niet. Onze werelden, onze levens waren te verschillend tot aan de dag waarop we in de villa aan de rand van de waanzin een gemeenschappelijk leven begonnen. Dat we allemaal nieuw in deze stad zijn, ver van oude vrienden en familie, helpt – evenals de conservatieve Koerdische buitenwereld. Puur het delen van waarden en vrijheidsclaims maakt ons vrouwen, hoe verschillend ook, tot een gezworen gemeenschap.

Want de wereld buiten voor onze deur is veel vreemder dan wij ooit voor elkaar zouden kunnen zijn. Ook daarover gaat dit boek: over vriendschap in den vreemde, over vriendinnen die ik nooit had gevonden als ik thuis was gebleven.

Lente

De villa aan de rand van de waanzin

Toen ik in maart 2005 naar Sulaimania vertrok, voelde ik me terdege toegerust. Ik had als reporter voor Duitse kranten en tijdschriften al acht maanden in Irak doorgebracht. Ik had in Bagdad gewoond, dat veel gevaarlijker is dan het Koerdische Noord-Irak, waar ik deze keer zou gaan wonen. Ik was met een zestien jaar oude Volkswagen Passat Stationcar naar Basra, aan de Perzische Golf, gereisd, had steden als Mosul, Beiji en Tikrit bezocht, die voor buitenlanders sedert lang levensgevaarlijk zijn geworden. Mijn werkgever, IWPR, had me bovendien naar een seminar 'Overleven in vijandelijk gebied' gestuurd. Professionele voorbereiding op het crisisgebied: in het idyllische groen van de heuvels in Wallis leerde ik zo heelhuids mogelijk te overleven in minder lieftallige gebieden op de wereld. Mijn leraren waren voormalige soldaten, die in Rwanda, Bosnië, Afghanistan en Irak diep in het hart van het duister hadden gekeken; mijn leerboek leek wel een instructie voor *Apocalypse now:* hoe stelp ik een slagaderlijke bloeding? Hoe overleef ik een mijnenveld? Hoever schiet een kalasjnikov, een scherpschuttersgeweer, een granaatwerper?

Ik was dus op oorlogachtige toestanden voorbereid. Maar niet op het leven dat me wachtte.

Misschien was het een fout de villa te betrekken. Zo slecht hadden we het in Hotel Ashti helemaal niet getroffen. De kamers met de roodfluwelen gordijnen waren wel wollig, maar gezellig, we hadden allemaal een eigen badkamer en een eigen televisie en een minibar, die altijd gevuld was met koekjes, chocola en vruchtensappen. Het winkeltje op de begane grond had een assortiment goede Libanese rode wijnen, het eten bij de chinees op de eerste etage was acceptabel, en Kate, de niet helemaal toffe Chinese die de bar exploiteert, hield ons op de hoogte van de laatste roddels: of er nieuwe buitenlanders waren gearriveerd, wie al met wie had gedineerd, en wie er vermoedelijk nog zou komen. Dat ze de andere gasten net zo goed over ons op de hoogte hield, kregen we maar langzaam door; indiscretie is haar best verkopende artikel.

Mijn collega's Gina en Ava leefden zo sinds vier maanden vanuit de koffer, Jessica en Shannon logeerden al vier respectievelijk zes weken in het hotel. Ik was er pas een week eerder bij gekomen – en had van het begin af aan op een verhuizing aangedrongen.

Niet dat ik principieel iets tegen hotels heb. Alleen tegen hotels die hoge prijzen combineren met slechte service, wat in Irak helaas de regel is.

Na twee dagen ergerde ik me aan de ontbijtkelners, die liever in groepjes stonden te kletsen dan thee brachten. Na drie dagen irriteerden de veelbetekenende blikken van de soldaten me, die voor de ingang van het hotel de wacht hielden.

Er zijn ergere hotels dan het Ashti. Maar ik gruwde bij het idee dat 15 vierkante meter vol rood pluche de enige plek zou zijn waar ik me kon terugtrekken.

Ik wilde een thuis.

In de villa, probeerde ik de anderen lekker te maken, zouden we een privésfeer hebben. Een keuken. Een tuin. Internet in de kamer. Geen werkschuwe kelners. Geen nieuwsgierige kamermeisjes. Alleen wij en een heel huis voor onszelf.

Mijn lofzang mocht niet baten. De anderen vonden steeds nieuwe argumenten waarom we nog niet konden verhuizen: de muren moesten nog worden geverfd. Een van de badkamers was niet klaar. Het rooster voor onze wachten nog niet tot in de puntjes uitgewerkt. De macht der gewoonte deed de rest: Gina, Ava, Jessica en Shannon waren in Hotel Ashti inmiddels gewend, hadden daar hun nestje in den vreemde gebouwd en zagen op tegen verandering.

Misschien waren ze ook huiverig voor de woongroep. Elkaars gedwongen nabijheid, die de villa met zich mee zou brengen. Een hotel is erop ingesteld dat vreemden bij elkaar, of liever, naast elkaar, wonen. Het huis dat wij zouden betrekken, was dat niet. We zouden een keuken delen, een televisie en een koelkast. En niet te vergeten de badkamers. We zouden elkaars eet- en slaapgewoonten kennen, weten wie rimpelcrème en wie anticellulitislotion gebruikt en nog veel meer intieme details.

Tot dan toe wisten we niet veel meer van elkaar dan onze namen en nog net waar we vandaan kwamen: Australië, Zuid-Korea, de Verenigde Staten, Duitsland en Irak.

Dat we allemaal journalist waren en voor dezelfde organisatie werkten, hoefde nog niet te betekenen dat we elkaar na werktijd veel te vertellen hadden. Of elkaar 's morgens op weg naar de douche wilden tegenkomen. Hoe dan ook begreep ik: als we niet snel verhuisden, zouden we in het hotel blijven. Wat voor vijf vrouwen niet per se nadelig zou zijn geweest. Maar daar kwamen we pas later achter.

De beslissing werd ons onverwacht uit handen genomen: door de boekhouding in ons hoofdkantoor in Londen. Waarom we nog steeds in het hotel logeerden, terwijl er al een aantal maanden huur werd betaald voor het voor ons bestemde huis?

De volgende dag ontruimden we onze kamers in Hotel Ashti en trokken in 'Villa 1', het woon- en trainingshuis van het IWPR.

Zijn fraaie naam dankt het sobere betonnen gebouw aan Dana, onze logistiekman. Voor een simpelere communicatie over kapotte gloeilampen en toiletten die gerepareerd moesten worden, had hij ons woonhuis 'Villa 1' en het kantoorgebouw 50 meter verderop 'Villa 2' gedoopt. Het huis, dat drie verdiepingen telt, heeft met een villa echter evenveel overeenkomsten als een dorpskerk uit de jaren zeventig met een kathedraal. Via een tuintje kom je het huis binnen op de begane grond. Aan de linkerkant van de gang ligt het klaslokaal, rechts het computerlokaal voor onze studenten. Er leidt een trap naar de privévertrekken op de bovenetages. We wonen dus in, respectievelijk boven, de school. Bijna zoals op een meisjeskostschool.

Op de eerste verdieping: de keuken, drie slaapkamers, twee badkamers. En de woonkamer met de gele bank. Die heeft Ava uitgekozen, de Iraakse onder ons. Eigenlijk is ze kunstenares, maar ze beheert onze financiën. In het begin maakten we ons vrolijk over het edele zitmeubel, dat ze wie weet waar in Sulaimania had opgeduikeld. De gebruikelijke modellen hier zijn meestal bruin gebloemd en pompeus.

Toen wisten we nog niet hoeveel tijd we op de gele bank zouden doorbrengen.

Op de bovenste etage bevinden zich nog twee slaapkamers en een derde badkamer. Nadat we het bij woongroepen gebruikelijke geharrewar over de verdeling van de kamers hadden doorstaan en het erover eens waren geworden wie met wie welke badkamer zou delen, stelde Jessica vast: 'Ik ben nu toch wel blij dat we niet meer in het hotel zijn. Altijd en overal mannen. Hier hebben we een echt vrouwendomein.'

Gina, Ava en ik zijn het daarmee eens, daar zijn we allemaal blij om. Hoe konden we weten dat juist dat ons in de ogen van onze nieuwe buren verdacht zou maken?

Vijf vrouwen alleen, dat wil zeggen zonder man in een huis, dat is in Sulaimania, in heel Koerdistan zelfs, waarschijnlijk nog nooit voorgekomen. Er is altijd wel een broer, oom, neef, zwager of schoonvader die op de dochters, zusters, vrouwen past als de vader of echtgenoot gestorven, verdwenen of tijdelijk afwezig is. Een woongroep van werkende, overwegend ongetrouwde vrouwen? Dat komt niet voor in het Koerdische wereld- en stadsbeeld.

Vrouwen alleen thuis, daar komt alleen maar ellende van. Maar op dit moment hebben we nog geen idee van het schandaal dat ons bestaan kan uitlokken. We zijn ons van geen kwaad bewust en voelen ons thuis. Shannon, de Australische, verdwijnt naar haar kamer op de tweede verdieping, wij anderen inspecteren de keuken om te zien wat er ontbreekt en gaan op weg naar de bazaar. Een paar uur lang dolen we door de wirwar van steegjes die de oude binnenstad van Sulaimania doorkruisen. Pas mettertijd ontdekken we het systeem daarin, kunnen we onthouden waar de honingmarkt, waar de slagers en waar de groentehandelaren zich bevinden.

We laten ons meevoeren, luisteren naar het geschreeuw van de kooplieden, trekken langs de kunstig opgestapelde tomaten en sinaasappels en bergen verse kruiden, vergapen ons aan de uitstallingen van de goudsmeden, proeven Iraanse pistachenootjes en Iraakse dadels en bedanken vriendelijk wanneer een sapverkoper ons wil trakteren op een kikkergroen groentedrankje. Beladen met pannen, kruiden en verse levensmiddelen komen we terug in de villa en eten op deze zwoele voorjaarsavond op het balkon de eerste van vele gezamenlijke groentecurry's.

Het begin van een bijzondere woongroep.

'Lady's, vanaf nu is dit thuis,' zegt Gina. 'Daarop moeten we toosten.'

Ze glipt de keuken in en haalt een fles gin uit het vriesvak. Dat heb ik in de gezamenlijke week in het hotel al gemerkt: Gina, dertig jaar oud, is dan wel de kleinste en elegantste van ons allemaal, maar ze kan eten en drinken als een reus. Nog nooit eerder heb ik een vrouw meegemaakt die zo ongeremd junkfood eet, die zonder erbij na te denken hamburgers, repen chocola en chips verorbert – en dat zonder zichtbare gevolgen. Geen vet, geen rimpel, geen puistjes, nooit piekerig haar. Zelfs na een nacht flink doorhalen ziet ze eruit als de koningin van de frisheid, en dat al een minuut na het opstaan. Als een poppetje in een computeranimatie. Het Zuid-Koreaanse antwoord op Lara Croft. 'Ik heb vast een paar bijzondere genen van mijn Zuid-Koreaanse voorouders geërfd,' grapt Gina, die geboren is in Seoel. Toen ze twee jaar oud was, emigreerde het gezin naar de Verenigde Staten. 'Misschien mis ik een paar enzymen, die alcohol en chocola zodanig afbreken dat het lichaam ze kan opnemen.'

'Om jaloers op te zijn,' zucht Jessica, die zelf nogal fragiel is. 'Als ik net zo zou eten als jij, zag ik eruit als een mopshondje.'

Dat is de reden waarom ze altijd chocola, witbrood en pasta uit de weg probeert te gaan. Hoewel ik Jessica pas een paar dagen geleden heb ontmoet, heb ik het gevoel dat ik haar al heel lang ken: een typische New Yorkse, zoals ik die ken uit talloze Woody Allenfilms. Aardig, wat neurotisch, vegetarisch. Ze is tweeëndertig, eet bijna uitsluitend volkorenproducten, doet fanatiek aan yoga, en kan over de werkloosheidsstatistieken van Zimbabwe net zo hartstochtelijk discussiëren als over de populairste boetieks van Brooklyn. Hoewel ze nog maar een paar weken hier is, heeft ze de enige yogacursus in de stad al weten te vinden. En, aan de vooravond van onze verhuizing, aangeboden ons straks in de villa yogales te geven.

Vanuit de Salemstraat, de belangrijkste verkeersader van de stad, waaien flarden muziek ons op het balkon tegemoet. Daarbij nog claxons en spreekkkoren, die '*Mam Jalal!*' scanderen. 'Die zijn nog steeds aan het feestvieren, horen jullie dat?' vraag ik.

Ten tijde van onze verhuizing lijkt Sulaimania in een roes, een stad in een collectieve duizeling van blijdschap. Er dansen soldaten op straat, mannen in militaire camouflagepakken en legerlaarzen pakken elkaars hand, lopen in een kring en schokken ritmisch met hun schouders. Overal vormen mensen spontaan dansgroepjes, ouders trekken hun kinderen bont schitterende kleren aan, vrouwen doffen zich op alsof ze naar een bruiloft gaan, en allemaal zwaaien ze met Koerdische vlaggen. Een verkeersagent, machteloos tegenover de aanstormende massa, stapt ten slotte van zijn verkeerseiland af, steekt zijn arm door die van de soldaten en danst mee. Het verkeer komt volledig tot stilstand, maar niemand die zich daaraan stoort. Want *Mam*, oftewel Oom Jalal, is de nieuwe Iraakse president. Een Koerd! Hun Koerd! Jalal Talabani, hun grote held en leider, vrijheidsstrijder sinds halverwege de vorige eeuw, is op 6 april 2005 door het parlement in Bagdad tot het hoogste staatsambt verkozen.

We hebben de ceremonie met onze Koerdische collega's op het kantoor live op de televisie gevolgd. Toen de stemmen waren geteld, begon iedereen te applaudisseren en elkaar te feliciteren. 'Vandaag voel ik me meer dan ooit een Irakees,' zegt Hadi, een gevoelige tolk, die anders nooit over zijn emoties praat. 'Maar ik hoop toch dat ik ooit een paspoort nodig heb om naar Bagdad te gaan,' vindt Mahdi, onze chauffeur. Hoezeer de politieke leiders van de Koerden ook beweren voor de Iraakse eenheid te zijn – het verlangen naar een onafhankelijk Koerdistan is in het noorden net zo alomtegenwoordig als het portret van Talabani. 'Ik hoop dat Saddam in zijn cel ook naar de tv zit te kijken,' zegt Alan, de meest wereldlijke van onze tolken, en hij gaat eerst maar een biertje uit de keuken halen. Vervolgens eten we vanwege de speciale gelegenheid samen kalkoen – het lievelingseten van Mam Jalal.

'Op ons nieuwe thuis!' toosten we 's avonds met gin op ons balkonnetje in de villa. 'En op een nieuw hoofdstuk in de Iraakse geschiedenis.'

Gina neemt een flinke slok, Jessica nipt aan haar glas, en ik denk aan een andere historische dag die ik in Irak heb beleefd. Toen ex-president Saddam Hussein in december 2003 met een baard en met warrig haar uit een gat in de grond bij Tikrit werd getrokken, woonde ik in Bagdad en maakte daar de verdeelde reacties op zijn arrestatie mee. Ik zag vreugdetranen, maar ook tranen van wanhoop. Op de dag van de verkiezing van de nieuwe president zie ik, in elk geval in Sulaimania, geen enkele dubbelzinnigheid. Overal alleen maar blijdschap.

Dat deze fase van hoop, zoals zo vaak in dit land, maar kort zal duren, kunnen we op deze avond slechts vaag vermoeden.

Misschien vieren de Koerden daarom drie dagen feest: omdat niemand weet wanneer er weer iets te vieren zal zijn. Ongeacht wat erna komt, voor de Koerden is de verkiezing van Talabani een lichtpuntje in hun aan sombere momenten zo rijke geschiedenis. En voor ons is het een goede dag om ons nieuwe huis te betrekken.

Een kebab op de rechten van de vrouw!

Vergeleken met Bagdad vind ik Sulaimania een waar recreatieparadijs. Nergens straatafzettingen met waarschuwingsborden: 'Attentie, voor het gebruik van dodelijke schietwapens is een vergunning vereist!' Amerikaanse tanks rijden maar af en toe door de stad en ook de in Bagdad als een epidemie om zich heen grijpende privélijfwachten van het type Rambo met een geweer in de aanslag en een blik van 'Ga voor me opzij of ik schiet' zien we maar zelden. Op elke kruising regelt een agent het verkeer en er worden zelfs boetes uitgedeeld voor het niet gebruiken van de veiligheidsgordel en voor foutparkeren.

Bijna een gewone stad.

Met één uitzondering: er zijn geen vrouwen.

Natuurlijk zijn er vrouwen in een stad met 700.000 tot 800.000 inwoners. Je ziet ze ook op straat, in de bazaar, op de scholen, op de universiteit. De meesten dragen niet eens een hoofddoek.

En toch hebben we, zodra we naar buiten gaan, het gevoel alleen onder mannen te zijn.

Het duurt even voordat we begrijpen hoe dat komt.

De opvallendste reden: vrouwen zijn in het openbare leven absoluut in de minderheid. De wereld buiten onze villa is als het ware het omgekeerde van ons vrouwendomein: overal mannen en ze zijn altijd in de meerderheid. De feestkraker *'It's raining men'* is in dit deel van de wereld beslist geen hit, schiet me bij iedere wandeling door het hoofd.

Op weg naar de Zagros bijvoorbeeld, de grootste supermarkt van de stad: loop ik op een willekeurige middag de anderhalve kilometer erheen via de hoofdstraat, dan kom ik onderweg grofweg 28 vrouwen en 467 mannen tegen. Van die 28 vrouwen heeft de helft een man aan haar zijde. De andere helft is overwegend in groepjes van drie of vier op pad; slechts vier of vijf vrouwen zijn net als ik alleen op stap.

Na het invallen van het donker verdwijnt deze sowieso zeldzame soort geheel.

Vriendinnen die 's avonds met elkaar uit eten gaan? Dat doet niemand behalve wij. En toch is er nog iets, wat ervoor zorgt dat ik hen, zelfs als er vrouwen aanwezig zijn, toch niet echt waarneem. Pas nadat ik vele malen door de stad heb gelopen en mannen en vrouwen telkens weer heb geobserveerd, kom ik erachter. En begrijp sindsdien waarom ik een zeker onbehagen voel wanneer ik alleen op stap ben. Waarom ik in Sulaimania niet met dezelfde vanzelfsprekendheid naar de supermarkt of de groenteman om de hoek ga als in Hamburg of Berlijn, maar voortdurend het gevoel met me meedraag dat ik iets ongewoons, aanstootgevends zelfs, doe.

Het ligt er niet aan dat Irak een gevaarlijk land is en ik bang ben voor ontvoering of een aanslag. Wat het gevaar voor lijf en leven betreft, voel ik me in Sulaimania meestal niet veiliger of onveiliger dan in Duitsland.

Het is de manier waarop vrouwen zich hier in het openbaar bewegen.

Terwijl mannen schrijden, slenteren of wijdbeens en rokend voor de theehuizen hangen met de onverschrokkenheid van degenen die de straat toebehoort, haasten vrouwen zich rechtstreeks van a naar b. Drukken zich tegen de muren van de huizen in plaats van midden op het voetpad te lopen en laten hun blik niet vrij dwalen of ze misschien ergens een bekend gezicht voor een praatje ontdekken. Ze snellen over het trottoir alsof ze geen recht hebben om daar te lopen. Omdat ze eigenlijk ergens anders horen te zijn. In elk geval zodra het donker wordt. Als de zon ondergaat, blijven de mannen in Koerdistan onder elkaar en de vrouwen thuis.

Onze verwondering daarover heeft langzaam plaatsgemaakt voor begrip. Een vol restaurant betreden en merken hoe iedereen daarbinnen je bekijkt en wie weet wat denkt of tegen zijn tafelgenoot zegt, dat is niet prettig.

Desondanks kunnen wij grotestadsvrouwen uit het Westen niet avond aan avond thuisblijven. We brengen al de hele dag met elkaar door op kantoor, waarheen de weg na de verhuizing nog precies drie minuten duurt: in Villa 1 de trap af, door de poort langs de bewaker, vijftig meter naar links, langs de andere bewaker, weer een poort door en vijf treden op naar Villa 2.

's Avonds zomaar teruggaan – we zouden het gevoel hebben dat we in een vrouwenkamp zaten, niet in een woongroep. En als wij niet beginnen met het veroveren van mannendomeinen, wie dan wel? Een kebab op de rechten van de vrouw!

Gina, Jessica en ik gaan haast altijd samen uit. Ava, die oorspronkelijk uit Arbil komt, maar het grootste deel van haar leven in Bagdad heeft gewoond, komt maar zelden mee. 'Ik moet nog wat doen,' zegt ze, of: 'Mijn tante heeft me voor het eten uitgenodigd.' Dat dit maar uitvluchten zijn en er in werkelijkheid een man achter haar eenzelvigheid zit, komen we pas zes weken later te weten.

Er is zoveel dat we in onze woongroep in het begin niet van elkaar wisten.

En er zijn dingen die wij vrouwen wel weten, maar lang niet iedereen op kantoor.

Wat zou Ismail, onze conciërge uit Bagdad, ervan zeggen dat Gina's echtgenoot Brian niet, zoals hij denkt, thuis in de VS op haar wacht, maar sinds driekwart jaar als onderofficier van de US Army op het vliegveld van Bagdad is gestationeerd? Op hetzelfde vliegveld waar Ismail nog als kolonel in het Iraakse leger vocht op 8 april 2003, de laatste dag voor de val van Bagdad? Een jaar later, in mei 2004, vertrok Brian met zijn eenheid, de 10th Mountain Division, naar Koeweit en vandaar naar Irak. Hij zit op maar vijf uur rijden van onze villa. Of een uur vliegen. En is voor Gina toch zo onbereikbaar alsof hij aan de andere kant van de wereld zit. Zij mag niet naar Bagdad reizen, hij niet naar Sulaimania.

De wereld waarover Brian het aan de telefoon of in zijn e-mails heeft, is een andere dan die waarin Gina leeft, waarin wij hier in het noorden leven. Bagdad en Sulaimania, twee steden in hetzelfde land? 'Hij begrijpt er bijna niets van als ik hem vertel dat we in restaurants gaan eten of in de bazaar boodschappen gaan doen,' vertelt Gina. Zodra Brian en zijn eenheid de kazerne verlaten, begeven ze zich op vijandelijk gebied. 'We zijn altijd aan het wachten. We wachten erop dat we exploderen. Waar je ook kijkt, overal mogelijkheden om in de lucht te vliegen. Er zitten bommen in dode honden en dode ezels, in afvalhopen, in fruitstalletjes en auto's,' zal Brian, in het burgerlijk leven eveneens journalist, na zijn terugkeer in de *New York Times* schrijven. 'Ik mag dan nog het lichaam van een jonge man hebben, maar mijn hart is nu dat van een grijsaard.'

Terwijl hij onder putdeksels en bruggen naar bommen zoekt, altijd bang op het verkeerde moment te dicht in de buurt te zijn, legt 400 kilometer noorderlijker zijn vrouw Gina Irakezen de basisprincipes van de journalistiek uit. Twee Amerikanen in Irak.

Shannon trekt zich sinds we naar de villa zijn verhuisd opvallend terug. Ze blijft 's avonds thuis en zit bijna alleen maar op haar kamer. Komt het doordat de dood van paus Johannes Paulus II haar zo aangrijpt?

Om hem rouwt de wereld dezer dagen en Shannon doet er in Sulaimania alles aan om de plaatselijke desinteresse met haar tranen te compenseren. Tijdens zijn langdurige sterfbed schakelt ze als een bezetene tussen alle beschikbare televisiezenders heen en weer, om geen minuut van zijn publieke overlijden te missen. Als onze tolk Hadi argeloos vraagt of de paus 'katholiek of protestant' was, verlaat ze beledigd de kamer. Aan de andere kant: wat weet zij van de kerkleiders van de islamitische wereld?

Later heb ik me wel eens afgevraagd of ons schrale medeleven in die dagen het begin van een stil verwijt is geweest. Het leek bijna of ze het mij persoonlijk kwalijk nam dat uitgerekend een Duitser de beste vooruitzichten had de nieuwe paus te worden. Shannons moeder, die in de Oekraïne is geboren, moest met haar ouders in de Tweede Wereldoorlog eerst voor Stalin en vervolgens voor Hitler vluchten, en vond na jaren in vluchtelingenkampen uiteindelijk in Australië een nieuw vaderland. Haar oma heeft Shannon het verhaal van vlucht en verdrijving keer op keer verteld en de Duitsers kwamen er daarbij niet goed van af. Dat mijn vader als jonge soldaat in het oosten heeft gevochten, vertel ik haar maar niet. Misschien zou ik het later nog wel eens hebben gedaan. Maar toen was ze al weg.

We krijgen haar sinds de paus is overleden toch al nauwelijks meer te zien. Met ons uit eten gaat ze al helemaal niet meer.

Er is in de stad maar een handjevol gelegenheden die voor het avondeten in aanmerking komen, en daarmee staat Sulaimania op de culinaire ranglijst van Koerdistan behoorlijk bovenaan. Goedkope gaarkeukens en straattentjes vind je overal, maar restaurants met een menukaart, tafelkleedjes en obers zijn zeldzaam.

In Khanakin bijvoorbeeld, drie uur ten zuiden van Sulaimania, is er niet een. Wie daar buiten de deur eet, wordt beschouwd als een arme stakker die thuis geen vrouw heeft, zoals een na dertig jaar uit Zwitserland teruggekeerde Koerd moest ondervinden.

In de eerste week na zijn terugkeer ging hij 's morgens vroeg steeds eerst jagen en vervolgens in de enige kebabtent in de stad ontbijten. Zeven dagen lang zag de eigenaar dat eens aan. De achtste dag nam hij hem apart en adviseerde hem van man tot man: 'Je moet trouwen! Dan kan je vrouw het ontbijt maken. Iedere dag buiten de deur eten, dat is toch helemaal niet goed.' Het Koerdische familiegevoel is duidelijk sterker dan het commerciële gevoel.

Als we in Sulaimania naar een van de drie of vier restaurants van de stad gaan, begroeten de obers ons al als stamgasten. Vooral Kate van het Chinese restaurant. 'Jessiiiie! Giiiina! Sussssssannna!' roept ze van boven aan de trap, zodra ze ons beneden door de glazen deur ziet komen. En stuurt daar onmiddellijk, hoorbaar voor iedereen in het restaurant, een opsomming van de ons bekende aanwezige gasten achteraan: 'Kawan is hier en Ian ook, die zitten al op jullie te wachten.' Voor een geheim rendez-vous is de Dragon geen goede tip.

Wij gaan bijna altijd met een grotere groep op stap; we hebben ons aangewend mannelijke begeleiders mee te nemen omdat dat het aantal hatelijke blikken beperkt. Is er buiten ons weer geen vrouw? Maakt niet uit – zolang we tenminste een man aan onze zijde hebben. We kunnen de heersende orde niet helemaal op z'n kop zetten. Maar een beetje opschudden, dat kunnen we wel.

Gina is daarbij de onverschrokkenste. Die bestelt, waar we ook heen gaan, zonder aarzelen bier of whisky en negeert de opgetrokken wenkbrauwen van de obers. Ik hou me eerst wat op de achtergrond, minder uit bezorgdheid om mijn reputatie dan om praktische redenen: ik lust geen bier en de wijn is in de meeste restaurants niet te drinken of niet te betalen of allebei. En toch heb ik, als ik water drink, op de een of andere manier af en toe hetzelfde gevoel dat me bekruipt als ik alleen door de straten van Sulaimania loop: dat ik hier eigenlijk niet hoor, terwijl de geheel vanzelfsprekend drinkende mannen om me heen het restaurant bezitten. En dat zijn dan nog wel moslims, die eigenlijk niet mogen drinken. Maar daarmee nemen de meeste Koerden het niet zo nauw. Er zijn goedgesorteerde winkels met wijn, bier en vooral het door de autochtonen geprefereerde stevigere spul zoals arak of whisky. Drinken op zich is niet onfatsoenlijk. Maar het is nu eenmaal, zoals zoveel hier, een mannenkwestie.

Met een glas water in een restaurant voel ik me, ook al klinkt dat absurd en irrationeel, alsof ik me dicht langs de huizen beweeg om maar niet op te vallen. Ter compensatie bestel ik dan soms ook een whisky en rook koppig een sigaret, wat anders geen gewoonte van me is. Alleen om te laten zien: 'Kijk, hier ben ik. En ik schaam me daar niet voor. Ik heb net zoveel recht om hier te zijn als jullie.'

Het is niet waarschijnlijk dat een van de mannen in de restaurants de emancipatieboodschap van mijn whisky herkent. Als ze naar huis gaan, vertellen ze vermoedelijk aan hun thuisgebleven vrouwen: 'Stel je voor, er was vandaag een vrouw in het restaurant, die zat whisky te drinken en te roken. Die buitenlandse vrouwen altijd! Welke Koerdische zou zoiets doen?' Maar dat alleen zou al niet verkeerd zijn.

Het mannenrijk waarin we leven, zorgt ervoor dat ook onze vrienden bijna uitsluitend mannen zijn. Het zou mooi zijn als we Koerdische vriendinnen vonden, maar dat blijkt nog niet zo eenvoudig. De meeste vrouwen die we leren kennen zijn, hoewel jonger dan ik, getrouwd en hebben moeite genoeg om hun verlangen een beroep uit te oefenen te verenigen met wat er van een goede Koerdische echtgenote wordt verwacht. Huishouden, keuken, natuurlijk de kinderen, en bovendien de vaak met velen tegelijk binnenvallende gasten van thee en bij voorkeur zelfgemaakt gebak voorzien, en ook nog zieke familieleden verzorgen: 'Er zou een wet moeten bestaan die de mannen verplicht hun vrouwen in het huishouden te helpen,' stelt een van mijn studentes, wanneer we bij een commentaaropdracht discussiëren over gelijke rechten. 'Onze mannen steken in huis geen vinger uit. Als ik uit mijn werk kom, kan ik meteen doorgaan: schoonmaken, koken, de kinderen verzorgen en naar zijn ouders omkijken.' Voor een gezellige avond met ons blijft gewoon geen tijd over.

En degenen die niet getrouwd zijn, wonen bij hun ouders. Voor de meesten is het ondenkbaar hun dochter een avond 'naar de buitenlanders' te laten gaan. Zelfs als we nooit in het openbaar zouden drinken en ons altijd en overal als heiligen gedroegen: we zijn en blijven westerse vrouwen. En zijn dus zeer verdacht. En dat zullen we gauw genoeg merken.

Blijven dus de mannen over. Onze vrienden zijn een bonte schaar collega's en andere buitenlanders die ook in Sulaimania werken. Twee telecommunicatie-ingenieurs uit Zimbabwe, die al meer dan een jaar in het hotel wonen en zichzelf, half als grapje, half uit irritatie, 'de groene mannetjes' noemen, omdat ze als zwarten ook na zo lange tijd nog steeds als buitenaardse wezens worden aangestaard.

En een Duitse journalist, die vanuit zijn vaderland met zijn blauwe volkswagenbus hierheen is gekomen en altijd avontuurlijke verhalen weet te vertellen. Bijvoorbeeld over zijn laatste reis naar Bagdad om daar een paar duizend dollar op te halen die hij in de tuin van zijn vorige woning had begraven en bij een overhaast vertrek moest achterlaten. Hoe je je dan in het gevaar van een tocht naar Bagdad kunt begeven zonder daar om te komen? 'Simpel: door te doen alsof ik al dood was. Ik reisde in een doodskist.' Op het dak van een bus lag hij in een houten kist, zogenaamd een in het noorden gestorven sjiiet op weg naar de heilige begraafplaats in Najaf. Voorzien van luchtgat en mobiele telefoon. Maar niets te drinken, 'want anders moest ik onderweg misschien plassen'. En op dezelfde manier retour, met de geldkoffer in de kist, deze keer met het verhaal over een in het zuiden gestorven Koerd, die in het familiegraf in het noorden moest worden bijgezet. 'En ze zeggen nog wel dat je in je doodskist niets kunt meenemen,' grinnikte ik, toen hij het verhaal bij een glas bier vertelde.

Tot onze vrienden behoren bovendien Kawan, een uit Zweden teruggekeerde Koerd die een IT-bedrijf heeft; Ahmed, een regelmatig uit Canada overvliegende Koerd in ballingschap die bij een oliemaatschappij werkt, en Ian, een grote, blonde Amerikaan, die zegt dat hij op een school werkt. We geloven dat niet erg, maar we zijn er nog niet uit of we hem voor een missionaris aanzien of voor een CIA-agent.

Voor de agent pleit het geheimzinnige gedoe over zijn werk, en ook dat hij iedere keer met een andere auto komt, altijd gewapend is en de omgeving verdacht goed kent.

Voor de missionaris van een fundamentalistische christelijke organisatie pleit dat we in zijn kofferbak ooit een stapel boeken met de titel *Jezus was meer dan een timmerman* hebben gevonden – en dat hij op zijn zesentwintigste nog maagd is.

'Vermoedelijk is hij een missionaris die in dienst van de CIA is,' zijn we overeengekomen en we noemen hem 'de stille Amerikaan'. Hij neemt het ons niet kwalijk, gaat desondanks met ons wandelen en, als we weer eens een mannelijke escorte als bescherming tegen irritante blikken nodig hebben, met ons uit eten.

Maar we blijven ook steeds vaker thuis. Koken om beurten volgens alle nationale keukentradities en praten over banen, mannen en dromen. Als Jessica vertelt over haar laatste *boyfriend*, die van de kaasafdeling in de delicatessenzaak bij haar in Brooklyn om de hoek, als Ava klaagt dat onze keurige woongroep 'je reinste klooster' is, en Gina dan zucht hoe knap die jonge blonde Amerikaan toch is, met wie we soms gaan eten, voel ik me een ogenblik in mijn eigen aflevering van *Sex and the City*. Behalve dat buiten de deur niet New York ligt, maar Irak.

Hoe minder we uitgaan, hoe vaker we elkaar op virtuele reizen meenemen. Gina ontvoert ons naar New York, waar ze woonde toen haar man voor het eerst naar Irak was uitgezonden. In haar woorden 'de perfecte stad om angstig gepieker te ontvluchten'. Wat Jessica als geboren New Yorkse onmiddellijk bevestigt. Als Gina afleiding nodig had, trok ze met vrienden langs hippe clubs en dronk appelmartini's of ze liep door de straten van Soho of door Central Park. 'Maar er kwam altijd wel een moment waarop ik inhield en me plotseling verbaasde over het leven om me heen. Hoe konden mensen lachen, kletsen, flirten, terwijl mijn man duizenden kilometers verderop in een oorlog was verwikkeld?'

Jessica vertelt over haar tijd in Oeganda en Senegal, waar ze met een journalistenbeurs naartoe is geweest. Ava en ik praten enthousiast over Bagdad, waar zij haast haar hele leven en ik acht maanden lang heb gewoond. En waar zij, anders dan ik, nog altijd heen gaat, ook aanstaand weekend weer. Als Irakese, met donker haar en Arabisch sprekend, kan ze het er wel op wagen als ze een beetje voorzichtig is. Het is tenslotte niet aan haar te zien dat ze voor een Engels-Amerikaanse organisatie werkt. Wel is ze nog maar een paar maanden geleden uit Bagdad naar het noorden gevlucht omdat ze met moord werd bedreigd, maar inmiddels is ze ervan overtuigd dat iemand een slechte grap met haar heeft uitgehaald; een afgewezen minnaar of iemand die ze in haar werk heeft teleurgesteld. In Bagdad zijn zulke bedreigingen geen zeldzaamheid. Er zijn studenten die hun professoren bedreigen met ontvoering of moord wanneer ze hun examen niet halen.

Voor mij is Bagdad taboe. Blond, blauwe ogen, een lichte huid en van een paar honderd meter als Europese te herkennen – het risico van een ontvoering zou gewoonweg te groot zijn. Niets rechtvaardigt een zo riskante tocht, en mijn nostalgische verlangen om Bagdad een jaar na mijn vertrek nog eens terug te zien al helemaal niet. De meesten van mijn vrienden zijn daar toch niet meer; die leven als basketballer in Bahrein, als ingenieur in Dubai of als student Duits in Berlijn. Wie maar enigszins kan, verlaat het land.

'Doe de groeten aan de Tigris!' zeg ik met een beetje jaloezie in mijn stem tegen Ava. Het is best mogelijk dat ik Bagdad in jaren niet zal kunnen zien.

Wie uiteindelijk met het voorstel voor een feestje is gekomen, weten we achteraf niet meer. Iedereen is meteen enthousiast. Een nieuw huis moet worden ingewijd.

'Ik zorg voor een Koreaanse barbecue,' stelt Gina voor.

'En ik voor Duitse *Kartoffelsalat*,' zeg ik.

'We moeten dansen!' vindt Jessica.

We maken meteen een gastenlijst. Kawan, Ian, Erwin, Robert, Satfree, Alan, Ferhad, Mariwan...

'Kunnen jullie niet minstens één vrouw bedenken die we kunnen uitnodigen?' vraag ik.

Wanhopig kijken we elkaar aan.

'Misschien brengt Ferhad zijn verloofde mee?'

'Heeft Alan geen zus?'

Het blijft dan toch bij de mannen, elf in getal, plus vier van ons, Gina, Jessica, Shannon en ik. Ava gaat naar Bagdad. Ook Hiwa, onze baas, een in Londen opgegroeide Irakees die in Villa 2, het kantoorhuisje, woont, laat zich wegens belangrijke afspraken excuseren.

De gasten komen tegen achten. Erwin en Ian steken op het balkon meteen het houtvuur aan voor Gina's Koreaanse barbecue. Naast het vuur hebben we een buffet met Duitse aardappelsalade, Amerikaanse pasta en Koerdische voorgerechten opgesteld. Binnen in de woonkamer installeert Kawan zijn computer met twee luidsprekers, schuift de bank aan de kant en creëert op die manier een soort dansvloer. We hebben wijn gekocht, en een paar gasten hebben bier en andere whisky meegebracht.

Maar het mooiste cadeautje komt in olieverf: de *Mona Lisa* voor een Koerdisch bergpanorama. Arrogant glimlacht ze voortaan tegen iedereen die de trap naar ons in de villa op komt. Mooi, mysterieus en moeilijk te doorgronden. Net als haar voorbeeld in het Louvre. Net als dit land.

Het is een geslaagd feest. We eten op het balkon, lachen veel, binnen luisteren we naar muziek en dansen uitbundig. Zelfs Shannon. Ze slingert haar lange, blonde haar in de lucht, amuseert zich met de gasten, drinkt whisky en ziet er bevrijd en tevreden uit. 'Ze heeft zich nu verzoend met het huis, met onze vrouwenwoongroep,' denken we opgelucht. Want langdurig samenwerken en samenwonen, dat gaat alleen maar als we het een beetje met elkaar kunnen vinden. We hebben nog geen andere bondgenoten dan elkaar. En wie weet of we die ooit zullen vinden?

Om twee uur geeft Kajar, een twintigjarige Koerd, die als tolk voor het Amerikaanse leger werkt en met een van onze vrienden is meegekomen, in een hoek van het balkon stilletjes over. Van opwinding over het eerste feest in Irak sinds hij acht maanden geleden is gearriveerd, heeft hij te snel te veel gedronken. Het blijft het enige incident en Kajar brengt de volgende twee uur met een koud washandje op zijn voorhoofd in onze badkuip door.

Om vier uur nemen de laatste gasten afscheid.

Om elf uur ontdekken we dat Shannon weg is.

Mahdi, onze chauffeur, vertelt het me.

'Shannon gaat weg, heb je dat al gehoord?'

Ik begrijp het niet meteen omdat Mahdi, wiens Engels niet zo goed is, de verkeerde werkwoordstijd heeft gebruikt.

'Wat bedoel je? Wanneer gaat ze weg? En waarheen?'

'Ze is weg. Vanmorgen vroeg. Met onze tweede chauffeur naar de grens.'

Ik begrijp het nog steeds niet. 'Weg? Hoezo weg?'

'Vertrokken. Naar huis. Naar Australië.'

Ik ren naar haar kamer op de tweede verdieping. Ik dacht dat ze nog sliep, na die lange respectievelijk korte nacht.

De kamer is leeg. De leeggehaalde kasten staan open, een paar flesjes make-up liggen in het rond, een kapotte rugzak, verder niets. Alles weg. Haar spullen. Zij. Vertrokken. Zonder afscheid, zomaar weg.

Ik ren de trap weer af en zoek de anderen. 'Shannon is weg. Vertrokken. Vanochtend in alle vroegte.'

Jessica kan het niet begrijpen. 'Daarom was ze gisteren zo vrolijk. Ik durf te wedden dat ze zich de hele avond onze verbaasde gezichten heeft voorgesteld.'

'Misschien was het ook de voorpret omdat ze naar huis ging,' bedenk ik.

'Ze moet deze plek, ons, echt hebben gehaat, om zomaar te verdwijnen,' zegt Gina verbaasd.

Er was er maar één die van haar plannen wist: Hiwa. Hem, de baas, moest ze in vertrouwen nemen. Hij heeft haar ontslag geaccepteerd en haar vertrek voorbereid. Maar hij moest zweren dat hij geen woord tegen ons zou zeggen. 'Ze zei dat ze geen afscheid wilde. Ik weet niet waarom. Ze…' Hij zwijgt plotseling. Lijkt af te wegen of hij wat hij van plan is te zeggen wel moet zeggen. 'Dat was niet de reden voor haar vertrek, maar ze beklaagde zich erover dat een van de bewakers haar ondergoed van de waslijn had gestolen.'

We kijken elkaar aan, onzeker of we ontzet of opgelucht moeten zijn. Opeens wordt Jessica rood. Staat op, loopt naar haar kamer, en komt met een zwart kanten slipje terug. 'Dit soms?' Ze houdt het broekje tussen de toppen van haar vingers voor onze neus. 'Ik ben bang dat ik in dit geval de schuldige ben. Mijn wasgoed hing ook aan de lijn en ik heb per ongeluk iets van haar meegenomen. Kan gebeuren als er vijf vrouwen in een huis wonen, toch?'

Iedereen grijnst.

'Wat doen we daar nu mee? Moeten we het haar achterna sturen naar Australië?'

'Geef het aan een van de bewakers. Als aandenken.'

'Ik vind dat Jessica het maar moet houden.'

'Geen denken aan, ben je gek?' Jessica springt op en rent naar de vuilnisbak. 'Lieve Shannon, ik wens je een goede reis. En dat je daar, waar je voortaan gaat wonen, gelukkiger bent dan bij ons.' Het slipje verdwijnt tussen de bananenschillen en yoghurtpakken.

De tweede, grotere schok staat ons echter nog te wachten.

Over nonnen en vibrators

De e-mail uit Londen treft ons als een donderslag bij heldere hemel.

Wanneer onze baas Gina, Jessica en mij vraagt naar zijn kantoor te komen omdat hij 'iets belangrijks' met ons te bespreken heeft, nemen we aan dat het om de planning van onze volgende cursussen gaat. Ik wilde Iraakse feministes trainen in journalistiek, Gina was een cursus voor economische journalisten aan het plannen en Jessica een training voor radioverslaggevers. Omdat een gedeelte van onze studenten uit verre steden als Basra, Falluja en Bagdad naar ons toe komt en wij hun reis- en verblijfkosten betalen, hebben we geld uit Londen nodig. Daar wachten we al een tijdje op, want overboekingen naar Koerdistan gaan niet altijd zonder slag of stoot. Nu, vermoeden we, zal het geld dan eindelijk zijn aangekomen en kunnen we de studenten gaan uitnodigen.

We hebben ons vergist.

Er is geen geld uit Londen, maar een preek.

Een waar we helemaal niet op zijn bedacht, want we zijn ons van geen kwaad bewust. Die ons de ogen opent voor wat we ons op de hals hebben gehaald met ons engagement voor Irak, met onze vrouwenwoongroep in Koerdistan. En die ons heel, heel kwaad maakt, zodat we er serieus over denken onmiddellijk te vertrekken.

'Ik heb een telefoontje van een vriend gekregen,' begint de mail, 'die toevallig een hoge functionaris bij de PUK in Sulaimania is.' De opbeller was zeer opgewonden geweest en had het over klachten van onze buren naar aanleiding van een 'luidruchtig en schandalig feest'. Een groot aantal gasten, 'hoofdzakelijk mannen', was tot in de kleine uurtjes bij ons in het huis geweest, dat in een rustige woonbuurt en bovendien dicht bij het huis van de president ligt. 'De mensen hier zijn erg conservatief,' had de beller vermanend gezegd. 'Jullie moeten rekening houden met de culturele gevoeligheden.'

Hiwa stopt even en kijkt ons aan. Niemand zegt iets. Ik geloof dat we allemaal hetzelfde gevoel hadden: dat we in het verkeerde verhaal terechtgekomen waren.

Inderdaad, we waren luidruchtig geweest. In elk geval luidruchtiger dan anders. Daar staat tegenover dat een bijzondere gevoeligheid voor geluid ons niet als kenmerkende eigenschap van Koerden is opgevallen. Integendeel. Altijd schreeuwt er wel iemand over straat, giert er een motor, dreunt er een generator, jankt er ergens harde muziek. Koerdische muziek. Maakt dat verschil? Valt enkel hiphop of rap uit de toon en valt het daarom negatief op?

Erger nog stoort ons de weg die de klachten van de buurt – als die er al waren – kennelijk zijn gegaan. In plaats van even aan te kloppen of een van de bewakers aan te spreken die vierentwintig uur per dag voor ons huis staan, is er iemand rechtstreeks naar de partij gelopen? Waar vervolgens iemand meteen de telefoon heeft gepakt en naar Londen heeft gebeld, zodat ze ons blijkbaar wild geworden vrouwen tot rede zouden brengen? Wat heeft de partij daar in 's hemelsnaam mee te maken? Stel je eens voor dat iemand in Hamburg de leider van de CDU inschakelt omdat de buurman zijn verjaardag met te veel lawaai viert? Of bestaat er bij de Patriottische Unie van Koerdistan een Politbureau voor goede zeden, waar ik niets van weet? Een ministerie voor instandhouding van het fatsoen en onderdrukking van slecht gedrag, zoals destijds onder de Taliban in Afghanistan?

Ik voel de woede in me opstijgen. We hebben in een privéwoning vrienden ontvangen, hebben gelachen, gegeten, naar muziek geluisterd en gedanst. We zijn geen tieners meer, de jongste gast is twintig, de oudste vijftig en wij rond de dertig. En we krijgen pesterige telefoontjes van de partij! Bestaat er een Koerdisch woord voor privacy? De snuffelstaat van Saddam Hussein is afgebroken. De Koerdische controlestaat leeft kennelijk vrolijk voort.

Het wordt nog erger.

Op de vanuit Londen geuite tegenwerping dat de berichten misschien wat overdreven waren en wij immers hier zijn om iets belangrijks, namelijk onafhankelijke journalistiek, te onderwijzen, schijnt de beller in een boosaardig gelach te zijn uitgebarsten. 'Onderwijzen? Wat onderwijzen? Dansen en halfnaakt op het balkon vrijen? Of de Iraakse medewerkers bijbrengen hoe je een vibrator gebruikt?'

We staan perplex.

Dan nog het stichtelijke woord uit Londen: de oproep aan de vrouwen ons 'als nonnen' te gedragen en aan alle mannelijke medewerkers een voorbeeld aan Jezus te nemen. Wat ze daar dan ook precies mee mogen bedoelen.

'Kun je dat misschien even herhalen?' vraag ik Hiwa. Jessica begint hysterisch te giechelen. 'Halfnaakt? Vibrator? Vrijen op het balkon? Ik denk dat ik op een ander feest was, er moet me iets belangrijks zijn ontgaan. Kan iemand me uitleggen wat er hier aan de hand is?' Aan Gina is niet te zien of ze kwaad is. 'Dat is belachelijk,' zegt ze ijzig. 'Ik hoop dat het je duidelijk is dat dat allemaal uit de lucht gegrepen is.'

Hiwa zit zichtbaar met de kwestie in zijn maag. De Engelsman in hem had liefst alles laten rusten en ons de vriendschappelijke raad gegeven als we weer eens mensen zouden uitnodigen niet met hen op het balkon te gaan zitten, maar met de deur dicht binnenshuis te blijven.

Maar de Irakees in hem schijnt zijn landgenoten meer te vertrouwen dan ons. Of de man in hem mannen van de partij meer dan ons vrouwen. In elk geval kan hij het niet nalaten bij onze tolk Alan, die ook op het feest was, te informeren.

'Zeg eens, Alan, een vraagje. Speelde op het feestje laatst een vibrator op de een of andere manier een rol?'

Alan twijfelt even, voor hij antwoordt: 'Zeker. Kawan had er een bij zich.'

Hiwa slikt. 'Aha.'

Maar de vanzelfsprekenheid waarmee Alan het toegeeft, lijkt hem toch te verbazen. 'Je weet toch wel wat een vibrator is?'

'Natuurlijk. Dat zijn toch van die speciale luidsprekers voor de computer. Die vibreren, zodat je de bassen beter hoort.'

Daarna vraagt Hiwa verder niemand meer iets. Tegen ons heeft hij het nooit meer over het feest. Wij kunnen de kwestie echter niet zo snel vergeten. We hebben het gevoel dat ons hele bestaan hier, de vorm waarin we wonen, de manier waarop we leven, door het slijk is gehaald. Voor de apparatsjiks van de partij, of wie er ook daadwerkelijk achter deze rare klacht zit, betekent ons bestaan als vrouwen alleen in een huis een provocatie. We hebben het begrepen. De veronderstelling dat we in de villa minder bekeken zouden worden dan in het hotel, bleek helemaal verkeerd.

'Het is gek,' vindt Jessica. 'In New York ken ik mijn buren niet eens en hier weten ze wanneer ik 's morgens opsta, met wie ik uitga en wanneer ik thuiskom.' Opeens zien we nieuwe, positieve kanten aan de bij ons over het algemeen zo afgekeurde anonimiteit. Liever helemaal geen contact met de buren dan deze vorm van sociale controle! Aan Ava is deze wervelstorm voorbijgegaan. Als ze na het weekend uit Bagdad terugkomt, is ze het echter volledig met ons eens: 'Hier moet je het niet alleen je familie naar de zin maken, maar ook je buren. Iedereen denkt dat hij zich ermee mag bemoeien. En het ergste is: iedereen laat het toe dat iedereen zich met hem bemoeit.'

Daarbij vinden we onszelf zo keurig dat er eigenlijk geen reden is voor bemoeienis. We zijn nooit dronken en dragen geen korte rokken of diepe decolletés, maar altijd lange mouwen en stof tot op de enkels. Geen feestbeesten, niet uit op avontuurtjes. Gina is getrouwd, ik heb al twaalf jaar een vaste relatie en Jessica heeft het veel te druk met uitzoeken wat ze van het leven verwacht.

Zijn we naïef geweest? Hebben we ons alles te eenvoudig voorgesteld? Was het een vergissing te denken dat we als vrouwen uit het Westen naar Irak, naar Koerdistan, konden gaan om daar te leven en te werken, niet als vrouwelijke missionarissen van het Westen, maar wel zonder onze afkomst te vergeten en te verloochenen?

Het meest stoort ons de ongegrondheid van de beschuldigingen: willekeurig uit de lucht gegrepen. Aan onszelf ergeren we ons ook, omdat we desalniettemin ons gedrag ter discussie stellen. Ook al hebben we niets, werkelijk niets, gedaan waarvoor we ons zouden moeten schamen. We ergeren ons omdat we naar een redelijke kern in onredelijke verwijten zoeken, ons steeds weer afvragen: 'Hoe komen ze op zulke dingen? Op zo'n gebeurtenis als met die vibrator?' in plaats van het telefoontje af te doen als wat het was: laster.

Geruchten zijn nog altijd een machtig wapen om vrouwen te onderdrukken. De beschuldiging van seksuele losbandigheid – bijna geen middel is in het conservatieve Koerdistan geschikter om de geloofwaardigheid en integriteit van een vrouw kapot te maken. En we komen uit het Westen; wat ligt meer voor de hand dan ons in diskrediet te brengen door te beweren dat we ons als sloeries hadden gedragen?

Misschien heeft het telefoontje helemaal niets met het feestje te maken, misschien is de gelegenheid alleen maar te baat genomen door iemand die door heel andere motieven wordt gedreven. Stoort iemand zich aan de onverholen kritiek die we in onze cursussen hebben op de partijafhankelijkheid van de landelijke pers? Over het feit dat we met onze studentes discussiëren over geweld binnen het huwelijk, over de eerwraak, die met eer niet veel te maken heeft, over de verschrikkelijk grote aantallen vrouwen die zelfmoord plegen door zichzelf in brand te steken? We twijfelen er nauwelijks aan dat de betreffende afdelingen in het plaatselijke bestuur tamelijk precies weten wat we in onze cursussen overbrengen. Maar we beginnen er niet aan ons af te vragen wie zich waaraan zou kunnen storen – dat zou het begin van het einde van elk onafhankelijk onderwijs zijn.

Wel is het duidelijk dat we voorzichtiger moeten zijn. Niet met wat we zeggen, maar met wat we van onszelf prijsgeven. Geen van ons wil haar sociale leven opgeven. Toch hebben we ons lesje geleerd. 'Mijn raad: als je het daar wilt uithouden, moet je een leven vol leugens gaan leiden,' schrijft een goede vriendin van thuis. 'Ik maak me zorgen – jullie zullen binnenkort als duivelinnen worden beschouwd, als jullie niet uiterst voorzichtig zijn. Laat één ding duidelijk zijn: zulke vijandelijkheden zullen niet stoppen.' Of mijn vriend uit Duitsland niet een keer als 'echtgenoot' op bezoek kan komen om als 'heerser en pasja' zijn vlag te zetten?

Ja, we zullen voorzichtig zijn. We leven toch in het land van de gesloten deuren? Dan zullen wij ook onze deuren sluiten. We beginnen meteen en laten schermen aanbrengen op het balkon, zodat niemand meer van buitenaf kan zien met wie we daar zitten of wat we drinken. We letten beter op wat we aan wie vertellen. Het idee te worden bespied, geeft ons een ongemakkelijk gevoel. Waar zitten de spionnen? Van wie van de buren kwam de klacht? Of heeft een van de bewakers geklikt dat het die nacht een beetje luidruchtiger en later is geworden en is de rest er op de weg naar de instanties door schaamteloze geesten bij gefantaseerd? Wie kunnen we vertrouwen? Wat denken onze collega's werkelijk van ons?

Zelfs Kate, de Chinese restauranthoudster, verdenken we van spionage, want die onthoudt tenslotte altijd precies met wie we komen eten. Als het restaurant in de herfst onverwacht wordt gesloten, denken we somber: ze heeft een nieuwe opdracht, ze is door de geheime dienst – de Koerdische? de Chinese? – naar Papoea Nieuw-Guinea overgeplaatst, waar ze al eens eerder twee jaar lang een Chinees restaurant heeft geëxploiteerd.

Opeens vragen we ons bezorgd af wie er achter onze rug wat over ons zegt. Of de bewakers schuine grappen maken, wanneer we drie avonden achter elkaar door drie verschillende – mannelijke – vrienden worden afgehaald. Ze staan om ons te bekijken op poleposition. 'Die twijfelen er niet aan dat we naar bed gaan met iedere man die ons huis binnenkomt,' zegt Jessica vol overtuiging. In elk geval weten zij het meest van ons, hebben in hun gastenboek zelfs zwart op wit staan wie er hoe laat bij ons komt en wanneer vertrekt. Vier van hen wonen bovendien recht tegenover ons, zien ons dus zelfs buiten werktijd. Ik ben er nog niet uit of ik ze eerder als bescherming of als controle ervaar.

Een poosje geleden schreef een Amerikaanse collega, die hier vóór mij werkte, me over het 'leven in een vissenkom' – en hoe vermoeiend dat was. Nu begrijp ik wat ze bedoelde.

De bekeerling in de badkamer

Na de twee aardbevingen, de stille vlucht van Shannon en het nonnenvonnis uit Londen, breekt in de villa voor even een periode aan waarin het leven zijn dagelijkse gang gaat. Overdag geven we op de benedenverdieping les aan leerling-journalisten of redigeren in de kantoorruimten in Villa 2 de reportages die de door ons opgeleide verslaggevers schrijven voor onze wekelijkse nieuwsbrief. 's Avonds zitten Ava, Gina, Jessica en ik op het voor de ogen van nieuwsgierige buren afgeschermde balkon of in de tuin, roken een waterpijp met appeltabak, drinken Libanese rode wijn en fantaseren daar een lekker stuk Franse geitenkaas of Italiaanse pecorino bij.

Vanaf het balkon kunnen we de bergen zien, die als een ring om Sulaimania liggen. Achter de laatste huizen van de stad worden ze hoger, eerst glooiend en vervolgens steeds steiler, in de korte lente verzadigd groen, in de eindeloze zomer bruin en in de winter vaak bedekt met een dikke laag sneeuw.

Volgens een Koerdisch spreekwoord zijn de bergen de enige vrienden van de mens. In de bergen hielden zich altijd peshmerga's schuil, de vrijheidsstrijders, die zoals hun naam zegt 'voor de dood staan' en tientallen jaren lang een taaie guerrillastrijd hebben gevoerd voor de Koerdische onafhankelijkheid, voor de rechten van de Koerden. Altijd wanneer ik met Akram, mijn lievelingschauffeur, door de bergen rijd, wijst hij mij op holen waarin de peshmerga's zich verstopten voor aanvallen van de Iraakse luchtmacht, op dorpen waarvan de bewoners hun 's nachts stiekem eten kwamen brengen, maar ook op plaatsen waar *jash*, 'jonge ezels', zoals de scheldnaam van Koerdische collaborateurs met het Saddam-regime luidde, hen hebben verraden, wat hun niet zelden het leven kostte. Akram zelf is twee jaar peshmerga geweest en is daar nog altijd trots op. Op een keer kwam ik op kantoor op het moment dat Shirwan, die verantwoordelijk is voor onze veiligheid, Akram een pistool overhandigde voor een reis die hij binnenkort met mij zou maken. Ik vroeg gekscherend of hij daar wel mee kon omgaan. Shirwan en Akram lachten. 'Als er íéts is waarmee Koerdische mannen kunnen omgaan, dan zijn dat wapens.'

Een volk van vechters, ongetwijfeld. In de tijd van het Osmaanse Rijk waren de ontoegankelijke bergstreken voortdurend in handen van Koerdische stammen gebleven; de macht van de sultan beperkte zich tot de steden, al het overige moest hij met de stamleiders oplossen. De Britten erfden deze vorm van indirecte macht via bondgenootschappen met de aga's en sjeiks. Dat liep echter onder andere in Sulaimania verkeerd af, waar de Britten in 1918 sjeik Mahmud van de familie Barzinji eerst benoemden tot goeverneur van Sulaimania en later van een groot deel van Koerdistan.

Sjeik Mahmud echter, wiens huizenhoge portret nog altijd over de bazaar van Sulaimania uitkijkt, voelde zich voornamelijk verantwoording schuldig aan één man: zichzelf. Toen de Britten hem de tijdelijke macht weer probeerden af te nemen, riep hij zichzelf tot heerser over Koerdistan uit en begon een revolutie, die zonder succes bleef. Een van de vele die gedurende de hele twintigste eeuw door diverse Koerdenleiders werden begonnen en iedere keer door wisselende machthebbers in Bagdad werden onderdrukt.

Daarbij leek de stichting van Irak aanvankelijk ook ten minste een verregaande autonomie voor de Koerden dichterbij te brengen. Toen de Britten in 1921 de kunstmatige staat Irak timmerden uit drie provincies van het failliete Osmaanse Rijk, dat werd bewoond door honderden verschillende clans en stammen die heel weinig met elkaar te maken hadden, beloofden ze de Koerden een eigen regering binnen de grenzen van dit Irak. Een in 1925 naar Mosul afgevaardigde delegatie van de Volkerenbond beloofde Irak de Koerdische gebieden, op voorwaarde dat rekening gehouden zou worden met de wensen van de Koerden. In ruil voor de belofte van cultureel en politiek zelfbestuur accepteerden de Koerden dat ze in de nieuwe Iraakse staat zouden worden geïntegreerd.

Wat er van die belofte terechtkwam, is bekend: niets. Wat volgde, was verraad op verraad, een eeuw van opstanden en onafhankelijkheidsstrijd – reden waarom de Koerden tot op de dag van vandaag in de bergen hun enige vrienden zien.

Sommigen gaan echter toch op zoek naar nieuwe vrienden, in de hoop dat deze de Koerden een vreedzamere toekomst zullen bezorgen. Een waarin men zich niet voor een guerrillastrijd maar voor een wandeltocht in de bergen terugtrekt.

Op een zonnige ochtend in mei verschijnt mijn tolk Rizgar op het werk met een mysterieuze glimach op zijn lippen en een voor hem ongewone verrukking in zijn blik. Hij heeft me iets te vertellen, 'maar niet nu, later'. Hij gebaart naar de anderen die het kantoor met ons delen.

Ik brand van nieuwsgierigheid. De mededeelzaamheid van mijn Koerdische collega's over privéaangelegenheden is anders nooit zo groot. Als ik weet wie er hoeveel kinderen heeft, is dat al heel wat; over de echtgenotes hoor ik zo goed als niets; ik krijg zelfs geen foto's van de geliefden te zien, zoals in andere landen gebruikelijk is, laat staan de echtgenote in levenden lijve. Waarbij ik me wel eens afvraag wie voor wie verborgen wordt gehouden: de echtgenote voor mij of ik, blonde Europese, voor de echtgenote. Toen ik eens op een avond met de hoofdredacteur van een van de plaatselijke weekbladen uit eten ging (er gingen nog acht collega's mee en we spraken over de voorgenomen Koerdische perswet), belde zijn vrouw op een gegeven moment op. Of de bijeenkomst nog aan de gang was of dat hij al terug op de redactie was, wilde ze weten.

'Nee, ik ben nog in het restaurant. Hoezo?'

'Zomaar. Ik heb die Europese vrouw gisteren in een interview op de televisie gezien. Ze is erg mooi.'

Misschien, dacht ik na die tijd wel eens, kreeg ik de vrouwen van mijn collega's alleen maar nooit te zien zodat ze mij niet zagen – en hun mannen stekeligheden over de blonde cheffin bespaard bleven. Zouden er eigenlijk Koerdische blondjesmoppen bestaan?

Maar vandaag wil Rizgar, de vertaler, mij, de buitenlandse, kennelijk in een privékwestie betrekken. Waar wil hij over praten? Emigratieplannen? Een nieuwe liefde? Dat zou hij me als getrouwde man niet gauw vertellen. Een ziekte? Nee, dan zou hij er niet zo opgewekt uitzien. Heeft hij een nieuwe baan gevonden die beter betaalt? Is hij lid geworden van de partij of heeft hij juist zijn lidmaatschap opgezegd? Heeft hij een prijs in de lotto gewonnen? Bestaat er in Koerdistan wel een loterij?

Ik moet geduld hebben tot de anderen in de middagpauze verdwijnen en we alleen zijn.

'Ik heb me vanmorgen gedoopt,' begint Rizgar. 'Ik ben nu een christen!'

Op allerlei bekentenissen had ik gerekend. Maar niet op deze. Onmiddellijk schiet er een tiental vragen door mijn hoofd. Waarom? Wie weet ervan? Wat zegt zijn vrouw, zijn familie? Wie heeft hem geholpen, wie hem tot deze stap gemotiveerd? Je vanuit de islam tot het christendom bekeren, is dat niet gevaarlijk?

Wie zich afwendt van de islam wordt beschouwd als een geloofsverzaker, een afvallige. Een zonde die de sharia met de dood vergeldt. Een moslim die een afvallige doodt, maakt zich volgens vele rechtsgeleerden niet eens schuldig aan moord, maar doet slechts zijn plicht.

Maar hoe zit dat hier in het niet zo heel religieuze Koerdistan? Bestaat er hier een islam *light*, minder streng en daarom milder voor bekeerlingen? Drinken doen ze ook bij elke gelegenheid graag en veel, en bidden daarentegen iets minder. Maar het geloof de rug toekeren? Dat moet zelfs hier riskant zijn.

'Bedoel je dat je je hebt *laten* dopen?' corrigeer ik hem, omdat ik nog nooit heb gehoord dat iemand zichzelf doopt en ervan uitging dat hij de gebeurtenis van zijn christenwording verkeerd had vertaald.

'Nee, ik heb *mezelf* gedoopt, alleen, thuis in de badkamer. Ik heb in de douche water over me heen gegoten en de woorden "Ik doop mij in naam van Jezus Christus" gesproken. Dat is genoeg. Nu ben ik christen.'

'Hoe weet je dat?'

'Dat heeft mijn vriend Duncan me verteld. Hij heeft me ook een bijbel gestuurd en me per e-mail met mijn doop gefeliciteerd.'

'En wie is Duncan?'

'Een aardige Amerikaan. Ik ken hem via internet.'

Christen worden per internet: welkom in het moderne Koerdistan!

Rizgar laat me zijn doopbewijs zien van de Christadelphian Church, zo trots alsof hij zojuist is geslaagd voor het toelatingsexamen van een elitaire universiteit. Samen met de oorkonde ontving hij een geloofsbelijdenis, die hij moet ondertekenen en terugsturen. Meteen al de eerste regels zeggen me dat Duncans geloofsgemeenschap een heel bijzondere christelijke kerk moet betreffen: 'Er is maar één God, geen Heilige Drievuldigheid,' begint de belijdenis – tot zover komt deze kerk in elk geval met Rizgars voormalige geloof overeen: er is geen god buiten God. 'Jezus Christus is de zoon van God, maar niet God zelf. Voor Zijn geboorte bestond Hij niet.'

De geloofsbelijdenis formuleert vele punten verbazingwekkend concreet; is dat het waarmee Duncan Rizgar voor zich heeft ingenomen? 'Ik erken dat mijn ware probleem in mijn verleidingen en zonden ligt en zal daartegen vechten. Ik begrijp dat het begrip "duivel" betrekking heeft op deze obstakels voor mijn redding – niet op een reëel monster of een draak.' Ook voor de tijd na de dood blijven geen vragen onbeantwoord: 'Ik weet dat ik bewusteloos in mijn graf zal liggen tot Jezus mij weer laat verrijzen en over mij oordeelt. Ik heb geen onsterfelijke ziel. Door Zijn genade word ik opgenomen in Zijn koninkrijk, waarvan ik geloof dat het werkelijk hier op aarde zal worden gesticht.' Dan volgen er nog een belijdenis van de oneindigheid van het huwelijk, de verwerping van seks buiten het huwelijk en homoseksualiteit en de belofte zich voortaan bij alles af te vragen: 'Wat zou Jezus doen?'

Ik weet niet goed wat ik moet zeggen. Ik heb maar één vraag: waarom?

'Ik geloof dat christenen de beste vrienden voor ons Koerden zijn,' zegt Rizgar. 'Hoe langer ik over onze geschiedenis nadacht, des te duidelijker kwam ik tot de conclusie: al het kwaad in Koerdistan wortelt in de islam. Onze gecompliceerde verhouding tot het Westen, onze achterstand, de eeuwige oorlogen, gewoonweg alles. Als we christenen waren, hadden we allang onze eigen staat.'

De nationale kaart spelen de missionarissen in Noord-Irak heel bewust uit. 'Dit moet je horen,' zegt Jessica op een dag opgewonden als ze terugkomt van een interview dat ze voor de BBC heeft gehouden met een evangeliste uit Kansas, die in Sulaimania min of meer openlijk het christendom verkondigt. De vrouw beweert van God een duidelijke boodschap te hebben gekregen: de 'Goliath Islam' zou vlak voor de val staan, neergeslagen door 'David', waarmee christenen zoals zij zijn bedoeld. En de Koerden zijn in dit visioen 'de steen in Davids slinger', met behulp waarvan 'God het hart uit de islam' zou rukken.

Dat zegt ze letterlijk: *'rip the heart out of Islam'*. Jessica en ik kijken elkaar aan. We moeten aan de boeken in de kamer van Ian, de 'stille Amerikaan', denken. *Jezus is meer dan een timmerman.* Opeens lijkt de CIA-agent ons toch de aantrekkelijkere optie.

Als Rizgars Amerikaanse internetkennis Duncan ook zulke grimmige plannen met zijn dopelingen in Koerdistan heeft, wordt het weer niets met de hoop op een vredigere toekomst. Maar zijn missionaris lijkt minder bezield van veroveringsplannen, het gaat hem om de erkenning van de Bijbel als 'basis van het handelen'. Heeft Rizgar de onderwerping aan een onfeilbaar boek ingeruild voor de onderwerping aan een ander? De absolute claim lijkt me bijna hetzelfde.

Als door en door seculiere Europese vind ik het niet altijd gemakkelijk in te schatten en te begrijpen hoe belangrijk hun godsdienst voor mensen is. Hoe meer tijd ik doorbreng in sterk religieus georiënteerd gezelschap, hoe meer ik ertoe neig in te stemmen met mensen als Uli, een bevriende televisiejournalist, die drie jaar geleden op een gezamenlijk kerstfeest in Bagdad zei: 'De mensheid zou heel wat minder problemen hebben als ze het voor religieuze gevoelens verantwoordelijke gen konden vinden en uitschakelen.' Of mijn beste vriend Karim, de fotograaf, half Belgisch en half Tunesisch, met wie ik een aantal keren samen in Bagdad ben geweest. Hij heeft een heel eigen vredesplan voor de Arabische wereld: 'Meer seks. Gun de mensen meer seks, dan wordt het gebied vanzelf vreedzamer.'

Maar ik heb ook genoeg tijd in islamitische landen doorgebracht om te weten dat de meeste mensen daar zich een leven zonder godsdienst niet voor kunnen stellen. En ik ben geen missionaris, niet voor en niet tegen de ene of de andere godsdienst.

Ik moet aan mijn Iraanse vriendin Nasreen denken.

Ook zij heeft me enige tijd geleden meegedeeld dat ze tot het christendom was overgegaan. Een deel van haar familie praat daarom niet meer met haar, maar ze is ervan overtuigd: 'Dat is mijn weg.' Toen ik haar in februari 2005 kort voor mijn vertrek naar Koerdistan in haar appartementje in het centrum van Teheran bezocht, bekende ze me: 'Ik heb schoon genoeg van de islam. Maar wij zijn geen volk van atheïsten. We hebben iets nodig om in te geloven. Ik heb iets nodig om in te geloven.'

Rizgar in Sulaimania vergaat het net zo. Hoezeer hij ook vervreemd is van de geschiedenis van zijn volk, zijn land, het gebied van de islam: géén godsdienst hebben is geen alternatief.

Beiden leven sindsdien met een potentieel dodelijk geheim. Rizgar heeft zelfs zijn vrouw niets verteld van zijn doop in de badkamer. Ook durft hij niet naar een dienst in een van de christelijke kerken in Sulaimania. 'Het zou verdacht zijn als ik, van wie iedereen immers denkt dat ik moslim ben, plotseling naar de kerk ging.'

En zo brengt hij in praktijk wat voor ons in het Westen vanzelfsprekend is, maar in de islamitische wereld bijna een daad van rebellie: het geloof als privéaangelegenheid, iets tussen hem en God. Na de doop in de badkamer komt het gebed achter gesloten deuren.

We praten op kantoor niet vaak over godsdienst. Ook onze studenten vraag ik, hoewel we in de les vaak over de islam in Irak en in het algemeen discussiëren, nooit naar hun geloofsrichting. Meestal kan ik desondanks na enige tijd met grote zekerheid zeggen wie sjiiet en wie soenniet is, en wie alleen maar voor de vorm moslim. Familieverhalen, afkomst, traditionele sieraden en vaak alleen al de voornaam geven me na meer dan een jaar in Irak voldoende aanknopingspunten.

Of het voor hen omgekeerd ook gemakkelijk is onze religieuze achtergrond aan te voelen?

Er wordt me zelden rechtstreeks naar gevraagd, en als het toch een keer gebeurt, zeg ik naar waarheid dat ik katholiek ben gedoopt. Dat is voor de meesten voldoende, en omdat de islam geen rekening houdt met de mogelijkheid de kerk de rug toe te keren, verklaar ik mijn formele afkeer van de katholieke kerk niet nader. Ook het woord 'atheïste' gebruik ik maar spaarzaam; op de een of andere manier lijkt het me ongepast, in een land dat op het punt staat door religieuze confrontaties in een burgeroorlog verzeild te raken, over het al dan niet bestaan van God te discussiëren.

Daarentegen leg ik graag en vaak de begrippen 'seculier' en 'laïcisme' uit, waarvan in Irak en misschien overal binnen de islam bizarre voorstellingen de ronde doen. Telkens weer hoor ik interpretaties als 'bandeloos', 'ongedisciplineerd', 'immoreel' – misschien omdat het beschouwen van de dingen vanuit wereldlijke gezichtspunten, en de scheiding van godsdienst en staat volgens de maatstaven van de ordening van de eenheidsmaatschappij die de islam is, vreemd en zelfs verwerpelijk lijken. Nieuwsgierig luisteren de jonge journalisten toe: welke rol de kerk in Duitsland speelt, dat er ook bij ons partijen zijn die zich op religieuze – christelijke – wortels beroepen, dat er echter geen staatsgodsdienst is en iedereen voor zichzelf mag uitmaken of en wat hij gelooft.

Irak, oordelen ze dan unaniem, zou nooit een seculiere staat kunnen worden. 'We zouden al blij zijn als we een seculiere pers hadden,' zegt een studente. 'Zelfs daarmee bemoeien de godsdienstigen zich steeds sterker. Binnenkort behoort iedere krant en iedere zender tot de ene of de andere stroming.'

En de invloed van de godsdienst zal verder toenemen. 'In naam van God, de Barmhartige', zo begint de grondwet die de Irakezen een halfjaar later in een referendum zullen aannemen; velen van hen echter zonder de inhoud precies te kennen. Er volgt een Koranvers, een verwijzing naar het land van de profeet en de belijdenis 'Gods recht over ons te erkennen'. Wie in de toekomst de wetten in Irak ook mag uitvaardigen, hij is niet te benijden. Artikel twee van de grondwet dwingt alle toekomstige parlementsleden in een lastige spagaat. Daarin wordt vastgelegd dat de islam de 'fundamentele bron van de wet' is, waarna drie elkaar tegensprekende, zo niet uitsluitende, voorwaarden volgen: er mag geen wet worden aangenomen die in strijd is met de uitgangspunten van de islam, de uitgangspunten van de democratie of de mensenrechten en de fundamentele vrijheden van de grondwet.

De realisatie daarvan belooft net zo succesvol te zijn als een poging de sharia en het in 1979 door de Verenigde Naties aangenomen 'verdrag ter eliminering van alle vormen van discriminatie van vrouwen' met elkaar te verzoenen.

Met het voornemen geen woord over haar godsdienst te zeggen kwam Jessica naar Irak. Dat zij als Joodse naar Irak wilde, vonden veel van haar vrienden idioot. Had Saddam niet jarenlang de vijandschap tegenover Israël tot staatsdoctrine verheven, als dank financiële vergoedingen betaald aan families van Palestijnse zelfmoordterroristen en bij iedere gelegenheid tegen het 'zionistische wereldcomplot' gefulmineerd?

De gevolgen van de voortdurende propaganda tref je in elk geval meer naar het zuiden nog altijd aan. Een bevriende Engelse journalist hoort in Falluja de klacht dat Joden alle huizen opkopen en de onroerendgoedprijzen tot ongekende hoogten opdrijven. In andere plaatsen zouden grote aantallen Joden aan de kant van de VS-troepen vechten en ook degenen die in Irak gijzelaars onthoofden, moeten 'zionisten en andere internationale geheime diensten' zijn, want moslims zouden nooit gijzelaars onthoofden.

Als Jessica ondanks alles naar Irak wil gaan, mag ze in elk geval niemand vertellen dat ze van Joodse afkomst is. Dat is het plan.

Erg ver is ze daarmee niet gekomen. Het begint ermee dat ze niet kan besluiten waarvoor ze zich dan wil uitgeven. Voor een wedergeboren christen? Een tot de islam bekeerde? Atheïste? Niets van dat alles denkt ze overtuigend te kunnen brengen. 'Ik zou het liefst zeggen: van de Joodse cultuur. Dus wel met bindingen aan de cultuur en traditie, maar niet bijzonder gelovig. Maar kun je zoiets wel vertalen?'

Als het onderwerp in de les ter sprake komt, ontwijkt ze het. En voelt zich oneerlijk.

Na een paar dagen houdt ze het zwijgen niet langer vol. Haar tolk Ayub, een jonge Koerd uit Halabja, is de eerste die ze in vertrouwen neemt. Tenslotte heeft hij haar al de tweede dag na aankomst door de oude Joodse wijk van Sulaimania geleid en, vindt ze, zelfs nostalgisch geklonken toen hij vertelde over de laatste Jood, die in 1976 de stad verliet.

Jessica vertelt het Ayub, omdat ze het gevoel heeft dat ze hem, als ze hem dit deel van haar afkomst niet opbiecht, helemaal niets over zichzelf kan vertellen. Maar hoe moet je dan iedere dag zij aan zij met iemand werken? Onze tolken zijn niet zomaar collega's die onze woorden in het Arabisch of Koerdisch vertalen. Ze worden vrienden, vertrouwelingen – en onze ogen en oren naar de wereld om ons heen.

Vervolgens wijdt ze Alan in, bij de chinees. Alan drinkt graag whisky, en als hij weer eens zijn glas heft voor een toost, leert Jessica hem spontaan het Hebreeuwse *Lechajim* – 'Op het leven'. Alan is enthousiast en geeft het citaat door aan zijn vrienden. Het geheim is op weg naar de wereld. En als Jessica niet veel later wordt geplaagd door heimwee naar een oude familietraditie, weet uiteindelijk toch onze hele kleine surrogaatfamilie hoe dat komt.

Maar eerst komt ze weer terug bij haar plan aan niemand te

vertellen dat ze Joods is. Zoals bij de Asayish, de Koerdische veiligheidspolitie, waar buitenlanders hun verblijfsvergunning moeten aanvragen.

'Godsdienst?' vraagt de ambtenaar.

'Privé,' zegt Jessica. In geen geval wil ze een officieel Iraaks document met daarin de aantekening 'Joods' hebben. In Koerdistan zijn dan wel tot nu toe geen buitenlanders ontvoerd, maar toch.

'Privé bestaat niet,' houdt de beambte vol.

'Mijn godsdienst gaat u niets aan. Dat is een zaak tussen mij en God.'

De beambte geeft het op. 'Godsdienst: geen', vult hij in.

'Lechajim' – Op het leven!

Heimwee is voor mij verbonden met de seizoenen. Waar ter wereld ik ook verblijf, de vroege zomer in Duitsland mis ik niet graag. De eerste asperge, zelfgeplukte aardbeien, even later frambozen en zoete kersen, zo smaakt thuis voor mij. In de tijd van een geglobaliseerde fruit- en groentehandel misschien een antiek geworden gevoel. Verder het licht van de lengende dagen, 's avonds het geroezemoes van stemmen op de terrassen; als het maar even kan, breng ik deze tijd graag thuis door. Mijn contract als journalistentrainer is voorlopig voor drie maanden, van april tot juni 2005. Zonder verlenging zou ik het precies redden.

Jessica's heimweeseizoen valt in de op een na laatste week van april. 'Ik mis mijn familie zo,' klaagt ze, als we 's avonds op de gele bank zitten, en ze stelt die ons meteen in liefdevolle schetsen voor. Haar oma, die steeds vraagt: 'Wat doet dat kind dan ook in Turkije', omdat de familie om haar zenuwen te sparen voor haar heeft verzwegen dat Jessica de grens naar het buurland is overgestoken. De strenge grootvader, die bijna geen man goed genoeg voor Jessica vindt. 'U wilt mijn kleindochter? Maak iets van uzelf!' adviseerde hij de broodjesverkoper in een delicatessenzaak in Brooklyn tijdens het avondeten, toen Jessica even naar het toilet ging. De geïntimideerde aanbidder nam even later een baan aan als chef-kok in een chic hotel in Singapore – wat goed was voor zijn carrière, maar het einde betekende van de relatie met Jessica. Ze vertelt ons over haar innig geliefde vader, zoon van Ierskatholieke immigranten met historisch geluk: na zijn inlijving op 6 mei 1945 was de enige officiële gebeurtenis die hij als soldaat beleefde de viering van het einde van de oorlog in Manhattan. En over haar moeder, die zo graag een Joodse echtgenoot voor Jessica wil, hoewel ze zelf met een katholiek is getrouwd en de joodse tradities veel minder onderhoudt dan haar dochter.

Aanstaande zondag zouden ze allemaal bij elkaar in het huis van haar ouders zijn, zoals elk jaar tijdens het pesachfeest. Daar had ik wel eens van gehoord, maar het fijne wist ik er niet van.

'Wat is het pesachfeest eigenlijk precies?'

'De herinnering aan de uittocht uit Egypte van het in slavernij levende volk van Israël. Dan houden we de *seider,* een rituele maaltijd met een speciale volgorde van de gerechten, waarbij elk ingrediënt een element uit het exodusverhaal symboliseert. We zingen oude liederen tot diep in de nacht, vertellen verhalen over knechtschap en verlossing en…'

Al voordat ze haar zin heeft afgemaakt, gaat er zichtbaar een idee om in haar hoofd, dat ze eerst bij zichzelf en vervolgens met ons overlegt: waarom zouden we geen seider in Irak houden?

Het zou vermoedelijk de eerste in decennia in Irak zijn. Hoe langer Jessica erover nadenkt, hoe meer ze voor de gedachte voelt. Ook al is er nauwelijks nog iets van over, de Joodse gemeenschap van Irak behoort tot de oudste der wereld. Volgens de overlevering werd Abraham, de stamvader van de Joden, in de stad Ur in Zuid-Mesopotamië geboren, dus in het huidige Irak. Is ze hier niet veel dichter bij de wortels van haar religie dan thuis in New York?

Pesach vieren in Irak – het idee lokt haar aan en schrikt haar tegelijk af. Oorspronkelijk was ze immers van plan geweest haar godsdienst te verzwijgen. En nu staat ze op het punt een van de hoogtepunten van haar religieuze kalender te vieren. 'In kleine kring,' neemt ze zich voor. Maar ook daar komt weer niets van terecht.

Want nauwelijks heeft ze onze baas Hiwa, een in Londen opgegroeide Koerd, over het idee verteld of hij neemt de planning, uitnodigingen en inkoop van de wijn op zich. De geboortedag van de profeet Mohammed, uittocht van de Joden uit Egypte, voor Hiwa is iedere aanleiding om feest te vieren goed. Hij laat zelfs een pesachlam slachten voor de vegetarische Jessica, dat hij ter vervolmaking met knoflook, rozemarijn en olijfolie in de oven smoort.

Uiteindelijk zitten er meer dan tien gasten aan tafel, vrienden, huisgenoten, collega's uit zes landen met vijf verschillende godsdiensten, en vieren Pesach in Irak. Een kring die misschien alleen onze curieuze woongroep bij elkaar kan brengen.

Hiwa heeft een lange tafel in de tuin achter het kantoorhuis zo feestelijk gedekt als mogelijk is met ons woongroepservies. Hij heeft een excellente Libanese rode wijn op de kop getikt, ook al is die vermoedelijk niet koosjer. Ava verschijnt voor de gelegenheid van top tot teen in het wit. 'Hoe weet je dat?' vraagt Jessica, ook in het wit, ontroerd over dit eerbewijs aan de traditie.

Op twee dienbladen heeft ze de seiderschotels opgemaakt, enigszins geïmproviseerd, omdat ze niet alle ingrediënten in de bazaar kon krijgen. Hardgekookte eieren als symbool voor het uithoudings- en overlevingsvermogen van het Joodse volk. Peterselie voor de lente en de hoop op een nieuw leven. Kommetjes met zout water, als teken van het zweet en de tranen van de Joodse slaven. Een zelfgemaakte bruine pasta die *charoset* heet, van geraspte appels, peren en walnoten staat voor de mortel waarvan de Joden in Egypte bakstenen maakten. Radijsjes – in plaats van de thuis gebruikte mierikswortel – herinneren aan hun bittere leed.

Geen van ons heeft ooit eerder aan een seider deelgenomen. Nieuwsgierig volgen we Jessica's woorden en instructies, wat we met welk ingrediënt moeten doen. We dopen de peterselie in het zoute water, eten symbolische mortel en bittere radijsjes. Maar we drinken vooral met veel genoegen elk van de vier glazen wijn, die tussendoor geheven moeten worden op het welzijn van ik weet niet meer precies wat.

Vier kaarsen en de blauwe gloed van het laptopscherm zijn het enige licht in de verder donkere tuin. Het verhaal van vlucht, ballingschap en verlossing past goed op deze plek, in deze kring. We luisteren zo aandachtig dat niemand merkt dat Gina's telefoon gaat en ze naar een hoek van de tuin verdwijnt.

'Niet zo snel,' onderbreekt Hadi Jessica's verhaal telkens. De nauwkeurigste onder onze vertalers wil alles heel precies weten, vooral hoe het zat met Mozes, 'die komt bij ons in de Koran toch ook voor', en dan vergelijken in een warme zomernacht in Irak moslims, christenen en een Jodin de personages in hun heilige geschriften. En zijn opgetogen over de vele overeenkomsten en dwarsverbindingen die ze ontdekken. De verbanden waren de meesten van ons vaag bekend, maar ze in deze kring in dit land op dit moment te constateren heeft toch een bijzondere magie.

Het theologische gesprek raakt in een stroomversnelling wanneer Jessica de tien bijbelse plagen begint op te sommen die over Egypte kwamen. 'Ten eerste: de verwoesting van de huizen. Ten tweede: het uitrukken van de olijfbomen. Ten derde: straatafzettingen en controleposten…' Geïrriteerd rolt ze met de cursor haar beeldscherm op en neer. 'Hier klopt iets niet.'

De *hagada*, de verzameling teksten voor het pesachfeest, had Jessica van internet gedownload. Omdat ze haar godsdienst eigenlijk geheim wilde houden, had ze die niet van thuis meegebracht. Een vriendin uit het links-alternatieve circuit adviseerde haar een website, Jessica klikte op 'downloaden', sloeg het bestand op haar laptop op en opende dat pas voor het eerst nu ze met ons in de tuin zit. 'De tien plagen van de bezetting van Palestina,' leest ze. 'Zo te zien is dit een wat modernere versie dan het origineel van mijn oma, dat we thuis gebruiken.' Haar ogen vliegen over het scherm. 'Oké, waarom niet? Dat past eigenlijk beter bij een seider in Irak dan verhalen over hagel, sprinkhanen en kikkerplagen.'

Op dat moment komt Gina terug aan tafel. Voor het eerst sinds ik haar ken, meen ik in haar gelijkmatige gezicht sporen van opwinding te ontdekken. Ruzie? Verdriet? Angst? Zo goed ken ik haar mimiek niet. Ik wacht een paar minuten voor ik me over de tafel heen buig en zachtjes vraag of alles in orde is.

'Brian heeft gebeld.'

Zonder meer te weten ben ik opgelucht. Hij leeft, dat staat in elk geval vast.

'Zijn commandant is vandaag geraakt, toen ze samen op patrouille waren: een kogel in zijn hoofd. Ze hebben hem meteen naar het militaire hospitaal overgevlogen en brengen hem, als hij morgen nog leeft, naar Duitsland. Hij heeft niet veel kans.'

'Het scheppen van een klimaat van hopeloosheid en vertwijfeling onder de Palestijnen, wat tot steeds meer gewelddadige aanvallen leidt,' leest Jessica uit de lijst van bezettingsplagen voor.

Een scherpschutter heeft vanuit de dekking van een flatgebouw op de militair gericht en hem een kogel boven zijn linkeroor in zijn hersenen gejaagd. Wie was de schutter? Een terrorist die alleen maar wilde doden? Een Irakees die wraak wilde nemen, misschien voor een verloren zoon, een verwoest huis? Een slachtoffer dat dader werd? Is de man op wie is geschoten een dader? Vermoedelijk weet de schutter niet meer over hem dan dat hij een Amerikaanse soldaat is. Hij had ook op de soldaat achter hem kunnen richten. Dat zou Brian zijn geweest, Gina's man. Een paar minuten voordat de kogel doel trof, had zijn kameraad hem verteld over de aanstaande verjaardag van zijn stiefdochtertje.

Ik weet niets van die man. Weet niet waarom hij soldaat is geworden, waarom hij naar Irak is gekomen, of en onder welke omstandigheden hij Irakezen heeft gedood. Ik weet alleen dat hij een vriend is van de man van mijn huisgenote. En het had net zo goed Brian kunnen treffen.

Ik kijk Gina aan. Haar gezicht staat weer effen. Waar haalt ze deze kracht tot zelfbeheersing vandaan? Een erfenis van haar familie? De kracht van een immigrantenkind dat zich al vroeg in een nieuwe wereld moest schikken en van huis uit leerde dat noodlottige klappen hard zijn, maar niet het einde van de wereld betekenen? Gina's grootvader werd in 1950 door Noord-Koreanen ontvoerd en sindsdien ontbreekt ieder spoor. Haar grootmoeder leeft al meer dan vijftig jaar met de vraag wat er met hem is gebeurd, of hij leeft of dood is, haar vergeten is.

Voordat Brian naar Irak ging, hebben Gina en hij alle formaliteiten besproken voor het geval dat hij niet levend zou terugkeren. Hoe hij begraven zou worden, wie er wat van hem zou erven en andere vragen die paren van rond de dertig anders maar zelden met elkaar bespreken. Maar Gina is realistisch genoeg om rekening te houden met de mogelijkheid dat hij doodgaat.

Aan het andere eind van de tafel zet een gast met zijn gitaar een Koerdisch lied in over de liefde van een moeder voor haar zoon. Jessica heft haar glas voor de laatste toost van de avond. 'Le chaim! Op het leven!'

De volgende ochtend belt Brian weer. Zijn vriend is de nacht doorgekomen, hij is op weg naar Duitsland. Verder moet er worden afgewacht.

Goodbye, my lover

Vanuit mijn raam in de villa kijk ik uit op een rode lichtreclame: BANK OF BAGHDAD. Een aanblik die me iedere dag voor een paar minuten weemoedig stemt, omdat de stad waar ik zo van hou zo dichtbij is en toch zo ver. En omdat de leerling-journalisten die daarvandaan bij ons komen iedere keer slechter nieuws meebrengen.

Haast niet te geloven dat Bagdad op maar vier uur rijden bij ons vandaan ligt. Ik zou 's morgens een taxi kunnen nemen en 's middags daar kunnen zijn – en toch zou het een reis naar een andere wereld zijn. De relatief goede veiligheidssituatie in Sulaimania maakt het ons mogelijk in Irak te wonen en te werken zonder ons achter metershoge betonnen muren te verstoppen. Hier zijn zo goed als geen zelfmoordaanslagen, geen buurtmilities of doodseskaders. In plaats daarvan bouwplaatsen en mammoetprojecten zover het oog reikt. Chinese bouwploegen asfalteren nieuwe landwegen, Turken bouwen winkelcentra, monteurs uit Zimbabwe moderniseren het mobieletelefoonnet.

Buiten Koerdistan zinkt Irak weg in anarchie. Nieuwsberichten uit een willekeurige week: vijftig lijken in Tigris gevonden, negentien politieagenten in een sportstadion in Hilla geëxecuteerd, elf soldaten in een helikopter naar beneden gehaald. Ook sinds de nieuwe regering is gevormd – de nieuwe minister-president is de sjiiet Ibrahim al-Jaafari – gaat het doden door. Het treft iedereen, dwars door de bevolking heen, het is echter steeds vaker gericht op journalisten. Alleen al in april 2005 werden er zes vermoord, waarvan een in Kirkuk, op een uur rijden van Sulaimania, en een in Mosul, een kleine twee uur bij ons vandaan. Ieder doodsbericht herinnert ons er opnieuw aan waar we werken en op wat voor een gevaarlijk beroep we onze studenten voorbereiden. Sinds 2003 geldt Irak als het gevaarlijkste land voor journalisten; in de bijna drie jaar sinds de inval van de Amerikanen zijn er meer verslaggevers gestorven dan in twintig oorlogsjaren in Vietnam.

Zo ziet de realiteit eruit die onze studenten staat te wachten en die zij op hun beurt uit Bagdad, Falluja, Ramadi of Basra mee de klas in brengen. Hun leven en werk in een potentieel dodelijke omgeving wordt deel van ons leven. Telkens als er een cursus is afgelopen, vraag ik me bij het afscheid angstig af of ik ze allemaal levend terug zal zien. Als door een wonder zal het een heel jaar duren voordat het geweld het eerste slachtoffer onder onze studenten eist.

Zeker, het is hun vrije wil; degenen die bij ons komen, hebben in het volle besef van het gevaar besloten dat ze als journalist willen werken. 'Als wij het niet doen, hebben degenen die ons willen intimideren toch gewonnen,' zeggen ze. En ze nemen op de koop toe dat ze tot een steeds meer bedreigde soort gaan behoren. Ik ben iedere keer diep onder de indruk van het risico dat ze bereid zijn te nemen en kan dat alleen verklaren uit het feit dat in Irak intussen bijna alles gevaarlijk is. Als zelfs een onschuldige nachtegaalverkoper op klaarlichte dag uit zijn winkel wordt ontvoerd en dagen later met sporen van zware foltering dood langs de kant van de weg wordt achtergelaten, is er dan iemand die zich veilig kan voelen?

Uit angst voor moord of ontvoering houden veel verslaggevers hun werk zelfs voor hun eigen gezin geheim. Iemand laat zijn moeder in de waan dat hij fruitverkoper is en iedere ochtend op

weg gaat naar de bazaar, anderen schrijven onder een valse naam.
 Journalistenhel, journalistenparadijs: vrijwel geen land levert spannendere verhalen op, maar tegelijkertijd is de poging deze verhalen te vinden en te vertellen nergens anders zo gevaarlijk. 'Bel me over een uur, kan niet praten,' sms't Hissam, een van onze verslaggevers, als ik hem in Bagdad opbel en hij juist onderweg is. Op de openbare weg Engels spreken? Kan dodelijk zijn.
 Ik heb de stad bijna op de kop af twee jaar niet meer gezien. In mei 2004 zijn mijn vriend en ik uit Bagdad vertrokken. Op weg naar Turkije bleven we een paar dagen in Sulaimania. Mijn eerste verblijf in de tuin van Villa 2, waar we met Hiwa, die toen al lesgaf aan Iraakse journalisten en dol op koken was, in de tuin aten. Die avond ontstond het idee terug te komen naar Irak, naar Sulaimania, en daar te gaan werken, in elk geval een poosje, tot het misschien ooit weer mogelijk zou zijn naar Bagdad te reizen.
 Bagdad. De lichtreclame voor mijn raam stuurt me op reis in de tijd, terug naar de herfst van 2003 en het voorjaar van 2004, toen mijn vriend, ook journalist, en ik aan de Tigris woonden. We waren met de auto van Hamburg naar Bagdad gereden, hadden de helft van een huis in de christelijke wijk Arasat gehuurd en reisden voor onze reportages kriskras door het land. Destijds was het werken in Irak al gevaarlijk, maar het risico leek ons nog acceptabel. In het begin bewoog ik me vrij door de stad, te voet, in mijn eigen auto met Hamburgs kenteken, in een taxi, zonder lijfwachten, meestal met tolken, af en toe ook alleen. Na de eerste ontvoeringen van westerse buitenlanders gold het devies: 'Niet zonder mijn hoofddoek.' Ik hield me een poosje gedeisd, verdween onder de hoofd en schouders bedekkende hijab, soms ook onder de abaja, de Iraakse variant van de sluier die het hele lichaam tot aan de voeten bedekt.
 In Koerdistan is dat ook twee jaar later niet nodig. Hier ligt ons eiland der gelukzaligen, waar ook de studenten kunnen bijkomen van de dagelijkse oorlogsrealiteit in Bagdad of Ramadi. Ik merk in de loop van het jaar duidelijk dat ze steeds meer tijd nodig hebben om de spanning kwijt te raken; sommigen vallen meteen de eerste dag in een soort herstelcoma. 'In Bagdad slaap ik bijna geen

nacht door, er wordt altijd ergens geschoten of er vliegen militaire straaljagers en helikopters over het huis,' vertelt Salam, die al veel van onze cursussen heeft gevolgd. 'In Sulaimania zijn is voor ons een soort vakantie.' Hier is het 'zo heerlijk normaal': ze genieten van het naar de bazaar gaan, het eten in een restaurant of gewoon een stukje rijden zonder voortdurend in de achteruitkijkspiegel in de gaten te houden of iemand hen volgt, zonder angst bij de volgende kruising uit de auto te worden gesleurd en in een kofferbak te worden ontvoerd.

Normaalheid, dat is een luxe die onze studenten in Bagdad al lang moeten missen. Als drie van de in Irak achtergebleven vijfenzeventig psychiaters in de zomer van 2005 de geestelijke toestand van de Bagdadi's onderzoeken, komen ze uit op 90 procent die symptomen van traumatisering vertoont: depressie, slaap- en rusteloosheid, geweldsuitbarstingen. Maar, de vakterm 'posttraumatisch stresssyndroom' vindt dokter Ali Abdul Razak misleidend: 'Hoezo posttraumatisch? Het houdt toch nooit op hier, dat is "constanttraumatisch".' We merken het aan het feit dat we haast nooit langer dan vier uur les kunnen geven, daarna daalt het concentratievermogen razendsnel. Ook aan ons verzoek de mobiele telefoons in de klas uit te zetten wordt niet graag voldaan: iedereen wil elk moment voor haar of zijn familie bereikbaar zijn.

Het Bagdad dat mijn vriend en ik hebben gekend, bestaat niet meer.

Ons Atlantis.

Ik krijg een aanval van heimwee en toets het nummer van zijn mobiele telefoon in. 'Probeert u het later nog eens.'

Gelukkig klopt het volgende ogenblik Gina op mijn deur. Of ik meega naar de chinees.

Ze houdt het vanavond thuis niet uit. Ze heeft drie dagen niets van Brian gehoord en kan hem ook op zijn mobiele telefoon niet bereiken. Dat gebeurt wel vaker, want als hij op patrouille gaat, mag hij zijn telefoon niet meenemen. Het zou te gevaarlijk zijn als die op het verkeerde moment begon te rinkelen. Ze weet dus dat drie dagen stilte niets hoeft te betekenen. Maar tot het verlossende telefoontje blijft de spanning hoog. Sinds het incident met Brians commandant is Gina, anders altijd zo beheerst, duidelijk nerveuzer dan daarvoor. Hoe vaak kan de dood zo dicht in de buurt komen en toch voorbijgaan? Bestaat er een voorraad geluk en is die vroeg of laat op? Bommen die te vroeg of helemaal niet ontploffen, explosieven die hun doel missen, een soldaat die een eigenlijk fataal hoofdschot overleeft – Brians eenheid moet knappe beschermengelen hebben. Maar met iedere misser neemt de angst toe. 'Om me heen is alleen nog dood en verderf,' schreef hij haar kortgeleden. 'Ik hou het niet meer uit, ik moet hier weg!'

'Natuurlijk ga ik mee naar de chinees. Kate mist ons vast al, zo huiselijk als we zijn geworden. En ik heb wel weer eens trek in e4.' Rundvlees met groene paprika in sojasaus, het favoriete gerecht van ons beiden in de Dragon.

Gina's zorgen om Brian verdrijven mijn sombere gedachten onmiddellijk. Wat is een vergeefs telefoontje naar Hamburg vergeleken met de angst die zij moet uitstaan? Dat hou ik mezelf de volgende dagen telkens voor wanneer ik slechts de voicemail bereik.

Na Kates luidruchtige begroetingsritueel kiezen we een stil hoekje uit in het restaurant. Het komt goed uit dat geen van onze vrienden er is, we hebben geen zin in gezelschap. We praten niet veel, maar ik kan goed merken hoezeer Gina met haar gedachten bij Brian is.

Ik verbaas me er vaak over hoe gelaten ze, naar buiten toe tenminste, met haar angst omgaat. Brians besluit het leger in te gaan had Gina verrast, haar ook woedend gemaakt, dat heeft ze wel eens verteld. Hij is, net als zij, eigenlijk journalist. Ze hebben samen twee jaar in Cambodja gewoond en gewerkt, daarna in Zuid-Korea, Gina's geboorteland. Nu zijn ze weer samen in het buitenland, maar op een heel andere manier. Hoe ze het doorstaat, is me een raadsel. Niet alleen de angst om Brian. Angst om je liefste hebben, dat ken ik ook. Mijn vriend was tijdens de oorlog in Irak en brengt als verslaggever veel tijd door in onveilige gebieden, zoals Afghanistan, Pakistan en Algerije. Toch gaat hij erheen als waarnemer en rapporteur. Brian heeft echter zijn potlood tegen een geweer ingeruild, is geen getuige meer, maar deelnemer aan de oorlog.

Hoe verdraagt Gina de gedachte dat hij zeer waarschijnlijk mensen moet doden? Niemand kan voorspellen hoe dat hem zal veranderen. Hoe het haar gevoelens zal veranderen, wanneer ze op een dag het fijne zal horen van wat hij in Irak heeft meegemaakt en gedaan.

Al vóór de Vietnamoorlog wisten we dat voor de meeste soldaten de oorlog na hun terugkeer niet afgelopen is.

Gelukkig is mijn vriend met zijn bijna –8 voor elk leger ter wereld te bijziend, bedenk ik.

Gina woont sinds vijf maanden in Sulaimania en denkt steeds vaker aan de tijd daarna. Ze zou over een maand, Brian over twee, terugkeren naar de Verenigde Staten. Dan zouden ze in de Verenigde Staten nog een keer trouwen – met alle poespas, met veel vrienden erbij, want de eerste plechtigheid was klein en gehaast, vlak voordat Brian naar Irak vertrok.

Ze zouden hun gezamenlijke leven weer oppakken, maar hoe dat eruit zal zien, weet ze niet. Op dit moment weet Gina zelfs niet waar ze gaan wonen wanneer ze Fort Drum, de thuisbasis van de 10th Mountain Division, in New York verlaten.

Daarheen was ze vlak voor het einde van Brians eerste dienstperiode verhuisd, van New York City naar Fort Drum, van de Big Apple naar het buitenwijkleven van de *army wives*. Ze wachtte op Brian en las *Im Westen nichts Neues,* de klassieker van Remarque over de verschrikkingen van de oorlog. Eén hoofdstuk las ze telkens opnieuw. Stond wat de ik-figuur, een soldaat in de Eerste Wereldoorlog, over zijn verlof van het front vertelde, ook Brian en haar te wachten? Zou hij zich even sprakeloos, even verloren voelen als de hoofdpersoon van de roman, wiens vader steeds opnieuw over de oorlog wilde horen?

'Ik begrijp dat hij niet weet dat je zoiets niet kunt vertellen… het betekent een gevaar voor mij wanneer ik die dingen onder woorden breng, ik ben bang dat ze dan reusachtig worden en zich niet meer laten beheersen. Waar zouden we blijven als alles ons duidelijk zou worden wat daarbuiten gebeurt… Ik kan mijn draai hier niet meer vinden, het is een vreemde wereld.'

Dat is vermoedelijk een van de bindendste elementen van onze vrouwenwoongroep: we verkeren allemaal in een soort schemertoestand. We zijn even opgenomen in een tijdcapsule in Koerdistan, die ons afschermt voor alle belangen, alle vragen van thuis, waarop we op dit moment geen antwoord hebben. Wie precies weet waar hij stond in het leven gaat helemaal niet voor een half of een heel jaar naar Irak.

Ik heb nog niet besloten hoe lang ik wil blijven. Eind mei, over een paar weken dus, wil mijn vriend me komen opzoeken. Dan kunnen we samen bespreken of ik mijn contract verleng of liever naar huis ga.

Denk ik.

Denk ik ook nog bij de tiende, twaalfde, twintigste poging om hem aan de telefoon te krijgen.

En dan denk ik opeens niets meer. Chaos in mijn hoofd, een barst in mijn hart en van het ene moment op het andere geen thuis meer. Een telefoongesprek, en alles is anders.

Een tijdelijke scheiding: dat is altijd ook een test voor alle betrokkenen. Na veertig dagen weet ik dat we daar niet voor zijn geslaagd.

Veertig dagen, wat een getal. Ik, de onkerkelijke, moet vanuit het niets denken aan de bijbelse betekenis van veertig dagen. Vanuit sedimenten uit mijn jeugd, waarvan ik dacht dat ze allang waren verweerd, komt een vaag religieus weten naar boven. Wanneer God zich op een taak wilde voorbereiden, nam Hij daarvoor altijd veertig dagen de tijd. Veertig dagen bleef Mozes op de berg Sinaï. Veertig dagen moest het volk Israël door de woestijn trekken. Veertig dagen daagde Goliath David uit. Veertig dagen en veertig nachten duurde de regen die de zondvloed bracht. Veertig dagen lang werd Jezus in de woestijn door de duivel in verzoeking gebracht.

Veertig dagen, en hij heeft een ander.

Een korte nacht met weinig slaap.

De volgende ochtend begint mijn nieuwe cursus, zes mannen, zes vrouwen. Het zal gaan over basisprincipes van het reportageschrijven en over hoe men de media hier ertoe kan brengen meer en anders over vrouwenkwesties te berichten.

En ik moet een besluit nemen. Zou alles nog bij het oude zijn als ik niet hierheen was gekomen, of ben ik op de goede weg, juist nu, omdat ik hier heb ingezien hoever degene van mij af staat van wie ik dacht dat hij mij het meest na stond?

Wat een voorrecht! Vrij van rollen, plichten en verwachtingen zich te kunnen beraden op wat van wezenlijk belang is. De heldere blik vanuit den vreemde naar zichzelf: hoe vaak heeft het leven, als je geen twintig meer bent, een dergelijke vooruitgeschoven luisterpost naar het eigen innerlijke kompas in petto?

Ik besluit, in elk geval voorlopig, het goed te vinden dat ik hier ben.

Vrouwenkwesties dus. Ik kan alleen maar hopen dat niemand me een vraag stelt. Van het soort dat in de vorige cursus werd gesteld: 'Als het zoveel gelukkiger maakt zelf je eigen man uit te kiezen, hoe komt het dan dat bij jullie het scheidingspercentage toch zo hoog is?'

We waren niet getrouwd, maar na twaalf jaar uit elkaar gaan, voelt aan als een scheiding. Gezamenlijke woning, bankmachtigingen, auto, er moet een gezamenlijk leven worden geliquideerd. Goed dat ik zover weg in mijn tijdcapsule zit.

Goodbye, my lover. Goodbye, my friend. You have been the one. You have been the one for me. And as you move on, remember me. Remember all we used to be. I have seen you cry, I have seen you smile. I have watched you sleeping for a while. Goodbye, my lover. Goodbye, my friend.

Met James Blunt in mijn hoofd kom ik 's morgens de keuken in. De eerste die iets vraagt, is Jessica. Tijdens het koffiezetten. 'Heb je slecht geslapen? Je ziet er moe uit.' Ik barst in tranen uit en ze slaat spontaan haar arm om me heen. Daarna treur ik niet meer waar anderen bij zijn. Koerdistan is geen goede plek voor openlijk liefdesverdriet. In geen geval wil ik 'de verlatene' zijn of als gescheiden vrouw te boek staan. Ik vervloek het moment dat ik, in de veronderstelling dat het leugentje mijn leven als vrouw hier zou vereenvoudigen, hier en daar heb verteld dat ik getrouwd was. Ik kan nu moeilijk zeggen dat we gescheiden zijn, telefonisch.

Maar hoe had ik anders mijn leven moeten verklaren? Twaalf

jaar zonder boterbriefje? Dat begrijpt in Irak geen mens. Ik begreep het immers vaak zelf niet. Thuis maakte het niet veel uit, daar vroeg bijna nooit iemand ernaar. Hier echter voortdurend en ik weet nooit wat ik moet zeggen. Iedere poging uit te leggen waarom ik niet getrouwd ben, klinkt als een verhaaltje uit een verre, onbekende wereld. Een mededeling over iets wat niet was ingecalculeerd en me niet-begrijpende tot medelijdende blikken oplevert. Blikken die ik op dit moment moeilijk zou kunnen verdragen.

De enigen met wie ik vrijuit wil praten, zijn Jessica en Gina. Maar niet nu. Later. Nu wachten mijn studenten.

Zomer

Soms moet je vrouwen gewoon slaan

Op de Henri Nannen School in Hamburg, waar ik journalistiek heb gestudeerd, leerden we berichten kort en begrijpelijk te houden, met het belangrijkste eerst. We oefenden met moeilijk speurwerk, interviews, commentaren en werden op proefreportages uitgestuurd.

Mijn lessen in Irak zien er wat anders uit.

Natuurlijk onderwijzen we wat als 'internationale journalistieke standaard' geldt. Het grootste deel van het lesrooster wordt echter bepaald door het dagelijks leven van onze studenten, waarvoor mijn handboek van de survivaltraining nog de toepasselijkste lectuur zou zijn.

'Als ik iemand met een schotwond zie, kan ik dan een foto maken? Of moet ik eerst helpen?' De jonge vrouw komt uit Kalar, een stadje op twee uur van Sulaimania, dat ik tot nu toe als vriendelijk kende. 'Heb je wel eens voor die beslissing gestaan?' wil ik weten. 'Kortgeleden werd er bij ons gedemonstreerd, omdat de mensen het beu waren dat ze maar vier uur per dag stroom hadden. De politie schoot, er viel een demonstrant op de grond en ik rende erheen met mijn camera. Toen vroeg die gewonde man me eerst om een zakdoek om het bloed uit zijn gezicht te

vegen – maar was het dan nog een authentieke foto geworden?'
Vragen die het leven dicteert. Elke regel, elke definitie die ik geef, wordt door de studenten onmiddellijk naar de Iraakse realiteit vertaald. Is 'nieuws' wat nieuw is, anders, ongewoon? 'Dan is een vrouw die zichzelf met kerosine overgiet en in brand steekt om zelfmoord te plegen dus geen nieuws, omdat dat hier iedere dag gebeurt?' Als voor een opdracht door elkaar gehusselde feiten omtrent een explosie moeten worden geordend – 'Het belangrijkste eerst!' begint een studente haar bericht met een ezel die is omgekomen. Drie gedode mensen noemt ze echter niet. Op de vraag waarom antwoordt ze laconiek: 'Mensen sterven bij ons iedere dag door bommen. Een dode ezel komt veel minder vaak voor.'

Of het erg is als ze interviews bijna uitsluitend per telefoon afneemt, wil een studente uit Mosul weten. Ze gaat niet meer zo graag haar huis uit, sinds er van haar een foto in de moskee hangt met de oproep haar te vermoorden – omdat ze een journaliste en dus een spionne is. Voor een montageoefening in de radioles heeft ze een opname van een taxirit meegebracht, waarbij ze in de vuurlinie tussen VS-soldaten en Iraakse opstandelingen terechtkwam; met onvaste stem hoor je haar in de microfoon fluisteren dat ze zich nu langzaam uit de auto laat glijden en op de grond laat vallen om de kogels te ontwijken. Haar werk als verslaggeefster geeft deze moeder van vier kinderen ook na een mislukte ontvoeringspoging en een buikschot dat haar per ongeluk trof, niet op.

De studenten brengen Irak in pocketformaat in ons huis. En herinneren ons eraan hoe fragiel en uniek onze vredige zeepbel is. Een ontmoetingsplaats zoals ze in Irak bijna niet meer bestaan: 'Na iedere training bij jullie,' zegt een studente uit Bagdad, 'heb ik weer hoop dat wij Irakezen toch kunnen samenleven.'

Ik vind het moeilijk de verhalen over dood en terreur, die ik op de begane grond hoor, niet iedere avond mee naar de woonkamer een etage hoger te nemen. Ze achtervolgen me naar de gele bank, naar de keuken, tot in mijn bed, waar ik, verontrust door de nieuwe verhalen, over oude gebeurtenissen in Bagdad droom. Beelden uit mijn journalistieke leven, waarvan ik dacht dat ze allang waren weggezonken, duiken weer op: van een bezoek in het centrale lijkschouwingsgebouw, waar de dienstdoende patholoog erop stond me de mand met ongeïdentificeerde lichaamsdelen te laten zien; van een roodharige politieman, die na een aanslag langzaam met een witte zak de plek van verwoesting afzocht en de resten van de zelfmoordterrorist opraapte; van in het zwart vermomde demonstranten die op de dag waarop Saddam werd gearresteerd plotseling op mijn auto af kwamen.

Ieder van ons heeft haar eigen manier om te ontspannen. Gina gaat het liefst uit, ik kijk op mijn laptop naar een paar afleveringen van *Desperate Housewives*, Jessica geeft de voorkeur aan therapeutisch koken. Vanavond staat ze in een Indiaas linzengerecht te roeren als ik uit de les kom. Ik schenk mezelf een glas rode wijn in, ga op een keukenkruk zitten en kijk toe terwijl ze kookt.

'Ben je de dag goed doorgekomen?' vraagt ze, zinspelend op mijn korte huilbui van vanochtend.

'Gaat wel. Ik had bijna een student buiten de deur gezet.' Ik voel hoe bij de herinnering mijn nekharen nog overeind gaan staan.

'Hoezo? Stelde hij de verkeerde vragen?' Jessica grijnst. 'Of je getrouwd bent of waarom je geen kinderen hebt?'

'Nee. Hij zei dat vrouwen het soms gewoon verdienden te worden geslagen.'

'O.' Bij deze mededeling vergeet ze bijna haar linzengerecht. 'En wat zei jij toen?'

'Zoals gezegd stond ik op het punt hem eruit te gooien. Ik kreeg haast geen adem meer, hij zei het totaal onverwacht. Maar toen bedacht ik dat dat niets zou opleveren en dat het zo clichématig zou zijn: westerse vrouw maakt zich kwaad over Arabische man. Dus ik liet het aan de Irakezen over hun mening te geven, uiteindelijk leven zij hier en Ali is beslist niet de enige die zo denkt.'

'En?'

'De meeste mannen gaven Ali ongelijk: de man moet proberen de vrouw met woorden te overtuigen, niet met de hand. Een hele troost dat niemand de Koran citeerde, naar het motto "De mannen staan boven de vrouwen, omdat God ze van nature van hen heeft onderscheiden"…'

'En de vrouwen? Hebben die hem niet ter plekke gekielhaald?'
'Nee. Die vonden slaan ook verkeerd. Maar waarom? Omdat er toch andere manieren waren om een vrouw te straffen. Opsluiten bijvoorbeeld.' Hoofdschuddend leeg ik mijn wijnglas. 'Toen ik vroeg: "Maar hoezo straffen?" begrepen ze mijn vraag niet eens.'

Gina komt de keuken in. 'Hoi. Ga je mee naar de Evil?' Eigenlijk heet het restaurant 'Eiffel', net als de toren, die op een bord bij de ingang prijkt. Maar omdat we die zo leuk vinden, hebben we de plaatselijke uitspraak overgenomen: *evil*, 'het kwaad', de beste naam die we voor een kebabrestaurant kunnen bedenken.

'Vandaag niet. Geen zin in mannengezichten.'

Ik laat ook Jessica alleen met haar linzen en trek me terug in mijn kamer, mijn oase van rust als ik te uitgeput ben voor woongroepgesprekken op de gele bank. Ik laat me in de kussens van mijn oriëntaalse zithoek vallen, stop de oordopjes van mijn iPod in mijn oren en verdwijn tot de volgende ochtend in mijn gedachten, die rare kronkels maken.

Discussies zoals over slaande mannen laten bij mij een mix van euforie en apathie achter. Euforie, omdat ik zelden eerder het gevoel heb gehad iets zo zinvols te doen als mijn werk hier. En apathie vanwege de kloof die ik voel tussen de wereld hier en de wereld waar ik vandaan kom. Heeft wat ik vertel, waar ik voor sta voor mijn studenten en vooral studentes wel enige zin – of blijft het voor altijd 'de mening van de anderen' – leuk om te horen, maar voor hun eigen leven irrelevant?

In geen geval wil ik de indruk wekken dat ik alles in het Westen goed en juist vind en alles in de islamitische wereld chauvinistisch en verkeerd. Maar ik vind het moeilijk, vooral als het om vrouwen gaat, de scheidslijn te trekken tussen wat ik als gebruiken van een ander cultureel milieu kan accepteren en wat ik pure onderdrukking vind – ongeacht vanuit welke motivatie en ongeacht wie zich op welk boek dan ook beroept.

Zeker, op de eerste plaats ben ik gekomen om journalisten op te leiden, hun te leren hoe ze moeten rechercheren, de juiste vragen moeten stellen, hoe ze lastig en onafhankelijk moeten zijn.

Maar ik leid nu eenmaal vooral vrouwen op. En voor hen belichaam ik niet alleen een beroepsbeeld, maar ook het idee van een ander leven.

Vrouwenthema's! Wat een andere klank heeft het woord hier dan in Duitse vrouwentijdschriften, in *Brigitte*-dossiers of cosmeticabijlagen. Probleemgebieden zijn hier niet de dijbenen, maar het gezin, de wet, de maatschappij. Het gaat niet over drie kilo te veel op de heupen of het beste aspergerecept, maar om het recht zelf je echtgenoot te kiezen. Over de angst door een onbezonnen stap de familie-eer te bezoedelen en door de hand van je eigen broer of vader te sterven.

Ik heb mezelf in Duitsland nooit als feministe beschouwd, waarvoor ik hier, in de schaduw van de Koran, enigszins door mijn geweten word geplaagd. In elk geval ben ik blij zoveel vrouwen op onze cursussen te zien, onder de gegeven omstandigheden allesbehalve vanzelfsprekend.

Vanwege het grote ontvoeringsgevaar kunnen wij buitenlandse vrouwen niet meer naar Bagdad of Basra reizen, en tevens zou het bijna overal in het land voor onze studenten te gevaarlijk zijn een door buitenlanders aangeboden cursus te bezoeken. Dat kan alleen in het veilige Koerdistan. Dus moeten we de Iraakse vrouwen, respectievelijk hun families of echtgenoten, overhalen om hen voor twee of drie weken naar Sulaimania te laten gaan. Maar die stad heeft, anders dan onze eigen ervaring laat vermoeden, de reputatie de liberaalste stad van het hele land te zijn.

Sulaimania! In Basra klinkt dat hetzelfde als Parijs. Alles is een kwestie van perspectief.

Voor een familie uit het zuiden betekent het een grote overwinning een dochter toe te staan naar de andere kant van het land te reizen, vooral als ze ongetrouwd is. In Najaf, Basra of Karbala mogen veel vrouwen niet eens naar een internetcafé – en nu zouden ze helemaal naar een Koerdische stad reizen, die veel Irakezen alleen van horen zeggen kennen? Waar vrouwen in korte rokken en zonder hoofddoek schijnen rond te lopen, waar de mannen in het openbaar alcohol drinken en veel restaurants niet eens een familieruimte hebben waar vrouwen apart van de mannen eten?

Zelfs al zou de directe familie of de echtgenoot er in principe niets op tegen hebben, wat zouden de buren zeggen, de uitgebreide familie? Als het om beslissingen in het leven van een vrouw gaat, praten in Irak veel mensen mee, ook ongevraagd. 'Hoe kun je dat je ouders aandoen?' kreeg een vriendin van me uit Bagdad te horen, toen ze besloot voor een interessante baan in haar eentje naar het Koerdische Arbil te gaan. 'Als je daar helemaal alleen leeft, is je reputatie hier geruïneerd.' Ik was heel trots op mijn vriendin, omdat ze zich door het geklets niet liet weerhouden. Maar ik zag ook hoe ze leed; de kiem van de angst – 'Zo krijg je nooit een man' – was gezaaid. Anders dan bij ons is het voor een Iraakse geen optie niet te trouwen, omdat ze haar leven niet als eeuwige dochter of aan de rand van de maatschappij wil slijten. Acht maanden hield mijn vriendin vol, toen stemde ze in met een door haar ouders gearrangeerd huwelijk en keerde naar Bagdad terug. Op haar zesentwintigste vanuit het gezichtspunt van de buren nog net op tijd. Over ongewenste huwelijksaanzoeken hoef ik me dus geen zorgen te maken: met mijn zevenendertig jaar ben ik volgens lokale maatstaven 'geen huwelijksmateriaal' meer.

Sommige studentes brengen hun man, een neef of een broer als escorte mee naar Sulaimania, ruim meer dan de helft draagt een hoofddoek, één kwam er van top tot teen gesluierd met alleen haar ogen vrij – ons maakt het niet uit. Als de vrouwen maar komen. En leren. En naar hun dorpen en steden teruggaan om met hun nieuwe kennis eraan bij te dragen dat er in Irak meer vrouwenstemmen gehoord en gelezen worden. Wat een mooie gedachte: we laten overal in Irak kleine anarchistische vrouwencellen achter. Dan is de tijd in Koerdistan tenminste niet voor niets geweest.

Waar Mariwans jeugd stierf

Sommige steden zijn door hun historie zozeer een symbool geworden dat we de stad zelf haast vergeten. Halabja is zo'n stad. De naam staat als vrijwel geen andere voor de onbarmhartigheid van Saddam. Op 16 maart 1988, een zonnige lentedag, verschenen om elf uur vliegtuigen van de Iraakse luchtmacht aan de hemel en wierpen hun vracht af boven het Koerdische stadje vlak bij de grens met Iran: mosterdgas, sarin en VX. Een dodelijke wolk omhulde de stad. Vijfduizend mensen stierven onmiddellijk, vielen met grotesk verkrampte lichamen en gezichten op de grond. Anderen stierven langzaam, aan verbrande luchtwegen, verwoeste nieren, kanker.

Gifgas en genocide. Daaraan dacht ik als ik 'Halabja' hoorde.

Maar dan stelt Mariwan een weekendje weg voor, zodat Gina voor haar vertrek nog iets van het land ziet. En zegt 'Halabja' in één zin met woorden als picknick, boottocht en barbecue. En mijn geestelijke fotoalbum vult zich met nieuwe beelden van de geteisterde stad.

We gaan met ons zessen, Gina en ik en vier van 'onze jongens': Mariwan, Alan, Ferhad en Mahdi. Als we de militaire controlepost aan de stadsgrens van Sulaimania achter ons hebben gelaten, doet Mahdi een bandje met Koerdische liederen in de cassetterecorder en de mannen beginnen te zingen. Gina en ik kijken naar het landschap. Groene bergen aan alle kanten, ervoor schuilen bruine dorpen in de vlakte. 'Voordat ik hierheen kwam, dacht ik dat Iran plat en een woestenij was,' biecht Gina op. 'Ik had nooit gedacht dat hier zulke mooie landschappen waren.'

Wie Koerdistan wil bezoeken, moet eigenlijk in het voorjaar komen. Als teer groen over het land ligt en alle littekens toedekt met de belofte van nieuw leven. Valt *Newroz*, het Koerdische Nieuwjaar, daarom samen met het begin van de lente? Wilde bloemen en vruchtenbloesems veranderen de hellingen in een concert van kleuren, de lucht is zacht, aan de rand van de weg verkopen kinderen narcissen met een bedwelmende geur en *kingir*, een eetbare wortel, die in het wild in de Koerdische bergen groeit en net zo smaakt als artisjokharten. De zon verdrijft de herinnering uit de winters stijve ledematen aan de *rasha ba*, de zwarte wind, die van november tot maart ijzig over het land striemt. De kerosinekachels zijn opgeborgen, de huizen gelucht en overal de picknickmanden volgepakt.

Ik vind het heerlijk met mensen op stap te zijn voor wie mijn oude leven maar een vage schim is. Geen contacten met gemeenschappelijke vrienden, geen herinnering aan oude tijden en dus ook geen vragen zoals 'Wat nu, nu alles anders is?' Op Gina na weet niemand in de auto van de omwenteling in mijn leven.

Over omwentelingen hebben de anderen per definitie meer en spannendere dingen te vertellen. En we zijn op weg naar het vurigste toneel hiervan.

Mariwan was acht, toen zijn jeugd stierf. Op de dag dat de bommen op Halabja vielen, speelde hij buiten met vriendjes, gelukkig maar een paar stappen van huis. 'Door het enorme lawaai van de explosies stonden we met knikkende knieën, we konden haast niet meer lopen.' Toch rende hij zo snel hij kon door een zee van gillende moeders die hun kinderen riepen. Hij wist nog net de familiebunker te bereiken. In de piepkleine schuilkelder onder zijn ouderlijk huis zaten al vijftig mensen, Mariwans vader, zijn zwangere moeder, zijn broertjes en zusjes, familieleden en buren opeengeperst. Zes uur lang drukten ze natte doeken en dekens tegen hun gezicht, hun enige bescherming tegen de giftige gassen, die zelfs in de bunker tussen de kieren door kropen. 'En de hele tijd baden we tot God dat hij ons voor de bommen zou bewaren.'

Nog dezelfde dag vluchtte Mariwans familie de nabijgelegen grens naar Iran over. Ze liepen zeven dagen, tot ze uitgeput en ziek van het gifgas in een vluchtelingenkamp in elkaar zakten. Hun thuis voor de volgende zes maanden; Mariwans zus Shaida kwam in Iran ter wereld.

Toen kondigde Saddam amnestie voor de vluchtelingen af. Ze mochten terug naar Irak, maar niet naar Halabja. De Koerden hun wortels afsnijden om een gemakkelijker beheersbaar volk van thuislozen te creëren, was een instrument van de dictatuur van het Baath-regime.

Mariwan leefde met zijn familie tweeënhalf jaar in Sulaimania, voordat ze in 1991 voor het eerst weer naar Halabja durfden.

Ze waren een week in hun eigen huis, toen het gerucht de stad bereikte dat het Iraakse leger onderweg was om alle remigranten te doden. Nogmaals vluchten, weer naar Iran, maar deze keer zonder de vader. Want die – Irak onder Saddam was een land van paradoxen – diende in precies hetzelfde leger waarvoor zijn gezin nu opnieuw op de vlucht sloeg. Hij was in Beiji, in de West-Iraakse provincie Salaheddin gestationeerd. Maar hij deserteerde en ging op zoek naar zijn gezin, te voet. Zeven dagen marcheerde hij. Eerst naar Sulaimania, waar men hem zei dat de familie naar Halabja was teruggegaan. Hij liep daarheen, maar kwam te laat: ze waren al gevlucht. Dus liep de vader verder, over de bergen, over de grens, tot hij zijn vrouw en kinderen uiteindelijk vond in een kamp in Iran. Weer bleven ze een halfjaar, maar ditmaal niet bij de vluchtelingen. Ze hadden geluk: ze konden bij in Iran levende familieleden wonen. Die smokkelden hen een voor een uit het kamp, dat ze eigenlijk niet mochten verlaten. Aan de omzwervingen kwam in de herfst van 1991 een einde met hun terugkeer in de pas ingestelde vliegverbodszone boven de zesendertigste breedtegraad. Voor het eerst sinds Mariwans geboorte was er weer een 'veilige haven' voor de Koerden in Irak.

Ik probeer te bedenken wat ik me van mijn achtste levensjaar herinner. De tweede klas, de opwinding over het feit dat ik eindelijk zou leren lezen en schrijven, vakantie in Stiermarken, ponyrijden, kinderlijk trots op de 'gouden wandelspeld' van de Alpenvereniging.

'Daar verderop beginnen de bergen waarover we toen zijn gevlucht,' zegt Mariwan en hij wijst naar een met sneeuw bedekt gebergte in de verte. Ook Alan vluchtte toen hij twaalf was met zijn familie uit zijn geboortestad Sulaimania naar de bergen: in 1991, nadat de opstand van de Koerden tegen Saddam mislukt was en ze met honderdduizenden tegelijk naar de Turks-Iraanse grens vluchtten. Op 3 april, vier weken voor Alans dertiende verjaardag, vertrok de familie en liep zes dagen en nachten door, tot aan Tawela, in het grensgebied met Iran. Daar hielden ze zich vijftien dagen lang schuil voor de troepen van Saddam, die overal de Koerdische steden binnenvielen.

Verhalen over oorlog en verdrijving wonen in bijna ieder Koerdisch huis. Ook al zijn we op weg voor een picknick in het groen: we reizen door een gewond land. Daaraan herinneren ook de rode borden met een zwart doodshoofd, die hier en daar aan de kant van de weg voor mijnenvelden waarschuwen; steeds meer naarmate we dichter bij de grens Iran-Irak komen, acht jaar lang een van de dodelijkste demarcatielijnen ter wereld.

'Weten jullie dat de gifgasaanval een van de redenen was waarom ik besloot journalist te worden?' vraagt Mariwan. Destijds in het vluchtelingenkamp in Iran verbaasde de kleine Mariwan zich erover dat de wereld nauwelijks notitie nam van het leed van de Koerden. Vijfduizend mensen waren dood, maar er gebeurde niets. Saddam bleef president en werd door de machten in het Westen niet verstoten of bestraft. Als hij groot was zou hij de wereld vertellen wat er met de Koerden was gebeurd, nam Mariwan zich voor. Toen drie jaar later het volgende Koerdische vluchtelingendrama begon, kwamen, anders dan in 1988, veel buitenlandse journalisten het land in. Mariwan had graag met deze mensen die van ver kwamen, willen praten – maar hoe?

Met behulp van woordenboeken begon hij zichzelf Engels te leren; wanneer hij maar kon, luisterde hij in het theehuis van zijn vader, waar hij 's middags werkte, naar de BBC. Zijn vader vond de ambities van zijn zoon maar niets. Studeren – wat had je eraan in een land als Irak, waar afgestudeerde ingenieurs zich verhuren als conciërge, om gedurende de sancties te kunnen rondkomen? Als het aan hem had gelegen, had Mariwan het theehuis van de familie in Halabja overgenomen. Thee drinken de Koerden altijd, of het oorlog is of vrede. Voor thee gold geen embargo, thee was een zekerheid in een onzekere wereld.

'We zijn er!' roept Alan, als rechts van ons het stuwmeer van Darbandikhan opduikt. 'Onze eerste stop. *Ba broin bo seran* – laten we gaan picknicken!'

Onder de late namiddagzon komen we ten slotte in Halabja aan. Mariwan loodst ons door de nauwe, ongeasfalteerde straten van de stad tot we voor zijn ouderlijk huis staan. Het huis waarin hij zeventien jaar geleden beschutting vond tegen de giftige bommen. Zijn ouders en een paar van zijn broers en zussen met hun gezinnen wachten al op ons. Het duizelt me van al die kussen op rechter- en linkerwangen, en dat terwijl Gina en ik natuurlijk alleen de vrouwen van de familie zo begroeten. Maar Mariwan heeft tien broers en zussen, vijf oudere en vijf jongere, een paar zijn er getrouwd en hebben zelf al een aantal kinderen. We verliezen algauw het overzicht over wie bij wie hoort. Mariwan stelt ons gerust: 'Dat geeft niets, ik haal ze ook vaak door elkaar.'

'Maar hoe onthoud je alle verjaardagen bij zo'n grote familie?' vraag ik. 'Dat is gemakkelijker dan je denkt. Verjaardagen zijn bij ons niet zo belangrijk, vroeger werd bij iedereen gewoon 1 juli op zijn geboorteakte ingevuld. Daarom zijn zeven van mijn broers en zussen officieel op dezelfde dag jarig.'

Met ontzag kijk ik naar zijn moeder. Elf kinderen. Negenennegentig maanden zwangerschap. Ik heb drie zussen, dat is in Duitsland al genoeg voor een treinabonnement met korting voor grote gezinnen.

Om ons heen lopen dochters en schoondochters af en aan en gaan met schalen en pannen rond. Het huis van de oudste broer staat er vlak naast. Daar gaan we vanavond barbecuen en later ook overnachten.

Beide huizen, dat van de ouders en dat van de broer, hebben een prachtige tuin. We zitten tussen geurende rozenstruiken en ik kan me maar met moeite voorstellen dat hier zeventien jaar geleden de dood uit de lucht viel. Ik kijk naar Mariwan en zijn vele broers en zussen. Als door een wonder hebben ze het inferno allemaal overleefd. Maar een oom, de broer van zijn moeder, en drie van zijn zonen zijn die dag in maart gestorven, wat de moeder aan de rand van de waanzin bracht. Telkens moest Mariwan als kind meemaken dat zijn moeder twee à drie dagen in haar eigen wereld verzonk, geen woord sprak en voor niemand aanspreekbaar was, wanneer de boosheid tussen haar en haar kinderen schoof. Misschien komt het daardoor dat hij voor een Koerdische man ongewoon goed voor zichzelf kan zorgen – de ideale huisgenoot, zoals we een paar weken later zouden merken.

De avond in Halabja is heerlijk, heel Koerdisch, met bergen gegrilde en gekookte gerechten, alles op de grond geserveerd in grote schalen, waaruit iedereen met een lepel eet. Vervolgens maken we het ons gemakkelijk op de in de tuin rondgedeelde kussens, drinken thee en roken een waterpijp. Boven ons hoofd bloeien een granaatappel- en een moerbeiboom en onder de vollemaan zegt een van ons in de stilte van de nacht: 'Dat we hier vannacht zo kunnen zitten, is onze overwinning op Saddam.'

De volgende ochtend bezichtigen we de donkere kant van Halabja, het monument ter nagedachtenis aan de meer dan vijfduizend doden. Voor de ingang waarschuwt een bordje: TOEGANG VOOR BAATHISTEN VERBODEN.

'Zou je niet juist de aanhangers van het oude regime moeten dwingen te kijken naar wat hier is gebeurd?' vraag ik aan Mariwan, terwijl we langs honderden foto's van slachtoffers slenteren, zo gruwelijk dat ik er nauwelijks naar kan kijken. Hoe kon hij dat als klein jongetje verdragen?

Hij haalt zijn schouders op. 'Dacht je dat ze ergens spijt van zouden hebben? Sommigen van hen beweren nog altijd dat niet Saddam het gifgas heeft gestuurd, maar Iran.' Een houding die ik inderdaad in Irak vaak heb meegemaakt. Hier, in het museum van Halabja, begrijp ik waarom het voor de Koerden zo belangrijk is dat Saddam expliciet ook voor de misdaden tegenover hen moet terechtstaan. Te weten dat hij ter dood is gebracht, is niet het belangrijkste, maar dat hij ter verantwoording wordt geroepen voor zijn misdaden jegens het Koerdische volk. Pas dan is vervuld waarnaar Mariwan als achtjarig kind in het vluchtelingenkamp in Iran al verlangde: dat de wereld het leed van de Koerden erkent.

Na het museumbezoek zoeken we de natuur weer op en gaan naar de bergdorpen Biara en Tawela. Nog maar twee jaar geleden hadden we geen voet kunnen zetten in deze streek, die tot de aanval van de Amerikanen stevig in handen van islamitische terroristen was. Vanuit hun afgelegen vestingen stuurden ze telkens weer doodseskaders naar de Koerdische steden en dorpen, ontvoerden peshmerga's, sneden hun de keel door en filmden elkaar daarbij. Gewond land. In Tawela drinken we thee in de avondzon en rijden dan op ons gemak terug naar Sulaimania.

Wittebroodsweken in de *Green Zone*

'Heb je er goed over nagedacht? Een leven in de Groene Zone, altijd de hoogste veiligheidscategorie, voortdurend achter muren en beton – weet je zeker dat je dat volhoudt?' Ik zit met Hiwa in de tuin achter Villa 2; daar waar ik voorjaar 2004 op doorreis van Bagdad naar Duitsland heb besloten spoedig naar Irak terug te gaan. Niet naar Bagdad, want dat zou te gevaarlijk zijn, maar naar Sulaimania.

En nu maakt Hiwa plannen om het tegenovergestelde te doen. Weg uit Sulaimania, terug naar Bagdad. Voor een baan.

Natuurlijk is het niet zomaar een baan, waarvoor hij dat wil riskeren. Nee, Hiwa gaat rechtstreeks voor de president van Irak werken: als persoonlijke media-adviseur van Jalal Talabani, de eerste Koerd in het ambt van president.

Wat een uitdaging voor iemand van vierendertig! Hiwa noemt het liever zijn patriottische plicht. 'Ik heb het gevoel dat ik helemaal geen nee kan zeggen, als de president me nu, in deze moeilijke periode van ons land, om hulp vraagt.' Ik heb wel eens minder pathetische motieven voor een andere baan gehoord, maar misschien klopt het ook wel: Hiwa is zelf zoon van een politicus. Zijn vader speelt sinds 1962 een rol in de Koerdische politiek en schopte het in 1968 zelfs tot plaatsvervanger van Mustafa Barzani in de KDP. Later richtte hij een eigen partij op en emigreerde ten slotte naar Engeland, waar Hiwa voornamelijk is opgegroeid. Debatten over Iraakse en Koerdische politiek waren de soundtrack van zijn jeugd. Ik kan me hem goed voorstellen in de omgeving van de president, in dienst van de macht. Ook hier in Sulaimania fungeerde hij soms als politiek onderhandelaar. Op sommige dagen parkeerden tientallen grote witte terreinauto's voor ons huis, als Hiwa en zijn vader weer eens probeerden tussen de rivaliserende Koerdische partijen KDP en PUK te bemiddelen. Die hebben in het verleden vaak meer tegen elkaar gevochten dan tegen de eigenlijke vijand, Saddam Hussein. Tot op de dag van vandaag hebben ze zich niet verzoend. Waarom het makkelijker is vanuit het door de PUK bestuurde Sulaimania naar China te telefoneren dan naar het door de KDP bestuurde Arbil, dat 300 kilometer noordelijker ligt: beide partijen hebben een eigen mobieletelefoonnet in hun bestuursgebied aangelegd en weigeren dat voor elkaar open te stellen. Maar ze schieten tenminste niet meer op elkaar.

In onze woongroep wordt dus binnenkort afscheid genomen. Van Gina, van Hiwa en van nog iemand, maar dat weet ik op dat moment nog niet.

We vieren het in de tuin. Een vriend brengt zijn gitaar mee, Hiwa haalt bier, wijn en tequila, en iedereen die we kennen, komt *goodbye* zeggen. Verenigde naties in Koerdistan: vreemden, toevallig door het leven samengebracht en bevriend geraakt, die lachend plannen maken voor een *clubbing*-tocht naar Harare, Oudejaar in Tel Aviv, Kerstmis in Bagdad. En zich realiseren dat dit ogenblik aan deze rand van de wereld niet meer terugkomt.

Want ons echte leven vindt elders plaats. Gina zou twee dagen na het feest naar het hare teruggaan, Hiwa drie dagen later naar Bagdad vertrekken en of we elkaar ooit terugzien, is onzeker.

Gelukkig is er internet. Zo kunnen we, waar de wind van het leven ons de volgende keer ook heen blaast, met elkaar in contact blijven. We gaan e-mailen, dat staat vast. Gina zal enthousiast vertellen over haar herontdekking van het New Yorkse nachtleven, waar ze na thuiskomst van de ene homobar naar de andere gaat en er volop van geniet 'in een ruimte vol mannen te zijn waar niemand me aangaapt'. Ze zal vertellen over het huis dat ze koop in Detroit, over het Koerdische restaurant 'Arbil' om de hoek en van het rare gevoel dat ze krijgt als de nieuwe buren aanbellen om kennis te maken: 'Hier leef ik in Suburbia!' In juli zal ik blij voor haar zijn als ze haar baan bij de *Wall Street Journal* krijgt en zij in de herfst voor mij, als ik enthousiast vertel over mijn nieuwe liefde.

'Hé, jongens, luister eens, ik heb jullie iets te vertellen.' Hiwa komt de keuken uit met een blikje bier in zijn hand en de gelaatsuitdrukking van iemand die gaat speechen op zijn gezicht. 'Hebben jullie allemaal iets te drinken? Ik wil met jullie toosten.' Muziek en gesprekken verstommen, iedereen pakt een glas of een blikje, dan kijken we verwachtingsvol naar Hiwa, die naast Ava in een rieten stoel gaat zitten.

'De meesten van jullie weten al dat ik een beslissing heb genomen die me niet gemakkelijk is gevallen. Ik verlaat het IWPR, ga naar Bagdad en ga voor de president werken. Maar er is nog iets, wat nog maar weinigen van jullie weten.' Hij kijkt Ava aan. Die wordt rood. 'Ava en ik zijn verloofd en gaan trouwen.'

Gina, Jessica en ik kijken elkaar stomverbaasd aan. 'Wat? Jullie tweeën? Trouwen?' De verrassing is geslaagd, we hebben niets, maar dan ook niets vermoed. Hoe is het mogelijk: onder hetzelfde dak wonen en niets van de romance merken. Of wij zijn blind geweest of die twee, als Irakezen, zijn zeer ervaren in het geheimhouden van hun liefde. Terwijl wij het gevoel hebben dat we in een aquarium zitten! Leve de discretie! Nu ik het weet, schieten me veel kleine aanwijzingen te binnen: al die avonden waarop Ava niet met ons meeging als we uitgingen, omdat er zogenaamd een tante op bezoek kwam of ze naar een oom moest. En hoe vaak hebben we ze niet samen bij de chinees gezien! Nooit hebben we er iets van gedacht, zij en Hiwa werken immers nauw samen. Vermoedelijk kwamen we door de totaal aseksuele omgeving niet eens meer op de gedachte dat een ongetrouwde man en een ongetrouwde vrouw ook meer zouden kunnen zijn dan alleen vrienden of collega's. De vermaning uit Londen hadden we ons meer aangetrokken dan we dachten: we gedroegen ons niet alleen als nonnen, we dachten ook net zo.

Hiwa en Ava grijnzen. Iedereen – of bijna iedereen – voor de gek gehouden. Alleen onze tolk Alan, tevens een zeer goede vriend van Hiwa, en onze boekhouder Shirwan, die familie van hem is, wisten ervan.

'Van harte gefeliciteerd!' We klinken op het paar, omhelzen hen, dan zet de gitarist een dans in. We geven elkaar een hand, vormen een kring en bewegen op de maat van de muziek onze schouders op en neer. De traditionele dans van de Koerden, bij elke muziek, bij elke gelegenheid. We hebben voor het laatst zo gedanst bij de verkiezing van de president – voor wie Hiwa nu gaat werken en Ava ook.

Vanavond met ons in de tuin dromen ze nog van een bruiloft met veel pracht en praal, maar daarvoor is geen tijd. Bagdad roept, de patriottische plicht, en dus trouwen ze een paar weken later in stilte en in kleine kring. Huwelijksreis? Wittebroodsweken? Een Amerikaanse radioverslaggever zal het paar een aantal maanden later in Bagdad bezoeken. 'Hier hebben we onze wittebroodsweken doorgebracht,' vertellen ze hem in de vestingachtige Green Zone, de regeringswijk aan de Tigris, waar ze voortaan wonen. Romantiek achter beton, op gehoorsafstand van de gruwelen beginnen ze hun gezamenlijke weg. En omdat ze in deze ongewone omgeving leven, doen ze elkaar een ongewone belofte: nooit zal een van beiden op een gevaarlijke missie gaan; gevaarlijke tochten en reizen: altijd samen.

'Als een van ons iets overkomt, wil de ander niet achterblijven,' zegt Hiwa. 'We hebben besloten samen te leven. Als het moet, sterven we ook samen.' Ongeacht of hier de mediaprofessional of de romanticus Hiwa aan het woord is – die eed spreekt ons erg aan.

We zien vooral Hiwa voortaan alleen nog maar op de televisie. Altijd als Talabani op de BBC of op CNN verschijnt, schuift Hiwa door het beeld of is aan de rand te zien hoe hij met een ernstig gezicht aanwijzingen geeft, journalisten van de ene kant naar de andere dirigeert en ervoor zorgt dat zijn president de juiste belichting krijgt. 'Hiwa is op de tv!' roepen we dan door het huis en verzamelen ons snel op de gele bank. 'Hallo, Hiwa!' wuiven we hem in een vlaag van banaliteit toe en voelen ons gepromoveerd tot beroemdhedenwoongroep, ook al heeft Hiwa nooit bij ons in huis gewoond, maar altijd in de kleine buurvilla. Onze ex-baas op het toneel van de wereldpolitiek. Nu hoeft hij tenminste niet meer te speuren naar vibrators en zogenaamd gestolen lingerie.

Gina vertrekt twee dagen na het feest voor dag en dauw. Slaapdronken lopen Jessica en ik met haar mee naar de poort, waar Ferhad en Mariwan staan te wachten. Zij zullen Gina tot aan de Turks-Iraakse grens begeleiden, waar een Turkse chauffeur staat te wachten om haar naar Diyarbakir te brengen. In mei 2005 ligt Koerdistan nog tamelijk ver van de rest van de wereld, omdat er geen rechtstreekse internationale vluchten zijn. Als je niet via Bagdad wilt vliegen, blijft alleen de provinciale weg door Turkije over, een taaie rit van tien uur. Vanaf Diyarbakir zal Gina naar Istanbul vliegen en daarvandaan de volgende ochtend via Londen door naar de Verenigde Staten.

Jessica en ik zwaaien haar na tot de oranje-met-witte taxi de hoek om draait, dan gaan we het huis weer in. Het voelt leeg aan. Eerst Shannon, nu Gina en over een paar weken zal Ava Hiwa naar Bagdad volgen. Vijf vrouwen werden er vier, werden er drie, werden er twee, te weinig voor het grote huis. Gina's opvolgster, Tiare uit Hawaii, komt pas in september, dan zijn we tenminste weer met z'n drieën in onze vrouwenwoongroep. Verder zijn er nog altijd de twee kamers op de bovenste verdieping.

Twee lege kamers – en dat terwijl precies twee van onze collega's alleen in een hotel ondergebracht konden worden: Ayub en Mariwan. De andere Koerden van ons kantoor zijn getrouwd of wonen bij hun ouders, zoals voor ongetrouwde Koerden gebruikelijk is. Maar Mariwan en Ayub komen uit Halabja, hun familie woont op drie uur rijden. Daarom hebben ze samen een kamer genomen in een lawaaierig, eenvoudig pension midden in de bazaar.

Mannen. Koerden. Met ons in één huis: kan dat wel? Brengt

dat ons niet opnieuw in opspraak? De weken na het feest is het rustig gebleven, geen telefoontjes uit Londen, geen klachten van de partij. Dat er desondanks over ons gekletst wordt, nemen we aan maar trekken we ons niet aan. Huiselijker dan hier ben ik mijn hele leven nog niet geweest. Avond na avond brengen we door op de gele bank, kijken samen naar Egyptische liefdesfilms die we niet verstaan, en op een satellietkanaal naar Jessies geliefde Oprah Winfreyshow. Als we erover denken uit te gaan, gaat het meestal zo:

'Zullen we uit eten gaan?'
'Waar?'
'Weet ik niet.'
'Bij Revan?'
'Hè, nee. Ik kan geen kebab meer zien. Bij de chinees?'
'Nee, daar zijn we eergisteren pas geweest en het eten is daar zo vet.'
'Ashti dan?'
'Te veel mannen.'
'...'
'...'
'Oké. Wie kookt er?' En dan volgt de vijfenvijftigste groentecurry of de achtendertigste spaghetti arrabiata.

Een beetje Koerdistan in huis zou zeker geen kwaad kunnen. Misschien zouden Koerdische huisgenoten het gevoel van 'wij hier' en 'zij daar' een beetje matigen? Ook voor de communicatie met de bewakers zou het helpen als we die twee in huis hadden. Jessica en ik hebben allebei nog niet veel Koerdisch geleerd. Dat leek ons te veel moeite voor een taal waarvan er zo veel verschillende dialecten bestaan dat een Koerd uit Sulaimania en een Koerd uit het een dagreis verder gelegen Dohuk elkaar maar moeilijk verstaan. *Tshoni, bashi, supas, wa chafiz*: hallo, hoe gaat het, dank u, tot ziens. Alledaagse woordjes kennen we natuurlijk, maar meer ook niet. In plaats daarvan proberen we het met Arabische les, maar dat geven we algauw weer op, omdat het veel te frustrerend is telkens wanneer we iets in het Arabisch zeggen, de vraag te krijgen waarom we geen Koerdisch leren, want we zijn hier per slot van rekening in Koerdistan! Maar, althans voor mij, er is een persoonlijke prikkel nodig om me open te stellen voor een taal die, zoals ik dan merk, veel gemakkelijker te leren is dan Arabisch.

Mariwan en Ayub kennen elkaar al vele jaren. Ze zaten in Halabja samen op de lagere school en later ook een paar jaar op de middelbare school. Tussendoor verloren ze elkaar steeds weer uit het oog, wanneer Mariwans of Ayubs familie weer eens naar Iran moest vluchten. Ayub speelde het zelfs ooit klaar als verstekeling op een vrachtschip naar Griekenland te reizen, waar een oom van hem woont. Twee weken lang werd hij door een gastvrije Griek verborgen gehouden, maar toen Ayub uiteindelijk op weg ging naar zijn oom, liep hij in de armen van de politie en werd uitgezet. Gelukkig maar naar Turkije; een transport terug naar Irak had hem het leven kunnen kosten. Vanuit Turkije reisde hij onopgemerkt weer naar huis, alsof hij alleen maar boodschappen in Istanbul had gedaan.

Ayub spreekt behalve zijn moedertaal Koerdisch vloeiend Engels, Arabisch, Perzisch en een beetje Duits. Hij heeft al als vertaler gewerkt voor de BBC en het *New York Times Magazine*, en leidt samen met Jessica onze radiotraining. Hij was de eerste aan wie ze de waarheid over haar geloof toevertrouwde, nadat hij haar meteen de tweede dag na aankomst al de oude Joodse wijk van Sulaimania had laten zien.

Een granaat, die tijdens de oorlog tussen Iran en Irak op het huis van zijn familie in Halabja viel, verbrijzelde zijn rechterknie, en daarom loopt hij af en toe met een stok, waardoor hij er ouder uitziet dan zijn zesentwintig jaar. Leeftijd meten in jaren is in Koerdistan trouwens maar weinig zinvol: wat zegt dat, bij zulke levensverhalen?

Desondanks heeft geen van beiden ooit met een westerse vrouw een huis gedeeld. We maken ons een beetje zorgen over de verdeling van het huishouden. Een werkster die iedere dag komt, behoort tot de weinige uitspattingen van ons leven in het buitenland. We hebben ook een tuinman en een soort huismeester.

Mijn bedenkingen zijn minder van praktische dan van profane aard: wat zullen Ayub en Mariwan zeggen als wij bij het eten bier of een glas wijn drinken, als onze mannelijke vrienden op bezoek komen, als we op de televisie of een dvd een film met voor moslimogen aanstootgevende scènes of dialogen willen zien? Ik ben bereid me buiten de deur aan te passen aan de zeden van het land. Maar niet in mijn eigen huiskamer.

Als de twee mannen bij ons intrekken, zijn we niet alleen een internationaal, maar ook een multireligieus huis: twee moslims, een jodin en een tussen agnostiek en atheïsme zwevende ex-katholiek onder een dak. En met Tiare zou er in de herfst ook nog een ongedoopte bij komen. Een avond Pesach vieren met Jessica is één ding. Vier weken ramadan in je eigen huis is iets anders. Ik vind het moeilijk te voorspellen hoe we tot elkaar kunnen komen – en zoals we weken later zullen merken, is dat ook onvoorspelbaar. We hebben het niet eens zelf in de hand.

Ik ken Ayub en Mariwan nog niet goed genoeg om in te kunnen schatten hoe nauw ze het nemen met het geloof en de geboden van de islam. Ayub heb ik wel eens met een rozenkrans in zijn handen gezien en een paar maal heb ik gemerkt dat hij zich als het tijd was voor het gebed in een stil hoekje terugtrok. Bij Mariwan is me zoiets niet opgevallen. Bij zijn familie in Halabja ben ik samen met Gina op bezoek geweest, dat ging heel ontspannen. Een paar vrouwen droegen een hoofddoek, en waar Mariwans vader bij was, dronken we geen alcohol. Maar in het huis van de broer mochten we zonder scheve blikken allemaal in dezelfde kamer overnachten.

Jessica en ik wegen de voors en tegens af en besluiten de buitenwereld definitief in huis toe te laten. Van ons oorspronkelijke plan de woonverdieping zo veel mogelijk gescheiden te houden van het overige gebeuren, is toch al niet veel meer over. De aanvankelijk geplande afsluitbare deuren tussen de begane grond met de klaslokalen en het woongedeelte zijn nooit geïnstalleerd en we zijn eraan gewend geraakt altijd rekening te houden met bezoek. In Koerdische huizen kondigen gasten zich zelden van tevoren aan. Ze komen gewoon langs en het is onbeleefd ze weer weg te sturen, vooral als ze tot de familie behoren. En Koerdische families zijn groot.

Zonder er erg in te hebben gehad, zijn we zelf tot een soort familie aaneengroeid. Er gaat haast geen dag voorbij zonder dat een van onze Koerdische collega's langskomt, om zakelijke redenen, om samen te eten of gewoon om gedag te zeggen. In de begindagen in de villa wilden we nog afstand houden en probeerden we vast te houden aan de regel dat iedereen die niet in het huis woonde pas naar boven mocht komen als een van ons daar expliciet toestemming voor gaf.

Zinloos. En om onze wederzijdse zenuwen te ontzien staan we daar niet langer op. Privacy is voor de meeste Koerden een onbekend begrip. En het heeft immers ook wel wat, dat iedereen zo roerend zijn best doet.

Want in Irak kunnen de simpelste dingen erg gecompliceerd worden. De watervoorziening bijvoorbeeld. Op de binnenplaats achter ons huis en op het dak staan tanks, waarvan ik nooit heb begrepen hoe ze werken. Ik geloof dat door een primitief maar inventief systeem water uit de onderste tanks omhoog gebracht wordt, vermoedelijk omdat de druk in de leidingen anders niet voldoende is om de badkamers op de bovenste verdiepingen van water te voorzien. Soms ook komt er uit de openbare leiding helemaal geen water, dan moet er ergens water besteld en met een tankwagen thuisbezorgd worden. Terwijl we, als het een of twee dagen flink regent, haast in de woonkamer kunnen douchen, waar het water in stromen langs de muren loopt.

We zijn dan altijd dolblij dat we de domme buitenlanders kunnen spelen en de oplossing van alledaagse problemen aan onze hulpvaardige en vindingrijke autochtone geesten mogen overlaten. Al spoedig kunnen we ons een leven zonder Dana, Akram en Shirwan, de geniaalste van alle redderaars, niet meer voorstellen. In werkelijkheid kan geen enkele internationale hulporganisatie in landen als Irak opereren zonder hun Dana's, Akrams en Shirwans. Ze zouden genadeloos stuklopen op het dagelijkse leven.

Geen van ons zou op het idee zijn gekomen onze internetaansluiting aan een autoaccu te koppelen, om ook bij stroomuitval de verbinding niet te verliezen. Geen van ons had een generator kunnen repareren. Een eeuwigheid waren de Koerden in Irak verregaand van de buitenwereld geïsoleerd. Eerst omdat ze in afgelegen dorpen zelfvoorzienend leefden, en later omdat Saddam Hussein en zijn Baath-partij de handel, de economie en het reisverkeer onder controle hielden; omdat de Turken om politieke redenen de grens tot een oog van de naald maakten; omdat het embargo tegen Irak ook Koerdistan trof. Zo werd het gezegde dat nood vindingrijk maakt een manier om te overleven en werden de Koerden een volk van knutselaars. Wat er niet was, werd geïmproviseerd. Iedereen was timmerman, elektricien, automonteur en loodgieter tegelijk en nog altijd zit in iedere Koerd een restant daarvan.

Dat gaat niet altijd goed: menigeen heeft voor niet goed aangelegde stroomkabels met zijn leven betaald. En toch was het niet in de laatste plaats deze vechtersmentaliteit die de Koerden in schijnbaar uitzichtloze momenten liet overleven.

Ons drijft het voortdurende improviseren inmiddels tot aan de rand van de waanzin, maar vaak genoeg redt het ook ons dagelijks leven, omdat er gewoon geen andere oplossing is. Onze villa staat nu eenmaal in Irak en niet in Hamburg of New York. En zal nog een hele tijd ons thuis blijven: Jessica en ik hebben besloten onze contracten als opleiders van journalisten minstens tot eind 2005 te verlengen. Maar om te kunnen blijven, moet ik eerst een korte reis naar mijn verleden maken. Pas dan zal ik in Koerdistan kunnen leven zonder het gevoel dat ik voor iets ben weggelopen.

Reis naar het verleden

'Je bent gek! Hij zal je hart breken. Op zijn minst zal het je een paar weken achteruitgang opleveren. Je hebt je zo goed door de scheiding heen geslagen, waarom wil je jezelf dat aandoen?' Jessica lijkt er echt van overtuigd dat ik mijn verstand ben verloren. Zojuist heb ik haar van mijn plan verteld mijn ex-vriend op te zoeken voor een afsluitend gesprek. Omdat ik hem hier in het aquarium niet wil zien – wat zou ik tegen de anderen moeten zeggen? – maar ook niet voornemens ben binnenkort naar Duitsland te gaan, heb ik een plaats ergens halverwege voorgesteld: een badplaats op het schiereiland Sinaï. Dan was ik er even tussenuit, hoefde niet onder het toeziend oog van mijn complete team een van de moeilijkste gesprekken van mijn leven te voeren en kon het hoofdstuk met een gerust hart afsluiten en met een opgeruimd hart en hoofd de volgende maanden in Koerdistan blijven.

Na Hiwa's vertrek heeft ons hoofdkantoor in Londen mij aangeboden hem op te volgen. Maar als ik als Country Director Iraq de verantwoordelijkheid voor in totaal twintig medewerkers op me wil nemen, moet ik ervan verzekerd zijn dat ik hier ben omdat ik hier wil zijn en niet omdat ik wegloop voor iets anders. Irak is geen land waarin ik half kan zijn, daarvoor vreet het te veel energie. Voor het dagelijks leven ter plekke heb ik al mijn kracht nodig, dus mag er geen lijk in de kast zijn, geen schim uit het verleden. Een na twaalf jaar per telefoon beëindigde relatie kan maar al te goed zenuwslopend gaan spoken. Vandaar Basata.

Op de camping met bamboehutten aan de Rode Zee brachten we twaalf jaar geleden onze eerste gezamenlijke vakantie door. De mooiste dagen van een reis die ik achteraf 'in twee weken dwars door het Nabije Oosten' noem: Damascus, Tartus, Latakia, Amman, Petra, Sinaï, Bethlehem en Jeruzalem. Voor mij de eerste kennismaking met de Arabische wereld, waarna nog vele zouden volgen, die me uiteindelijk naar Irak en vervolgens naar Koerdistan brachten.

'Het gaat niet anders,' zeg ik tegen Jessica. 'Ik wil niet dat hij hierheen komt, naar Duitsland wil ik ook niet, maar hoe eerder we elkaar zien, hoe eerder ik met mijn nieuwe leven kan beginnen.' In vrede afscheid van elkaar nemen op die mooie plek, waar twaalf jaar geleden zoveel is begonnen, dat lijkt me een waardige afsluiting van dit derde deel van mijn leven tot nu toe. Ook een risico, maar wat is in het leven en helemaal in de liefde zonder risico?

We zouden elkaar in Amman ontmoeten, naar Akaba vliegen en met de veerboot naar de andere kant van de Rode Zee varen. Vandaar is het nog dertig kilometer met de taxi. Drie dagen de tijd om te praten, daarna zouden we allebei terugkeren naar onze eigen wereld, die nu niet meer die van de ander is.

Mijn plan heeft één probleem: alle vluchten van Koerdistan naar Amman gaan via Bagdad. Om BIAP, het Baghdad International Airport, kan ik niet heen. Als het propellervliegtuigje met ongeveer twintig personen de hoofdstad nadert en de slingering van de Tigris te herkennen is, meldt de piloot: 'We landen zo dadelijk in Bagdad en gaan nu de landing inzetten. Vandaag nemen we een linkse spiraal. Gaat u achteroverzitten en geniet ervan.'

De spiraal: alsof het vliegtuig om een onzichtbare as draait, begint de piloot in kringetjes te vliegen, steeds weer 360 graden rond een imaginair middelpunt. De grond is vlakbij: veiligheid. Om het risico door terroristen te worden neergeschoten zo klein mogelijk te maken, wordt voor de landing op Bagdad zo veel mogelijk in het luchtruim boven het vliegveld aangevlogen. Het lijkt alsof de kleine Fokker zich ter plekke in de diepte boort. Tien minuten panoramisch uitzicht op een geteisterde stad. Daar beneden, in Camp Victory vlak naast het vliegveld, is Brian nog steeds gestationeerd, Gina's man. Jammer dat ik er niet even heen kan om gedag te zeggen.

Ik probeer juist de wijk te herkennen waar we in onze Bagdadse journalistentijd een jaar geleden woonden, nog geen honderd meter van de Tigris, wanneer twee Amerikaanse militaire helikopters onder ons door vliegen. Ik moet eraan denken hoe we na dagen van inspannende recherchewerkzaamheden 's avonds vaak op onze afgeleefde bank zaten en uitgerekend *Black Hawk Down* keken, de film over het mislukken van de Amerikaanse interventie in Somalië, terwijl er buiten met veel herrie echte Black Hawks cirkelden.

'Dit is onze oorlog, u had hier niet naartoe mogen komen,' zegt Mister Aito, die staat voor alle krijgsheren, in de film tegen een officier van het VS-leger. Toen al, voorjaar 2004, vroeg ik me af hoeveel Amerikaanse soldaten intussen hetzelfde over Irak dachten.

Ik had het graag de zwaarbewapende GI gevraagd, die ons op de landingsbaan komt begroeten. Maar hij dirigeert ons snel naar de bus. Warme lucht streelt mijn huid. Buitentemperatuur: 41 graden.

In het luchthavengebouw is het ook niet veel koeler. Ik begin behoorlijk te transpireren als de douaneambtenaar bij het inreisloket naar mijn visum vraagt. Hoezo paspoortcontrole? denk ik. Is Arbil-Bagdad geen binnenlandse vlucht?

'Ik heb geen visum, want ik ben vanuit Turkije naar Noord-Irak gereisd en daar is bij de grens geen visum nodig.'

Helaas heb ik ook geen inreisstempel, zoals de beambte nu opmerkt. Hij wil er niets van weten dat in het noorden andere wetten gelden. Dat ik alleen maar uitreizen wil en op weg naar Amman ben, interesseert hem ook niet: zonder inreisstempel geen uitreis.

Door eindeloze gangen word ik naar het kantoor van een of andere belangrijke meneer geloodst. Die kijkt me eerst lang zwijgend aan, dan vraagt hij in het Engels met een volmaakt Brits accent waarom ik geen visum en geen inreisstempel heb. Weer vertel ik mijn verhaaltje over de Koerden en kennelijk andere regels aan de noordgrens. De ambtenaar brult me toe: 'Eén Irak, één wet! Zonder visum en zonder inreisstempel gaat het niet.' Tot zover de theorie. Als die klopte, zou ik niet met een leeg paspoort voor hem staan.

Ik ben er absoluut zeker van dat hij ook wel weet dat er aan de Turks-Iraakse grens geen visum vereist is en niet gestempeld wordt. Misschien intussen wel, maar niet in maart 2005 toen ik inreisde. Maar om de schijn van de Iraakse eenheid op te houden en omdat hij zich als ambtenaar van de centrale regering ergert over de autonomie van de Koerden, laat hij me spartelen en dreigt hij me met 'deportatie naar Arbil'. Ik vraag of ik mag telefoneren. Ik wil proberen Hiwa te bereiken, misschien kan de rechterhand van de president een goed woordje voor me doen. 'Ga uw gang,' zegt de beambte. Ik haal mijn mobiele telefoon tevoorschijn: geen bereik. Stom, dat was ik vergeten: Bagdad is Iraquna-zone, geen enkele kans hier met Asia Cell, de mobieletelefoonprovider van het noorden. De ambtenaar grijnst irritant. Dan rinkelt zijn telefoon. Ik ben er nooit achter gekomen wie er toen belde, maar toen de beambte ophing, zei hij: 'U kunt gaan. Maar de volgende keer houdt u zich aan de voorgeschreven procedure.'

Mijn medereizigers voor de verdere vlucht naar Amman staan al te wachten, en samen moeten we nog langer wachten. Het luchtruim boven Bagdad is gesloten in verband met 'vijandelijke activiteiten'. Als we eindelijk mogen starten, zegt de piloot: 'Wij bieden onze verontschuldigingen aan voor de vertraging wegens gevechtshandelingen rond de luchthaven. Men heeft ons echter verzekerd dat nu alles in orde is.' Hij boort ons weer de lucht in en diep in de nacht landen we in Amman.

Als ik een week later weer in Arbil aankom en Akram me met zijn oranje-met-witte taxi van het vliegveld afhaalt, heb ik voor het eerst in het verre Koerdistan het gevoel dat ik thuiskom. Dat is nu mijn thuis, denk ik op weg door de bergen naar Sulaimania, een ander heb ik momenteel niet. Mijn boeken en mijn meubels staat nog in een woning in Hamburg en vinden daar nog wel een poosje onderdak. Maar het leven dat bij deze woning hoorde, bestaat niet meer. We hebben het in een bamboehutje aan het strand van Basata achtergelaten, na dagen die droevig maar telkens ook vrolijk waren, op een bijna absurde manier mooi. Dan het afscheid in de vroege ochtend in Amman, omdat zijn vlucht naar Duitsland en mijn vlucht naar Irak vanaf twee verschillende luchthavens startten.

Toen ik bij de gate zat, moest ik aan mijn ouders denken, die dit jaar hun tweeënvijftigste trouwdag vierden. Ook al was hun rolverdeling zeer traditioneel – vader verdiende het geld, moeder voedde de vier dochters op –, ze hebben er nooit enige twijfel over laten bestaan hoe belangrijk ze vorming en opleiding vonden. 'Je gaat nu toch niet trouwen?' vroeg mijn vader bezorgd, toen ik tien jaar geleden met mijn vriend onze eerste gezamenlijke woning betrok. En ik zal nooit vergeten hoe verbijsterd mijn moeder keek toen twintig jaar geleden, toen ik nog een tiener was, de moeder van een vriendin van de manege vroeg waarom ik gymnasiumexamen deed en wilde studeren. 'Meisjes gaan toch trouwen en dan zorgt de man voor ze.'

Is het geen goede start in mijn nieuwe leven als ik de komende maanden een paar vrouwen door onderwijs minder afhankelijk kan maken?

'*Sulaimania hosha?*' vraagt Akram als we de stadsgrens passeren. Dat doet hij altijd als ik van een reis terugkom. Zelf heeft hij Koerdistan nog nooit verlaten. En van mij wil hij op de een of andere manier horen dat hij niet veel mist in de wijde wereld. 'Sulaimania hosha,' verzeker ik hem – en op dat moment vind ik de stad werkelijk mooi.

Allah en de wilde dieren

Elk huis heeft zijn eigen geluiden. In mijn oren zijn er twee het meest karakteristiek voor onze villa: het zachte 'tak' in de leidingen wanneer de staatsstroom weer terugkomt of de generator wordt ingeschakeld en het harde, ritmische 'tjoef-tjoef' van Jessica's hielen, als ze van haar kamer naar de badkamer of van de keuken naar de woonkamer loopt.

Als ik 's morgens in bed lig en dat 'tak' hoor, dan weet ik: negen uur, hoogste tijd om op te staan. Want iedere ochtend om negen uur zet een van onze bewakers de generator aan, dat monster achter het huis, dat zoveel herrie maakt en tussen de bedrijven door ook dieselolie omzet in stroom. Stroom van de elektriciteitscentrale is er alleen 's avonds van zeven uur tot middernacht.

Als ik 's morgens in bed lig en na de eerste 'tjoef' op de gang een ademhaling hoor die meer als snuiven klinkt, vermoed ik: dit wordt zo'n dag waarop Jessica voorzichtig benaderd moet worden. Waarop ze mij verwijt dat ik haar als een prinses op de erwt behandel, en ik haar dat ze zich als zodanig gedraagt. Op zulke ochtenden trek ik eerst nog maar eens het dekbed over mijn hoofd. De dag in gezelschap begint nog vroeg genoeg.

Over het algemeen kunnen we het uitstekend met elkaar vinden. Vooral als je in aanmerking neemt hoe moeilijk je elkaar uit de weg kunt gaan.

Onze kamers liggen tegenover elkaar op dezelfde gang. Als Jessica's airco aan gaat, valt de mijne uit en omgekeerd, omdat de stroomspanning niet voldoende is voor allebei. Dus of zij zit te zweten of ik. Als ze te lang treuzelt onder de warme douche, is er voor mij alleen nog maar koud water en omgekeerd. Stof voor woongroepnachtmerries.

We werken samen, we koken in dezelfde keuken, we zitten 's avonds op één bank voor één televisie, we hebben vrijwel dezelfde vrienden, toch al niet meer dan een handvol. En sinds kort ben ik ook nog Jessica's chef. Geen gemakkelijke situatie, zelfs niet als we allebei een zachtaardig en inschikkelijk karakter zouden hebben gehad. Zij noch ik zal ooit een prijs winnen op het gebied van toegeeflijkheid. Twee vrouwen, twee stijfkoppen.

Het nieuwe gezelschap in huis is daarom zeer welkom. Ayub en Mariwan nemen hun intrek op de bovenste verdieping, Ayub in de grote kamer waar Shannon eerst woonde, en Mariwan in de kleine, die voorheen van Ava was. Boven hebben ze hun badkamer en in principe zelfs een eigen toegang tot het huis, omdat er een trap van het terras naar de tuin gaat. Die is echter van ijzer en zo gammel dat we hem meer als nooduitgang beschouwen. Langs deze route zal Ava het huis verlaten hebben om Hiwa stiekem te ontmoeten.

De verandering van de vrouwenwoongroep in een gemengd dubbel verloopt verbazingwekkend geruisloos. Onze bewakers en buren lijken wel ontspannener sinds Ayub en Mariwan in het huis wonen. Kijken ze echt minder verontwaardigd als er vrienden op bezoek komen of we bij uitzondering laat thuiskomen van een etentje of verbeeld ik me dat? Wie begrijpt de Koerden? Het had ook op een schandaal kunnen uitdraaien: twee mannen en twee vrouwen, allemaal ongetrouwd, wonen onder hetzelfde dak. Vermoedelijk hebben ze meer vertrouwen in de twee jonge Koerden dan in ons: van buitenaf bezien zijn wij vrouwen onder mannelijk toezicht gesteld. Zoals het hoort. Even afgezien van het schoonheidsfoutje dat ik hun chef ben, niet omgekeerd.

Alles bij elkaar een spannend experiment, waarvan we de omvang niet overzien. Ik had er in elk geval geen idee van hoeveel ik van het multiculturele samenwonen zou leren – over mezelf en mijn kijk op de wereld, over de draagwijdte en meer nog over de grenzen van mijn verdraagzaamheid.

De strijd om de pikorde begint in de keuken. Met zoiets eenvoudigs als rijst. Volgens Koerdisch gebruik wordt rijst even gekookt en dan in olie gebakken. Zo doen alle Koerden het en Ayub en Mariwan dus ook. 'Rijst en olie horen niet in dezelfde pan,' houdt Jessica echter koppig vol. 'Waarom eten jullie toch altijd zo vreselijk vet?'

De schermutseling tussen eetculturen zet zich tijdens het middageten voort, zodra Ayub opmerkt dat er geen brood op tafel staat. 'We hebben toch rijst,' antwoorden wij.

'Een maaltijd zonder brood is geen maaltijd,' houdt hij vol en hij rent naar de bakker om de hoek om een warm plat, rond brood te halen.

'Waarom kieper je yoghurt over de groente?' vraagt Ayub aan Jessica, als hij weer terug is. 'Een maaltijd zonder yoghurt is geen maaltijd,' zegt Jessica.

We kibbelen als kinderen die moeten bewijzen welke zandtaart de mooiste is. Dan weer zijn we alleen maar nieuwsgierig naar de wereld van de anderen. Zij vinden mijn lasagne lekker, ik eet voor het eerst in mijn leven met smaak okra's, Ayubs lievelingskostje. We koken allemaal steeds vaker zonder vlees, vanwege Jessica. En op heel goede dagen bedenken we Koerdisch-Duitse, Joods-islamitische, Amerikaans-Koerdische combinatiegerechten.

Het Koerdische gebruik op de grond te eten, nemen Jessica en ik zonder protest over, omdat we, behalve op het balkon, niet eens een echte eettafel hebben en omdat het knus en comfortabel is. Het theezetten na elke maaltijd laten we graag aan Mariwan over: de zoon van een theehuiseigenaar een behoorlijke thee voorzetten, lijkt ons ondoenlijk.

Net zo ondoenlijk als de poging twee Engelssprekende Koerden ertoe te bewegen in onze aanwezigheid Engels te spreken. Alsof er een oude wet bestaat: als er meer dan één Koerd in de kamer zit, wordt er Koerdisch gesproken en dan ook vrijwel niets anders dan dat. *'English, please!'* onderbreken we telkens, want in tegenstelling tot ons Koerdisch is het Engels van de beide mannen immers uitstekend.

Drie zinnen lang gaat het goed, dan stappen ze weer over op hun moedertaal. Een reflex van zelfbehoud van een lang onderdrukt volk? Of alleen maar lompheid? Wat het ook is – het is niet te veranderen. En ook geen eigenaardigheid van deze twee; we komen het verschijnsel in het hele land tegen, in elk huis, in alle lagen van de bevolking. Ongeacht talenknobbel, buitenlandervaring en opleidingsniveau: Koerden spreken Koerdisch met elkaar. Er rest ons niets anders dan het maar te accepteren.

De zomer begint plotseling en vroeg in Sulaimania, in mei zinderen de dagen al. In juni daalt de thermometer nauwelijks nog tot onder de 30 graden. Als ook de nachten steeds warmer worden, slapen Ayub en Mariwan op het dak. Tot ver na middernacht zitten we met hen buiten, omdat ook onze kamers wat temperatuur betreft de tropen benaderen. Onder de sterrenhemel luisteren we bij verse muntthee en een waterpijp naar de verhalen van Ayub en Mariwan. Voordat satellietschotels ook de laatste bergdorpen veroverden, werd er in Koerdistan veel verteld; in grote kringen zaten de mensen in en voor hun huizen en gaven elkaar verhalen door, meestal van oud naar jong: geschiedenissen over helden en vermetele oorlogen, familiemythes, liefdesdrama's. We horen hoe Ayub zichzelf in de havenstad Um Qasr in het uiterste puntje van Zuid-Irak op de boot naar Griekenland smokkelde en zich dagenlang in het vrachtruim schuilhield, doodsbang dat iemand hem zou ontdekken. We horen over Mariwans korte carrière als *spotter*, als terroristenverspieder voor de Special Forces van het Amerikaanse leger.

De spotters achterhaalden op de grond de positie van de tegenstanders, seinden die door aan het leger en moesten dan razendsnel een veilig heenkomen zoeken voordat de bommen vielen. Mariwan en een paar van zijn vrienden waren, omdat ze

Engels spraken, door de Amerikanen geëngageerd om hen en de peshmerga's, de Koerdische soldaten, te vergezellen.

Een dag lang deed hij mee aan de jacht op de strijders van Ansar al-Islam, toen besloot hij: dit werk is niets voor mij. Omdat het erg gevaarlijk was, maar vooral omdat de Amerikanen hem niets te eten gaven. 'Stel je voor, we hadden de hele dag met ze door de bergen gelopen, er waren explosies, er werd geschoten, en toen we 's avonds ons kamp opzetten, zeiden ze: "We hebben niets voor jullie, ga maar naar de peshmerga's, die geven jullie wel wat."'

Ik hou van de nachten op het dak. Hoog boven de stad in het donker lijken alle Iraakse tragedies ver weg. Ontsnappen we aan de steeds bizarder wordende realiteit, waarin modieus kortgeknipt haar of een gladgeschoren schedel iemand het leven kan kosten, omdat zelfbenoemde godsdienststrijders dat 'onislamitisch' noemen en de laatste tijd jacht maken op ongehoorzame kappers. Waarbij het gevoel doden op afroep te zijn zich steeds dieper in de Iraakse zielen nestelt. In de zomernachten op het dak komt de villa aan de rand van de waanzin tot rust, in elk geval voor een paar gestolen uurtjes.

De avonden zijn alleen al weldadig stil omdat er stroom is en er niet overal generatoren dreunen. Voor het huis zijn de jongens van de overkant nog laat aan het voetballen, in de daktuin van de buren zit een echtpaar zwijgend op een luxe schommelbank, en ik merk hoe in de roes van de waterpijp het gevoel van 'wij hier' en 'zij daar' in elk geval voor even vervliegt.

Een van de volgende ochtenden komt Dana naar me toe met een mengeling van verbazing en ergernis op zijn gezicht. 'Heb je Ayubs kamer gezien?' Ik schud mijn hoofd. Hij heeft me tot nu toe niet binnen gevraagd en omdat ik zelf geen ongenode gasten in mijn kamer wens, dring ik er niet op aan. Een paar vierkante meter voor onszelf hebben we allemaal nodig. Maar vanavond wordt in Ayubs kamer de airconditioning omgewisseld voor een minder stroom vretende *aircooler* en daarom moest Dana naar binnen. 'Nou, ík zou in zo'n kamer nachtmerries krijgen!' Nu wint de nieuwsgierigheid het van de discretie: nachtmerries?

Heeft Ayub een sm-kamer ingericht? De muren zwart geverfd? Of overal roze tule gedrapeerd en lelijke kandelaars neergezet? *Kitsch can kill* – hoewel Dana niet de indruk wekt dat hij een esthetisch gevoelige ziel heeft. Een Koerd met beide voeten op de grond, met een vrouw en twee kinderen en een uitgesproken gevoel voor wat praktisch is. Wat heeft hem in Ayubs kamers zo ontsteld? 'De hele kamer hangt vol wilde dieren! Leeuwen, luipaarden, tijgers, olifanten, ze staren je allemaal aan, ik voelde me in een jungle.' Ik lach en besluit zodra zich een gelegenheid voordoet toch maar eens een kijkje in de dierentuin op de bovenste verdieping te nemen.

Van Ayub krijg je moeilijk, zo niet onmogelijk, hoogte. Hoe moeten wij begrijpen wie hij is als hij dat zelf niet eens weet? Ayub maakt op mij een net zo verwarde en verwarrende indruk als de boeken die hij leest: erotische romannetjes naast koranliteratuur, Nabokovs *Lolita* naast cd's van radicale soennietenprekers, de tiendelige dierenencyclopedie van Brehm, Agatha Christie, Hitlers *Mein Kampf*. Op de televisie kan hij urenlang naar Animal Planet of Discovery Channel kijken, vervolgens verdwijnt hij naar zijn kamer en luistert naar voordrachten uit de Koran, die hij luid afspeelt.

Nog steeds kan ik niet inschatten hoe religieus hij werkelijk is. De ene dag is hij vrolijk en gezellig, de volgende trekt hij zich haast demonstratief terug. Eet hij op sommige avonden niet met ons omdat er alcohol op tafel staat? Opzet of toeval? Soms geeft hij me de indruk dat ik hem bezoedel als ik hem een hand geef of hem in het voorbijgaan per ongeluk aanraak. Dan weer liggen we 's nachts allemaal urenlang met elkaar op het dak, in de zomerse hitte ook wel eens in een short of met korte mouwen, wat Jessica en ik hier op straat nooit dragen. Jessica, die dagelijks met Ayub in de radiocursussen werkt en hem daardoor beter kent dan ik, noemt zijn wankelen tussen twee geesteshoudingen, tussen nieuwsgierigheid naar en verkettering van de westerse wereld, *'to try on Muslim fundamentalism for size'*: flirten met de radicaliteit, al lezend en luisterend, om te proberen of het bij je past. Dat hij met haar, de Jodin uit New York, de meeste tijd doorbrengt, past bij zijn dubbelheid en weerhoudt hem er niet van tegenover haar des te meer te fulmineren tegen het 'goddeloze Westen', waar niemand het ware geloof meer kent.

Tegelijkertijd droomt hij van een studie in de VS en maakt plannen voor zijn volgende reizen. Trots laat hij ons foto's zien van zijn reis naar India: Ayub voor de Taj Mahal, Ayub in Kashmir, Ayub op een olifant. Waarheen de volgende keer? Kon hij maar beslissen: Maleisië, Thailand, Vietnam? Of toch liever naar Kenia en Namibië – vanwege de wilde dieren.

Herfst

De duivel zit in de sla

Na de zomer met ons vieren brengt de herfst onze woongroep drie nieuwe leden: een charmante jonge man voor Villa 2, de opvolgster van Gina op de vrouwengang en een meer persoonlijke gast, die later dat jaar af en toe bij mij zal overnachten. Met vijf vrouwen uit vijf landen zijn we in april 2005 begonnen. Nu lopen er vier mannen en drie vrouwen het huis in en uit, de mannen allemaal Irakezen, de vrouwen uit Duitsland en de VS.

Maar laat ik bij het begin beginnen: eerst trekt Emad in Villa 2 en brengt een nieuwe godsdienst en een nieuwe sfeer met zich mee. '*Yes, mam!*' antwoordt hij telkens als ik hem aanspreek, zo kordaat dat ik bijna met mijn hakken tegen elkaar sla. Hij roept: '*What's up?*' en '*Hey, cool, man*', draagt een T-shirt van de Red Raiders uit Texas en praat altijd met ontzag over de Coalition Forces. Voor hij bij ons begon als vertaler Arabisch, heeft hij in Mosul voor het Amerikaanse leger getolkt. Totdat hij de angst in de ogen van zijn moeder niet meer kon verdragen. 'Jongen, zoek toch een andere baan,' smeekte ze hem iedere dag. In Mosul voor het Amerikaanse leger werken is Russische roulette met meer dan één kogel in het magazijn.

Ik ben ervan overtuigd: als we de militair in hem deprogrammeren, zullen we aan Emad een beminnelijke en vrolijke vriend en een capabele vertaler hebben. En we kunnen een Iraakse moeder gelukkig maken! Daarvoor bedankt ze op de manier van alle Iraakse moeders: door te koken. Iedere keer als hij naar huis is geweest, komt Emad met genoeg lekkers voor een heel weeshuis terug.

Niet alleen ons weekmenu wordt veelzijdiger: met Emad komt een tot dan toe onbekend stuk Irak in huis. Hij komt uit het stadje Bashika, ongeveer 30 kilometer van Mosul, en behoort tot de minderheid van de yezidi's. Daarvan leeft volgens eigen schattingen een kleine half miljoen in Noord-Irak. Ze zijn aanhangers van een oeroude religie die tradities uit de cultus der zoroastrianen verenigt met joodse, islamitische en heidense elementen. In geen geval aanbidden ze, zoals Karl May beschrijft in *Door het woeste Koerdistan*, de duivel. Yezidi's geloven in een god en zeven engelen, die het donkere universum tegen duistere krachten beschermen, en ook in reïncarnatie. Ze bidden in tempels, waarvan de plooientorens als reusachtige versteende citruspersen naar de hemel reiken.

Meteen bij het kennismakingsgesprek openbaart Emad aan mij: 'Ik ben geen moslim; dat is toch geen probleem, hoop ik?' Een yezidi! Misschien vinden we ergens in Irak ook nog een boeddhist, dan kunnen we onszelf 'het huis van de religies' noemen.

Pas een paar dagen geleden heeft een student uit de soennitische driehoek me toevertrouwd dat hij tot het sjiisme is overgegaan, omdat hij de soennieten langzamerhand te extreem vindt. Dat hoor ik voor het eerst: soennieten die sjiieten worden? Wie ik er ook naar vraag, iedereen geeft hetzelfde antwoord: onmogelijk. In Irak lijkt behalve de wereld van de mensen ook de wereld van de goden behoorlijk in de war. Aan de andere kant: als een moslim zich op een ochtend in de badkamer doopt, waarom zou een soenniet dan niet kunnen besluiten voortaan op de manier van de sjiieten te geloven? In elk geval blijft hij bij hetzelfde boek. Maar hij kan zijn buren maar beter niets over deze omslag vertellen.

'Nee, hoor, je godsdienst is geen probleem,' verzeker ik Emad.

'Integendeel: hoe verschillender, hoe spannender. Welkom in de villa aan de rand van de waanzin!'

Hoe ziet de werkweek van een multireligieuze kantoorgemeenschap eruit? Als we allemaal aan onze traditionele heilige dag zouden vasthouden, bleven er maar drie gemeenschappelijke werkdagen over: maandag, dinsdag en donderdag. Yezidi's gaan op woensdag naar de tempel, joden 's zaterdags naar de synagoge en moslims vrijdags naar de moskee. Voor mij blijft, ook zonder godsdienst, gevoelsmatig zondag de vrije dag, meer om uit te rusten dan om te bidden.

Godsdienstoverstijgend kiezen we de hier gebruikelijke vrijdag, tenslotte zijn de moslims in de meerderheid, en zo gaan we tevens gelijk op met onze studenten. De mannen onder hen gaan op vrijdag inderdaad bijna allemaal naar de moskee. Drie daarvan liggen zo dicht bij ons huis, dat de muezzins regelmatig akoestisch in elkaars vaarwater komen: het *Allahu akbar* van de een gaat over in het *La Allaha illallah* van de ander. Maar de gelovigen weten zo ook wel dat God groot is en er geen god buiten Hem is.

Jessica mist de sabbat niet. Die heeft ze ook in New York nauwelijks gevierd. 'Ik ben een cultuurjodin,' zegt ze altijd, 'ik hecht meer aan traditie en rituelen dan aan het gebed.'

Emad komt toevallig te weten dat Jessica Joods is, tijdens een van onze gezamenlijke avondmaaltijden. We zitten op de gele bank en proosten met elkaar. Yezidi's mogen, in tegenstelling tot moslims, geheel officieel alcohol drinken. 'Lechajim!' zegt Jessica, terwijl ze haar wijnglas heft. Aan de Hebreeuwse toost zijn we inmiddels allemaal gewend. Bijna allemaal.

'Lechajim, dat was toch geen Engels?' vraagt Emad.

'Nee, dat is een Joodse toost en betekent "Op het leven",' legt Jessica uit.

Emad is buiten zichzelf. 'Ben je een Jodin? Echt? Hou je me niet voor de gek?' Hij is zo verbaasd alsof hij tegenover een wezen van een andere planeet zit. 'Je bent de eerste Jodin die ik in mijn leven tegenkom. Dat is fantastisch, je bent nota bene hier in Irak, in mijn land, wat opwindend!' De verdere avond bestookt hij haar met vragen, wil joodse gebeden horen, over joodse gebruiken weten en telkens vraagt hij haar: 'Zeg nog eens iets joods'. Jessica is ontroerd. 'Weet je, oorspronkelijk wilde ik niemand in Irak vertellen dat ik Joods ben. Maar ik hield het niet vol, ik kon mezelf niet verloochenen.'

'Ja, in lastige situaties doen wij yezidi's dat ook. *Taqiya* noemen we dat: als we in gevaar zijn, mogen we ons geloof verloochenen zonder ons schuldig te maken tegenover onze God.'

'Jullie hebben in elk geval één ding gemeen: jullie kunnen allebei beter niet naar Falluja gaan,' zeg ik. Ook al is Emad Irakees: de radicale interpreteerders van de islam, die in enkele provincies in Midden-Irak zichzelf als alleengevolmachtigde van het geloof zien, beschouwen yezidi's als ongelovigen, vogelvrijen dus, die straffeloos mogen worden gedood.

'Wil je wat sla? Echt Joods, heeft Jessie gemaakt!' Emad slaat verlegen af. 'Yezidi's mogen geen sla eten.' Verbaasd kijken we hem aan: 'Geen sla? Echt niet?' We moeten giechelen. 'Sorry, we lachen je natuurlijk niet uit,' verzekeren we hem snel. 'Maar uitgerekend sla, wat kan er nou *haram* zijn aan een groene salade?' Emad moet zelf lachen. 'Precies weet ik het eerlijk gezegd ook niet. Ik geloof dat wij denken dat de duivel in de sla woont.'

Als rups? Is niet een vogel, de Melek Taus, de 'engel Pauw' de centrale figuur in de geloofskosmos van de yezidi's? Is er een verband? Maar over de goddelijke vogel wil Emad niet praten, niet nu. 'Of zouden jullie het niet vreemd vinden in de tijd van de vogelgriep een pauw te aanbidden?'

In de mix van vele volkeren in Irak worden de yezidi's meestal tot de Koerden gerekend. Maar Emad spreekt geen woord Koerdisch. Zijn moedertaal is Arabisch, daarom heb ik hem aangenomen. Maar heel weinig aankomende journalisten spreken Engels en omdat ze later in Irak gaan werken, eisen we dat ook niet. Dus geven we met hulp van ons tolkenteam les in het Arabisch en Koerdisch. Hun artikelen schrijven de studenten eveneens in het Arabisch of Koerdisch en wij vertalen ze. Een omslachtig, maar vruchtbaar proces, dat elke week een nieuwsbrief in drie talen oplevert met reportages uit het hele land: voor onze studenten een belangrijk oefenplatform en voor de wereldopinie een authentieke bron van informatie uit Irak.

Voordat we de reportages op de website van het IWPR publiceren, moeten we ze redigeren. Buiten het klaslokaal lijkt onze werkplek daardoor op een krantenredactie. De Engelse teksten bewerkte Gina altijd, tot de *Wall Street Journal* haar in juli 2005 als correspondente voor de Amerikaanse auto-industrie in dienst nam.

Zo komt Tiare uit Hawaii bij ons.

'Hawaii?' vragen onze studenten. 'Waar ligt dat nou weer? Hoort het ook bij de Verenigde Staten?' Voor hen is het iedere keer verbazingwekkend vanuit welke uithoeken van de wereld we in Irak terechtkomen. Het Nabije Oosten is voor Tiare echter niet onbekend: ze arriveert met een diploma Islamkunde en drie jaar ervaring in Beiroet, waar ze heeft gewerkt voor de *Daily Star*, een gerenommeerd Engelstalig dagblad. En hoewel ze van ver komt, kennen Jessica en zij elkaar vluchtig uit New York, waar ze allebei hebben gestudeerd en elkaar jaren geleden met een of andere journalistenbeurs hebben ontmoet. Nu ontmoeten ze elkaar weer in Irak.

Tiare trekt in Gina's oude kamer, die naast Jessica's kamer ligt en tegenover de mijne. Echt gebruiken zal ze de kamer maar zelden, maar op de dag dat ze aankomt heeft zij noch ik een vermoeden daarvan.

Maar ik zal bij het begin beginnen. Twee dagen voor Tiares aankomst ben ik verliefd geworden.

De dag die alles verandert, begint met een telefoontje. Een Duitse professor in de kunst, die mijn nummer van een gemeenschappelijke kennis heeft gekregen, is voor een gastseminar een paar dagen in Sulaimania. Hij nodigt me uit voor een lezing en aansluitend diner met Koerdische kunstenaars.

Uitgaan? Veel zin heb ik niet. Mijn behoefte aan uithuizigheid komt en gaat in golven, soms verstrijken er weken zonder dat ik het huis verlaat, iets wat me in Duitsland volkomen vreemd was. Andere keren vliegt de woongroep me aan en moet ik eruit, onder de mensen. Het telefoontje van de professor komt precies op het dieptepunt tussen twee golven. Mijn motivatie om de deur uit te gaan: *zero*. Waarvoor? Voor altijd hetzelfde eten, eeuwig dezelfde mannenclubjes?

In het zwembad, op de vrouwendag, had ik me nog maar een paar dagen geleden gerealiseerd hoe erg ik de aanwezigheid van vrouwen in het openbare leven mis. De giechelende meisjes, de kletsende vrouwen herinnerden me aan een wereld waarvan ik me totaal niet bewust was hoe ik ernaar verlang. Heerlijk was de sfeer in het zwembad, intiem, vrolijk, zorgeloos. In de sauna voelden de jonge meisjes nieuwsgierig aan mijn haar: voelt blond haar anders aan? De oudere vrouwen betrokken me meteen in hun gesprekken: waar ik vandaan kwam, wat ik hier deed, hoe Koerdistan me beviel. Iedereen maakte een ontspannen indruk, zonder enige verlegenheid. Onder elkaar waren de vrouwen vrolijk en ongeremd, trokken ongegeneerd hun kleren uit, maakten grapjes, lachten hard.

Hoe lang had ik, behalve bij ons thuis, geen vrouwen meer vrijuit horen lachen?

Op straat keken de meeste vrouwen zeer ernstig. Vermoedelijk omdat het niet hoort dat een vrouw in het openbaar hardop lacht, zoals Jessica kortgeleden ondervond. Ze ging met onze vriend Kawan, de uit Zweden teruggekomen IT-deskundige, naar de chinees in Hotel Ashti en lachte op weg van de auto naar het restaurant hartelijk en luid, want met Kawan valt er altijd veel te lachen. Een van de dienstdoende soldaten voor het hotel hield de deur voor hen open en zei daarbij iets in het Koerdisch, wat Kawan pas dagen later voor Jessica vertaalde, zo gênant vond hij het: 'Die is vast geil en moet een beurt hebben.' De toch al weinige zin die we hadden om uit te gaan, bereikte een nieuw dieptepunt.

Ik denk na. Een lezing van een Duitse professor, een diner met kunstenaars, hoe vaak doet zich in Sulaimania zo'n verzetje voor? Onze buurman geeft de luilak in mij het laatste duwtje: hij zet zijn generator aan. En die haat ik. Het monster staat aan de overkant van de straat, recht tegenover mijn kamer, een oud type dat klinkt als een pneumatische hamer. En wie woont er nou graag tegenover met een permanente bouwplaats? In geval van nood sla ik meestal terug met geluid en zet het Requiem van Mozart net zo hard op tot het gedreun van de overkant niet meer te horen is. Dat klinkt ook wel hard, maar liever doof door Mozart dan door de dieselmotor van mijn buurman.

Maar vandaag vlucht ik. Ik heb een uitnodiging. Voor een cultureel evenement!

De professor vertoont kunstvideo's die me aan de thriller *Fargo* doen denken. Een gedaante holt door een oneindig, wit landschap, maar in werkelijkheid zie ik geen sneeuw, maar een zoutwoestijn. Gaat het om perspectieven? Zinsbegoocheling? Ruimte en verten? Ik heb het begin van de lezing gemist, pik het thema niet meer op en speel met de verleiding van de bank thuis, als het publiek begint op te staan. 'U bent toch mevrouw Fischer? Leuk u te zien,' begroet de professor me hartelijk. 'U eet toch mee?' Hij verdeelt ons over verschillende auto's. 'U kunt het beste met Niaz meerijden. Mag ik voorstellen: een zeer getalenteerde Koerdische ontwerper, net terug uit Denemarken.' De professor schuift me in de richting van een in licht linnen geklede man met zwart haar tot op zijn schouders, die er totaal niet uitziet als een Koerd. Groot, slank, geen baard, zeer elegant. Kijk eens aan, dat hebben ze hier dus ook. Hoewel ik in Koerdistan voortdurend en overal haast uitsluitend mannen zie, was er tot nu toe geen een me als man opgevallen. Dat is zojuist veranderd.

In de auto klinkt muziek van Dariush. 'Ben je wel eens in Iran geweest?' vraag ik Niaz. 'Jawel, al een paar keer.' Hij kijkt me aan in de achteruitkijkspiegel, maar zegt er verder niets over. Dan slaat hij verkeerd af. 'Weet je eigenlijk wel waar we heen moeten?' Dat weet hij niet, evenmin als de anderen. Hoewel ik hier niet vandaan kom, ben ik de enige in de auto die de weg naar het restaurant kent. Het Revan vind ik zelfs nog in mijn slaap. Als we al uitgaan, dan is het naar dit tuinrestaurant met Turks-Koerdische keuken, een alleen voor kenners of wanhopigen te onderscheiden variant van de Koerdische keuken.

Voor de ingang hangen een stuk of twaalf zwaarbewapende peshmerga's. 'Mag ik vragen door wie we voor het diner zijn uitgenodigd?' 'Mala Bakhtiar,' licht een van de kunstenaars me in.

'Een belangrijke man bij de PUK en vader van de schoondochter van Talabani.'

Zat ik maar thuis op de bank, denk ik voor de tweede keer die avond. Dineren met iemand voor wie meer dan tien rambo's voor het restaurant moeten staan – niet zo'n goed idee in Irak. 'Uit de buurt blijven bij de vips' is een van de weinige veiligheidsadagia waaraan ik me in het betrekkelijk veilige Koerdistan houd. Niet ten onrechte. Vier weken na ons diner, op 26 oktober 2005, zal in Sulaimania de eerste zelfmoordaanslag worden gepleegd. Doelwit van de drie met springstof volgeladen auto's, die met tussenpozen van vijf minuten exploderen en de stad voor een halve dag in chaos storten: Mala Bakhtiar. Tien mensen en de illusie van het vredige eiland in de zee van geweld sterven, Mala Bakhtiar zelf komt met de schrik en een schram vrij.

Als ik nu wegga, denk ik in de schaduw van de rambo's bij de ingang van het restaurant, hoe en wanneer zie ik dan die interessante Koerdisch-Deense ontwerper terug? Verstand en gevoel vechten om voorrang.

Ik blijf.

Toevallig komen we aan hetzelfde eind van de zeer lange tafel te zitten, Niaz direct naast Mala Bakhtiar, ik tegenover hen. Links van mij zit Sami, een kunstenaar uit Sulaimania, die wel eens een expositie in Duitsland heeft gehad. Uitgebreid beschrijft hij me zijn jongste werk, een fotoserie over de gevolgen van de *beshka's*.

'Weet je wat beshka's zijn?'

'Nee.' Ik doe mijn best om geïnteresseerd over te komen, hoewel minstens de helft van mijn zenuwcellen op de conversatie aan de overkant van de tafel is gericht. Vervelend dat ze Koerdisch spreken. Waar praten ze zo geanimeerd over? 'Nee, wat zijn beshka's?'

'Traditionele Koerdische kinderbedjes, een soort houten wieg, waarin baby's in hun eerste levensjaar liggen. Of liever gezegd: moeten liggen, want ze worden vastgebonden.'

'Vastgebonden?' Ik spits mijn oren.

'Ja, tegen het huilen. Als baby's vanaf het begin vastgegespt worden, wennen ze eraan en blijven ze rustig. Dan kan hun moeder ongestoord het huishouden doen.'

'Vastbinden – maar dat is toch zeker ongezond.'

'We hebben het allemaal overleefd. Maar door de beshka's hebben wij Koerden zo'n plat achterhoofd.' Hij draait zich om en laat mij de achterkant van zijn schedel zien, die inderdaad zo plat is als een plank. Dan houdt hij me een fotobord van zijn serie voor, en nu begrijp ik de afbeelding ineens: Sami heeft een aantal Koerden van opzij gefotografeerd en de platte plekken op hun hoofd met een lichtgevende kleur geaccentueerd. Het effect: de achterhoofden zien eruit alsof ze allemaal naar hetzelfde voorbeeld zijn gemodelleerd. De model-Koerd, zogezegd.

Waarom is dat me nooit opgevallen? Voortaan kijk ik bij Koerden altijd naar hun achterhoofd en vraag me af hoe dat markante kenmerk me heeft kunnen ontgaan. 'Natuurlijk,' grijnst Karwan, als ik hem daar later over vertel. Als Koerd met een Europese opvoeding is hij voor mij een belangrijke vraagbaak als ik iets niet kan geloven of niet begrijp. 'Daarom noemen ze de Koerden ook de platkoppen – nog nooit gehoord?'

Platkop – in het Duits niet bepaald een compliment. 'Maar jouw achterhoofd is niet plat.'

'Nee, ik heb geluk gehad. Mijn ouders behoorden al tot een verlichte generatie. Tegenwoordig doen nog maar heel weinig gezinnen dat, voornamelijk op het platteland.'

'Maar bestaan er nog beshka's?'

'Ja, die zijn er nog.'

Ik moet aan de vele tijdschriften en informatiebladen voor Duitse ouders denken en stel me de nationale ophef voor wanneer een moeder zou bekennen: ik bind mijn baby in zijn bedje vast zodat hij minder huilt. Weer een van die momenten waarop Koerdistan me oneindig ver verwijderd lijkt van de wereld waar ik vandaan kom.

Tijdens de inleiding in het drama van het Koerdische kind ben ik hem even uit het oog verloren, de man schuin tegenover me, op wie mijn eigenlijke belangstelling zich vanavond richt. Snel kijken om te controleren: alles is nog zoals het was, hij is nog steeds druk in gesprek met zijn tafelgenoot. Het enige woord dat ik versta is Khanakin.

Mijn belangstelling ontgaat Niaz niet. 'We komen allebei uit dezelfde stad, uit Khanakin. Mala Bakhtiar kent me nog uit mijn tijd als vrijheidsstrijder. We hebben elkaar al meer dan twintig jaar niet gezien, niet meer sinds ik naar Iran ben gevlucht.'

In twee zinnen slaat hij een heel geschiedenisboek open. Khanakin. De stad in het zuiden van Koerdistan, die altijd tussen alle vuren lag: zeven kilometer van de Iraanse grens, waar bovendien het Koerdische en het Arabische Irak elkaar raken. Tot april 2003 onder de knoet van Saddam; de stad behoorde niet tot het bevoorrechte autonomiegebied. Vrijheidsstrijder. Niaz was vroeger dus een peshmerga? Waar en hoe lang? In welke functie? Ik kan me die elegante man met zijn zachte gezicht maar moeilijk in gevechtstenue voorstellen, in een pofbroek en met een kalasjnikov over zijn schouder, bij een mars door de Koerdische bergen of bij een aanval op een eenheid van het Iraakse leger. Iran. Waarom is hij gevlucht en waarheen voerde zijn weg daarvandaan? In Irak is hij pas kortgeleden teruggekomen, vertelde de professor tussen neus en lippen door. Waarvandaan? Denemarken? Hoe is Niaz van Iran in Denemarken terechtgekomen en hoe is de vrijheidsstrijder in een ontwerper veranderd?

Na slechts drie zinnen het gevoel dat deze man veel te vertellen zou hebben.

Maar niet hier, niet nu. Het tafelgezelschap valt langzaam uiteen, we verdelen ons weer over de auto's. Niaz biedt aan me thuis te brengen. 'Als jij de weg weet.' Dat ik als Europese Sulaimania beter ken dan hij, lijkt hem in de war te brengen maar hem wel te bevallen.

We zitten met ons vijven in de auto, deze keer luisteren we naar Fairuz, de grote zangeres uit Libanon, en ik probeer een smoesje te bedenken om zijn telefoonnummer te vragen. Er schiet me niets te binnen. Alsof ik na een vaste relatie van twaalf jaar en een jaar in Koerdistan ben vergeten hoe je zoiets aanpakt.

Op zulke momenten blijkt het patriarchaat onvermoede pluspunten te hebben. In Koerdistan mogen vrouwen het initiatief nog gerust aan de mannen overlaten. Als ik voor onze villa uitstap, roept Niaz me door het open raampje het adres van zijn website achterna. 'Voor het geval dat mijn werk je interesseert.'

Ik bekijk zijn website zodra ik in mijn kamer zit. Ik vind een e-mailadres. Ik stuur hem met kloppend hart mijn telefoonnummer. De volgende ochtend belt hij. Morgenavond eten bij mij op het balkon? stel ik voor. Mijn eerste afspraakje in Koerdistan.

Verliefd in Koerdistan

Culinair beschouwd ging alles mis. Ik kocht drie verschillende soorten wijn – om later te horen dat hij nooit alcohol drinkt. Ik smoorde tomaten gevuld met schapenkaas, kruiden en knoflook – en had er geen idee van dat hij allergisch voor knoflook is. Ik zette in mijn zelfgeïmporteerde cafetière eersteklas Italiaanse espresso – helaas doet koffiegeur hem aan begrafenissen denken en daarom houdt hij er niet van.

En toch was het een sprookjesavond.

Niaz kwam om acht uur en ging om een uur weg en het leek ons allebei maar vijf minuten. Mijn huisgenoten lieten zich ongevraagd de hele avond niet zien, alsof ze wisten dat er zelfs in het weinig privacy kennende Koerdistan momenten zijn waarop iedere derde stoort.

Het grootste deel van de tijd luisterde ik alleen maar. Wat had ik bij hem vergeleken ook te vertellen? Zeker, volgens mijn vrienden verliep mijn leven exotisch tot chaotisch: mijn redacteursbanen bij de *Spiegel* en de *Brigitte* opgezegd, op eigen houtje naar Bagdad gegaan, vervolgens als journaliste naar Koerdistan. De zin 'Je bent gek!' heb ik meer dan eens gehoord. Maar al die beslissingen nam ik zelf. Ik was het die mijn leven deze richting gaf. Ik had op elk moment 'Stop!' kunnen roepen en kunnen besluiten: genoeg avontuur, terug naar het knusse Duitsland en verder aan mijn pensioen bouwen.

Maar wat Niaz over zijn leven vertelde, klonk als een reis over de zee van het lot. Door stormwinden nu eens hier- en dan weer daarheen gedreven, zonder veel invloed op stroming en weersomstandigheden, en door de altijd op de loer liggende verdrinkingsdood vooral in één ding getraind: de kunst van het overleven.

Het zou nog veel avonden als deze duren voor ik ook maar enigszins een indruk zou hebben van zijn wereld. Op veertienjarige leeftijd voor het eerst door de Iraakse geheime dienst gearresteerd en gefolterd, in hetzelfde jaar bij het Koerdische verzet gekomen, jaren van strijd, opstand, nederlagen en ten slotte de vlucht, de redding en de ontheemding tegemoet.

Hoeveel van dat alles kon ik vermoeden, toen we die zwoele herfstavond op mijn tegen blikken afgeschermde balkon zaten? Twee vreemden nog, door een gril van het leven samengebracht in Sulaimania. Voor Niaz grensde de ontmoeting met mij aan het absurde: 'Ik ben teruggekomen omdat ik voor Europa ben gevlucht, ik hield het er niet meer uit. En wie ontmoet ik hier? Een Europese.'

De volgende ochtend moet ik voor mijn werk vijf dagen naar Amman. Tijd om mijn gedachten op een rijtje te zetten. Wil ik dat, wat daar begint? Ik ben nog steeds een gewone gast in het land, met een duidelijke opdracht en de zekerheid binnen afzienbare tijd naar mijn eigen wereld terug te keren. Ik voel me nu al een reiziger tussen twee werelden, maar zonder al te zware bagage en in elk geval met een retourticket. Een leven in Koerdistan zag ik tot nu toe niet als een optie.

Maar dit is geen land waar je zomaar verliefd wordt. Halsoverkop kan je hier de kop kosten. Mij als buitenlandse wellicht niet, maar de lokale zeden laten me niet onberoerd: hoe kan ik vrolijk flirten als ik in de krant over eerwraak lees?

We begeven ons allebei op onbekend terrein. Hoe gaat dat, daten in Koerdistan? En dan nog wel tussen een Europese en een

Koerd, die echter na vierentwintig jaar in Denemarken ook geen echte Koerd meer is?

Als we elkaar in Kopenhagen of Hamburg waren tegengekomen, zouden we de spelregels kennen. Maar in Koerdistan kunnen we ons niet zomaar als grotestads-Europeanen gedragen. Zijn familie leeft hier en ik draag de verantwoordelijkheid voor een tiental medewerkers die nauwlettend in de gaten houden wat ik doe.

Ik weet nog niet hoeveel Koerd er in Niaz is achtergebleven en hoeveel Europeaan er al in hem zit. Zijn afkomst negeren? Dat kan alleen al vanwege onze omgeving niet. Met Koerdische paringsrituelen heb ik echter geen enkele ervaring. Op een vreemde manier voel ik me teruggezet naar mijn tienertijd, toen ik mannen beschouwde als wezens van een andere planeet en geen benul van ruimtevaart had.

Ik moet aan Koral denken, een van mijn Koerdische studentes. Die zou nooit met een man uitgaan van wiens huwelijksbedoelingen ze niet zeker is. O, dacht ik, toen ze me dat vertelde: weer een scène uit een vreemd universum. Als ik tijdens of zelfs voor het eerste afspraakje huwelijksintenties zou ontdekken, zou dat voor mij beslist een reden zijn om op de vlucht te slaan. En wat had Tiares vader, die inmiddels gelukkig is met zijn vijfde echtgenote, haar jaren geleden geadviseerd? 'Maak niet dezelfde fout als ik: trouw niet met iedereen met wie je slaapt.'

Voor een Koerdische vrouw, zegt Koral, kan een paar keer uitgaan met een man die niet haar verloofde is haar reputatie al om zeep brengen – en na de reputatie kan er altijd nog iemand echt om zeep worden gebracht.

Toch gaat Koral best haar eigen weg. Ze heeft als afgevaardigde van de PUK anderhalf jaar in Damascus gewoond, waardoor ze uitstekend Arabisch spreekt en liever aan de cursussen voor onze Arabische studenten deelneemt dan aan die voor de Koerden, omdat ze zo meer van de rest van het land meekrijgt. Ze verslaat het nieuws voor een landelijke radiozender en voor diverse Koerdische kranten. Van alle vrouwen aan wie ik heb lesgegeven, staat zij het meest pal voor haar mening, of het nu om Koerdisch nationalisme gaat, de scheiding van staat en kerk of om de islam in de Iraakse grondwet. Koral is ambitieus en nieuwsgierig – en dan weer zo angstvallig bezorgd over haar huwelijk dat we er haast geen woorden voor hebben. 'Koerdische vrouwen zwemmen niet in de openlucht,' zegt ze ontsteld tegen Jessica, als die haar – op vrouwendag – mee naar het zwembad neemt en Koral constateert dat het bassin buiten ligt, ook al is het door een muur van enkele meters hoog aan het oog onttrokken. 'Dat zou mijn familie me erg kwalijk nemen, sorry, Jessica, maar dat kan ik niet.' Jessica komt die dag boos thuis: 'Ik heb me vandaag serieus afgevraagd of vrouwen zoals wij en Koerdische vrouwen vriendinnen kunnen zijn. Ik had me zo op het zwemmen verheugd, voor mij is er niets fijners dan zwemmen in de openlucht!'

Irak is en blijft een gecompliceerd land. Wat zouden mijn studenten uit het Arabische deel van het land zeggen als ik werkelijk een verbintenis met een Koerd zou aangaan? Ook al heeft hij een Deens paspoort: in het interne Iraakse systeem blijft een Koerd een Koerd, zijn leven lang.

Het hoeft niet eens om gedeelde bedden te gaan, alleen al gewoon voor een overnachting gereserveerde bedden kunnen onverwacht leiden tot een cultuuroorlog, zoals ik onlangs bij mijn laatste cursus moest ondervinden. Ik had voor de aangekomen studenten niet zoals altijd tweepersoonskamers in het hotel geboekt, maar meerpersoonskamers in een pas geopend pension. Ik wilde liever meer journalisten opleiden die in een soort jeugdherberg overnachten dan enkele met een luxe verblijf in het hotel. Maar ik had geen rekening gehouden met de gevoeligheden van onze studenten. Eerst kwam een student uit Bagdad zich beklagen over de nieuwe huisvesting. Binnen een paar minuten sloeg de discussie om, ging het niet meer over hotelkamers, maar om de eenheid der natie: hij had er genoeg van dat de Koerden eeuwig werden voorgetrokken, barstte de boze Bagdadi uit. De Arabische studenten moesten de gevaarlijke reis van Bagdad naar Koerdistan maken en wij hadden toch altijd alleen maar oog voor het welzijn van de Koerden.

Welkom in Irak! Tot dan toe hadden de studenten, in elk geval waar ik bij was, zo goed met elkaar kunnen opschieten dat ik bijna was vergeten hoe wantrouwend iedereen hier naar elkaar kijkt. En dat wie maar één voet in dit land zet, onmiddellijk zijn onschuld verliest. In Irak is niemand neutraal. Natuurlijk wist de student precies waarom we onze cursussen in Koerdistan geven: omdat ik geen week levend in Bagdad zou doorstaan, behalve als ik me permanent achter hoge veiligheidsmuren zou verschansen. En omdat het ook voor hen gevaarlijk zou zijn een cursus in Bagdad te volgen die gefinancierd wordt door het Amerikaanse ministerie van Buitenlandse Zaken. In geval van ruzie, zoals nu, wordt onze standplaats Koerdistan altijd tegen ons gebruikt. Hoe zou dat zijn met een Koerdische man aan mijn zijde?

Waar je bij liefde in tijden van dreigende burgeroorlog niet allemaal rekening mee moet houden.

Als ik uit Amman terugkom, is de ramadan begonnen, de vier weken durende vastentijd. Van zonsopgang tot zonsondergang mogen gelovige moslims niet eten, niet drinken, niet roken en geen seks hebben.

Maar zo ver zijn we nog lang niet.

Met onze vierenveertig respectievelijk zevenendertig jaar maken Niaz en ik afspraakjes alsof we tieners zijn. Om thee te drinken, voor een wandelingetje in het park, soms zitten we uren in mijn kamer te praten of toeren rond in zijn auto terwijl we naar muziek luisteren. Heel Koerdisch-kuis. Er zijn tenslotte ook bijna voortdurend mensen om ons heen. Niaz woont bij een oom, ik in de woongroep, die bovendien boven mijn school ligt, met bewakers voor de deur die iedere bezoeker noteren met de tijd erbij.

De eerste keren komt Niaz officieel als mijn nieuwe leraar Arabisch langs. Ik was echt van plan weer les te nemen, maar Niaz is beslist niet de juiste leraar voor mij. We dwalen telkens af, praten over van alles behalve Arabische grammatica. Maar 'leraar Arabisch' is een handig excuus; er is nog niet echt een etiket voor ons en voordat we onszelf er een hebben opgeplakt, moeten de anderen dat ook niet doen.

Mariwan en Ayub letten sowieso niet op. Die hebben het druk met hun krachttoer hongerig en dorstig de dag door te komen, van het eerste ochtendgloren tot de avondschemering. Jammer genoeg berooft hun voorbeeldige vasten me van mijn slaap. Dacht ik het niet, dat een woongroep met moslims tijdens de ramadan een aantal onverwachte kwalijke eigenschappen had? Iedere nacht om halfvier word ik wakker door een luid gestommel vanuit de keuken, dan zijn ze met z'n tweeën aan het koken voor de *sahoer*, de laatste maaltijd voor zonsopgang. Ik zit ook vaak recht overeind omdat er plotseling licht in mijn kamer is, een extra portie stroom als tegemoetkoming aan de vastenden. Op zichzelf verheugend, als ik niet zo vaak om middernacht, wanneer de stroom wordt uitgeschakeld, vergat mijn bedlampje uit te knippen. Overdag hebben we allemaal geen fut, ik omdat de slapeloze nachten me radbraken, de twee mannen omdat de dagen hen uitputten.

Gelukkig gaan Ayub en Jessica midden in de ramadan met drie van onze studentes naar Amerika. Ze geven interviews over de situatie van de pers in Irak en ik kan eindelijk weer doorslapen – want zonder Ayub vindt Mariwan er niks aan om te vasten. Een à twee dagen probeert hij het nog vol te houden, maar in zijn eentje tussen niet-moslims verliest hij al snel de discipline.

In plaats van te vasten loopt hij urenlang met Tiare door de bazaar, koopt bergen groenten, kruiden, verse dadels en granaatappels en neemt in de keuken het commando over. Gevulde en gesmoorde groente, eenpansgerechten, kip tandoori, zelfgemaakte pizza, steeds vaker gaan wij vrouwen aan de gedekte tafel zitten en verbazen we ons over Mariwans verborgen kwaliteiten. Alsof het voor een vijfentwintigjarige Koerd de normaalste zaak van de wereld is met een Amerikaanse en een Duitse in een huis te wonen en naast zijn werk als vertaler en redacteur voor huisman te spelen, doet hij boodschappen, bedenkt ingewikkelde menu's en is urenlang in de keuken in de weer. Van hem leren we hoe je in een handomdraai de rode pitten uit een granaatappel verwijdert, hij verwent ons met *malahabi*, verrukkelijke pudding met rozenwater, en ontdekt excellente tabak voor onze waterpijp.

Achteraf vraag ik me wel eens af of liefde dan toch door de maag gaat. Sinds Mariwans coming-out als keukenprins denk ik 's morgens steeds vaker dat ik iemand de trap af hoor trippelen, gevolgd door het piepen van de deur aan de andere kant van de gang, waar Tiares kamer ligt. Is er onder ons dak een Koerdisch-Hawaiiaanse romance op til?

Overdag merk je niets aan ze, maar wat zegt dat nu helemaal? Niaz en ik sluipen ook op kousenvoeten om elkaar heen. En Tiare is net zomin als ik het type vrouw voor wie de wereld op zijn grondvesten trilt zodra ze verliefd is. Wie zoals zij ouders heeft die het in totaal tot acht huwelijken hebben gebracht, gelooft niet zomaar in de Grote Liefde.

In elk geval kunnen ze het naar buiten toe gemakkelijk camoufleren; Mariwan woont toch al in het huis, een verdieping boven ons. Wie waar slaapt, weet buiten de huisbewoners niemand, in elk geval voorlopig. Ook al heeft Shirwan, de baas over onze veiligheid, de bewakers te verstaan gegeven dat hij alles wil weten wat er in en om ons huis gebeurt. Dat weten we dan weer van Mariwans neef, die een van de bewakers is en Mariwan op de hoogte houdt van wat anderen over ons zeggen.

We nemen Shirwan zijn nieuwsgierigheid niet kwalijk, want we zijn ervan overtuigd dat die op echte bezorgdheid berust. Op de dag van de zelfmoordaanslagen op Mala Bakhtiar, de gastheer tijdens mijn dinerpremière met Niaz, is Shirwan de eerste die opbelt. 'Ga vandaag niet naar buiten,' waarschuwt hij een paar minuten na de ontploffing van de eerste auto. 'Als jullie iets nodig hebben, gaat een van ons wel.' Een veel verstandiger advies dan andere die we in de loop van de dag krijgen. 'Ga onmiddellijk de stad uit,' spoort een vriend ons aan. 'Vlucht naar het platteland, verdwijn naar een of ander dorp. Wie weet wat er nog gebeurt!' Een paar uur lang verkeert Sulaimania in staat van oorlog. Het ene gerucht volgt het andere: van verdere aanslagen die op komst zouden zijn tot een schijnbaar voor Hotel Ashti op het laatste moment onschadelijk gemaakte bom. Daar is allemaal niets van waar, maar ook de tien doden die er bij de drie explosies zijn gevallen, zijn voldoende om de stad een schok toe te brengen. In

Bagdad kostte een paar weken eerder tijdens een sjiitisch pelgrimsfeest alleen al het gerucht dat er een zelfmoordterrorist onderweg was, 965 mensen het leven. In doodsangst stoven de pelgrims op een overvolle brug over de Tigris in alle richtingen uiteen, vertrapten elkaar, vielen in het water en verdronken. Een van onze studenten uit Bagdad verloor die dag zijn broer.

Het gevoel werkelijk bedreigd te worden zorgt ervoor dat we veel minder bezwaar hebben tegen bewaking. Totaal vanzelfsprekend delen we Shirwan de dagen na de aanslag tot in detail mee wanneer en met welk doel we het huis verlaten. Zelfs wanneer ik op weg naar de fourniturenwinkel alleen maar één keer door de hoofdstraat moet lopen, meld ik me eerst af. 'Hou de hele weg je mobiele telefoon in je hand, met mijn nummer op het scherm,' adviseert Shirwan. 'Dan kun je me als het nodig is binnen een paar seconden bellen.' Ik kan me weliswaar niet voorstellen wie me in geval van nood zou kunnen helpen, maar ik volg zijn raad toch op.

En natuurlijk vertel ik het hem ook als Niaz en ik besluiten het slakkengangetje van onze toenadering een beetje op te porren en een weekend samen weg te gaan. Een uur van Sulaimania ligt Daban, een vakantiedorp boven een stuwmeer. Daar willen we heen. Hoewel mijn hart in mijn keel klopt, probeer ik Shirwan zo nonchalant mogelijk over het geplande reisje te vertellen. Ik stel hem Niaz kort voor, na vijf minuten hebben ze hun gedeelde peshmergaverleden ontdekt en alle bezwaren, als Shirwan die gehad mocht hebben, zijn van de baan.

Waren we daarmee een paar? Ik weet niet wat de anderen denken; onder elkaar praten ze beslist, maar niet met mij, niet met Niaz. Zonder dat iemand er een woord aan heeft vuilgemaakt, hoort hij voortaan bij de toch al bontgeschakeerde familie. Op een gegeven moment vraagt Tiare ook niet meer naar mijn vorderingen bij de Arabische les. Net zoals ik niets zeg over haar elke nacht leegstaande kamer. Als het moment daar is, praten we wel. Maar eerst moet ieder voor zich uitvinden waarmee me ons nu inlaten.

Nu kent Niaz nog niet mijn Duitse, maar wel mijn surrogaatfamilie in Koerdistan. Het wordt tijd, beslist hij na ons weekend aan het meer, dat ik zijn familie leer kennen. 'Laten we voor Eid naar Khanakin gaan,' stelt hij voor. Met Eid al-fitr wordt drie dagen lang het einde van de vastenmaand ramadan gevierd. De familie komt bij elkaar, bloedverwanten komen op bezoek, de kinderen krijgen een zakcentje en nieuwe kleren. Dat hij mij voor Eid al-fitr uitnodigt, is hetzelfde als wanneer ik hem had gevraagd met mij en mijn ouders de Kerst door te brengen.

Vanaf maart 2005 woon ik, journaliste Susanne Fischer (boven), in het Noord-Iraakse Sulaimania (onder), ver van het dagelijks leven thuis, om te helpen bij het opzetten van een vrije pers. Anders dan in de rest van het land kan ik me daar relatief vrij bewegen en zelfs naar de bazaar gaan.

Wonen met vreemden: in het begin weten Gina, Jessica, ik en Ava (boven, v.l.n.r.) niet veel meer van elkaar dan elkaars namen. Met Mariwan en Ayub (onder, v.l.n.r.) krijgen we na een halfjaar niet alleen mannen in huis, maar ook Koerdische gewoonten zoals eten op de vloer.

Wie aan de rand van de waanzin woont, kan maar beter een bewaker voor de deur hebben. Onze vrouwenwoongroep wordt vierentwintig uur per dag bewaakt.

De kinderen van de overkant zijn dol op Jessica. De volwassen buren bekijken ons westerse vrouwen nogal sceptisch.

De vertalers Alan, Ferhad en Mariwan (v.l.n.r.) bij twee favoriete bezigheden van de Koerden: aan het zingen tijdens een picknick in de natuur.

In het Koerdische landschap voelt Tiare zich meteen thuis: 'Het lijkt hier op Californië, waar mijn moeder woont,' zegt ze over de heuvels bij Halabja.

Koerdisch stilleven: voor een duik in het meer laten vrouwen hun handtas en mannen hun pistolen in de boot achter.

De IWPR-familie viert de bruiloft van Ferhad. Alan, uiterst links, zweert echter: 'Ik ga nooit trouwen!'

Met dikke stapels dinars wachten geldwisselaars in het Zuid-Koerdische Khanakin op klanten. Maar dollars worden ook overal geaccepteerd.

In het oude centrum van Khanakin wil elk kind wel door mij, blonde buitenlandse, worden gefotografeerd.

De bogenbrug en het silhouet van dadelpalmen geven de stad Khanakin haar unieke gezicht. Veel plantages zijn door beulsknechten van Saddam platgebrand, omdat verzetsstrijders zich er schuilhielden. Tijden waaraan ook de oude mannen in het bergdorp Sergalu niet graag terugdenken.

Of ze nou vertaler zijn, zoals Alan (boven), of radiotrainer, zoals Jessica (onder): de leden van het IWPR-team in Sulaimania hebben de taak journalisten uit heel Irak onafhankelijk te leren berichten. Een taak die door de rampzalige veiligheidssituatie in het land steeds moeilijker wordt.

Aan mijn studentes draag ik (links vooraan) meer over dan alleen een beeld van het beroep.

Geen centrale verwarming, wel draadloos internet: Tiare surft met Mariwan op het web, Jessica leest recepten bij de kerosinekachel.

Tegenwoordig getuigen nog slechts ruïnes van de ooit prachtige leem-architectuur van Khanakin. De stad heeft zwaar onder Saddam geleden.

In de lente zijn zelfs de begraafplaatsen mooi – en een plaats van ontmoetingen. 'Waar kom je vandaan?' vraagt de oude Koerdische vrouw.

Theedrinken is, zoals zoveel in Koerdistan, een mannenzaak – in elk geval in het theehuis. Toch mocht ik naar binnen.

Veel te verkroppen:
een groenteverkoper in het oude centrum van Khanakin.

Traditionele tatoeages in het gezicht, zoals bij deze oude buurvrouw, zie je in de stad tegenwoordig niet vaak meer.

Twee stenen om herrie te maken, de Koerdische vlag en mooie kleren: de meisjes zijn klaar voor het Koerdische Nieuwjaar.

In Irak is de dood altijd dichtbij. IWPR-student Kamal Anbar, 28, werd in maart 2006 tijdens een onderzoek in Bagdad doodgeschoten.

Van vreemden tot vriendinnen: Tiare neemt afscheid van Jessie, die terugkeert naar New York. Mariwan kijkt intussen de auto na.

Zo uitgelaten als deze twee vrouwen tijdens een sneeuwballengevecht zie je Koerdische vrouwen maar zelden in het openbaar.

Familiekeuken in Khanakin: de moeder van mijn vriend Niaz leert me gevulde wijnbladeren bereiden.

Sneeuw in Irak? In Sulaimania wordt het 's winters behoorlijk koud – zoals Niaz en ik merken op de lokale berg. Als we samen op pad zijn, worden we vaak allebei voor buitenlanders aangezien – tot hij accentloos Koerdisch begint te praten.

Als ik uit mijn raam in Sulaimania kijk, doet de rode lichtreclame me denken aan een nu voor mij verboden stad: Bagdad.

Uitstapjes zoals naar het stuwmeer van Dokan zijn wel toegestaan. Mijn favoriete plek om het leven aan de rand van de waanzin een paar uur te ontvluchten.

Koerdische familie

'Wordt ze kwaad als ik haar kus?' vraag Niaz' zus voordat ze me met de traditionele kus op de wang begroet. 'Vindt ze het niet erg op de grond te eten? Of zullen we aan tafel gaan zitten?' wil zijn moeder weten als het tijd wordt voor het avondeten. Ik weet niet meer als wie of wat Niaz me in Khanakin had aangekondigd, maar in elk geval zijn we, zoals het hoort bij een première, allemaal een beetje zenuwachtig. Dit is niet alleen mijn eerste ontmoeting met zijn familie. Ik ben de eerste vriendin die de volwassen Niaz mee naar huis brengt, en ook nog de eerste Europese. Aan alle bezoekers die in de loop der dagen aan komen waaien – en omdat het bijna Eid is, komen er veel – wordt mijn aanwezigheid voor het gemak met mijn beroep verklaard: 'Een journaliste uit Duitsland.'

Niet alle buren hoeven immers meteen over ons te kletsen – wat ze natuurlijk toch doen, alleen al omdat Niaz vierenveertig en nog niet getrouwd is, in Koerdische ogen geen levensbeslissing maar een drama. Vaak komt de vraag: 'Is dat je vrouw?' eerder dan hij me kan voorstellen. Op zijn 'Nee' volgt dan meestal een gebaar van spijt, vergezeld van een aanmoediging, een non-verbaal 'Dat komt nog wel!' In Koerdistan gaat het tussen man en vrouw altijd meteen om het totaalpakket.

We kennen elkaar vier weken. Geen mens zou in Hamburg of Berlijn op het idee komen naar huwelijksplannen te informeren. En als we daar zelf over zouden beginnen, zouden vrienden en familie me sceptisch apart nemen en aandringen: 'Zou je daar niet nog eens goed over nadenken?'

Gelukkig hebben de meesten het veel te druk met de voorbereidingen voor het feest om zich al te veel met ons bezig te houden. Over een dag of twee zal Eid al-fitr beginnen, honderd procent zeker weet niemand dat, omdat het feest samenhangt met de nieuwe maan. We willen vier of vijf dagen blijven, behoorlijk lang voor een eerste familiebezoek, maar voor Niaz is het zijn eerste Eid thuis in ruim twintig jaar. Ik heb uit voorzorg mijn laptop meegenomen en een paar afleveringen van *Desperate Housewives*. Als het familiegedoe me te veel wordt, kan ik me stilletjes in een zijkamertje terugtrekken en een beetje vluchten. Vijf dagen Kerstmis zou me zelfs met mijn eigen familie te lang zijn. En dankzij mijn woongroepervaring met Ayub en Mariwan weet ik: ik zal de komende dagen veel Koerdisch horen. Eerst zeur ik nog of Niaz wil vertalen, maar voor zijn en mijn plezier hou ik daar al snel mee op. In plaats daarvan doe ik een spelletje met mezelf en probeer zo veel mogelijk woorden in de conversaties te herkennen. Mijn Koerdisch maakt tijdens de feestdagen een megasprong vooruit.

De feestdagen met het daarbij behorende audiëntieritueel – in principe bezoekt iedereen iedereen, zo lijkt het in elk geval – wijden me in een mum van tijd in in de naaste en verre familie. Ooms, tantes, nichten en achternichten, zwagers, neefjes en nichtjes, uit de stad en van het platteland, uit Khanakin, uit Bagdad, uit Arbil: na een paar dagen had ik met een beetje concentratie een gedetailleerde stamboom kunnen tekenen.

Maar ik wil niet alleen familieleden zien, de stad interesseert me ook, ik wil beelden bij de verhalen die Niaz heeft verteld.

Khanakin is een kleine stad waar tegenwoordig bijna uitsluitend Koerden wonen. De meesten van de door Saddam hierheen gestuurde Arabieren zijn sinds april 2003 weggetrokken uit vrees voor hun leven. Wraak leek niet onwaarschijnlijk: veertig jaar lang hadden de Koerden van Khanakin geleden onder de gedwongen arabisering van hun stad, waarmee het Baath-regime in 1960 begon. Hele clans werden verdreven, in de omringende dorpen enkele duizenden huizen verwoest. Het was beter, kregen de in de stad achtergebleven Arabieren te horen, als ze teruggingen naar waar ze ooit vandaan waren gekomen. Drie procent van de inwoners is nog altijd Arabisch, zegt het stadsbestuur.

Maar Khanakin hoort strikt genomen niet eens bij Koerdistan. Nóg niet, zouden de meeste inwoners van Khanakin zeggen. Voor hen zijn hun dagen als deel van de Arabische provincie Diyala geteld. Diyala en haar provinciehoofdstad Bakuba staan bekend als vijandelijk gebied: daar zaten de oude onderdrukkers en de nieuwe terroristen.

Inderdaad tekent zich in Bakuba, maar 108 kilometer van Khanakin vandaan, sinds een tijdje een nieuw epicentrum van verschrikking af, waar het complete arsenaal van de Iraakse terreur tot het dagelijks leven behoort: ontvoeringen, onthoofdingen, etnische zuivering, verstopte explosieven, zelfmoordaanslagen. 'Voor het avondgebed hebben jullie de stad verlaten – of we doden jullie!' was de laatste groet van de stad aan de Koerdische familie van een fruithandelaar, die daarop niet eens meer zijn spullen pakte, maar onmiddellijk met zijn zwangere vrouw en hun drie kinderen naar het noorden vluchtte en sindsdien bij familie in Khanakin woont. In de gevreesde provinciehoofdstad hield zich, zoals een jaar later zou blijken, ook de meestgezochte terrorist in Irak schuil: Abu Mussab al-Sarqawi, door het Amerikaanse leger op 7 juni 2006 bij een luchtaanval op Bakuba gedood.

Wie kan het de Khanaki's kwalijk nemen als ze voor een bezoek aan de instanties liever drie uur noordwaarts naar Sulaimania rijden dan een uur naar het dodelijke zuiden? En wat als Irak op een keer werkelijk instort en in een Koerdisch, een soennitisch en een sjiitisch deel uiteenvalt? Een Arabisch-soennitische stad wordt Khanakin nooit meer, zelfs niet tegen de prijs van nog een bloederige oorlog.

Ik hou op het eerste gezicht van de stad. Ook al was ze, zoals

Niaz me herhaaldelijk verzekert, vroeger veel, veel mooier. Geen bergen, geen uitgestrekte dalen zoals rondom Sulaimania. In plaats daarvan dromerige palmtuinen, dadelplantages, een oude bogenbrug over de Alwan en prachtige, op instorten staande lemen huizen langs de rivier.

Anders dan in het verder overwegend soennitische Koerdistan leeft in Khanakin ook een grote sjiitische gemeenschap. De kleinste van de twee sjiitische moskeeën ligt direct om de hoek bij Niaz' ouderlijk huis, de andere aan de rand van het oude centrum. Niaz laat ze me meteen de eerste dag tijdens een kleine stadsbezichtiging zien.

Wat we niet kunnen denken: het zou de enige keer blijven dat ik ze zie. Drie weken na ons bezoek bliezen twee als biddende mannen vermomde zelfmoordterroristen zichzelf op tijdens de vrijdagse preek in de sjiitische godshuizen, vernietigden die bijna volledig en sleepten vijfentachtig mensen mee de dood in. Na het eerste nieuws over de ramp kostte het uren om er van Sulaimania naar Khanakin telefonisch doorheen te komen en zekerheid te krijgen omtrent de veiligheid van de familie. Alsof er nog een bewijs voor nodig was dat voor Khanakin al het slechte uit het zuiden komt, blijkt later dat degenen die de aanslag pleegden uit een dorp in Diyala afkomstig waren. Die nacht liet ik Niaz voor het eerst in onze woongroep overnachten. Na uren van doodsangst om zijn familie kon het me niet schelen wat de bewakers of onze buren zouden denken. En mijn huisgenoten wisten op dat moment, zonder dat we het er uitgebreid over hadden gehad, toch al wat er aan de hand was.

Bij onze tour door en rond Khanakin voert Niaz me naar de plaatsen van zijn jeugd. Toont me het zwemstrand bij de rivier waar hij altijd zwom, het huis van zijn 'voedster', die voor hem zorgde nadat zijn eigen moeder – toen Niaz werd geboren was ze nog maar vijftien jaar oud – terug naar haar ouders was gevlucht omdat ze de verantwoordelijkheid niet aankon, zijn school, de in de Iraaks-Iraanse oorlog verwoeste bioscoop die ooit aan zijn familie toebehoorde.

In het oude centrum wijst hij op een smal hokje, waar twee

mannen broodroosters, stofzuigers en ovens verkopen. 'Daar was de winkel van mijn vader. Hij begon met tweedehands kleren en toen hij genoeg geld had verdiend, ging hij herenmode verkopen.' Niaz groeide op tussen stofbalen en maatpakken, uur na uur zat hij 's middags in de winkel, speldde broekspijpen af, bezorgde de nieuwe kleren bij de klanten aan huis. Zijn vader, een strenge man, wilde niet dat zijn oudste buiten rondhing. Bovendien had hij hem nodig: door complicaties bij de mazelen had de vader, toen hij nog een jongetje was, het gehoor verloren. Daarom leerde hij de gezichten van de mensen af te lezen om hen te verstaan. Hun ogen. Hun lippen. Taal speelde algauw geen rol meer, zelfs gesprekken aan de overkant van de straat of vele tafels verderop in het theehuis kon hij volgen, zolang hij de gezichten van de sprekers zag. Geen geheime liefde in het stadje bleef voor hem verborgen, omdat hij blikken kon lezen, elke stiekeme blik, iedere oogopslag registreerde.

Van zijn vader leerde de zoon deze gave, want wat hij kon, verlangde hij ook van Niaz. Stond die honderd meter van de winkel af en zijn vader riep hem geluidloos iets toe, dan moest hij de woorden zien. Algauw overvleugelde hij zijn vader in de kunst van het liplezen. Een talent dat voor anderen niet onopgemerkt bleef en Niaz in nieuwe kringen bracht.

Maar eerst leerde hij, net veertien, ruw en wreed de donkere kanten van zijn geboorteland kennen. Op de een of andere manier werd zijn vader door de *Mukhabarat,* de Iraakse geheime dienst, ervan verdacht dat hij de Koerdische vrijheidsstrijders geld gaf. Niaz wist van niets, toen hij plotseling door sterke armen werd gegrepen, in een auto werd getrokken en met een blinddoek voor naar een onbekende plek werd gebracht. Zijn eerste ontmoeting met Saddams folterknechten, en lang niet de laatste. Toen hij eindelijk naar huis mocht, kreeg hij nog een pak slaag – van zijn bezorgde ouders, die dachten dat hij was weggelopen. De waarheid deed hij hun niet aan. Pas jaren later vertelde hij waar hij die dagen, weken, werkelijk was geweest.

Via via kwam Niaz' arrestatie een vriend van zijn vader ter ore en die sprak hem aan: of hij de mannen die zich verzetten wilde helpen. Hij kon dingen die de Koerdische verzetsstrijders nodig hadden; als hij zich bij hen zou aansluiten, kon hij wraak nemen op zijn folteraars en tegelijk de Koerdische zaak dienen.

Zo kwam hij op veertienjarige leeftijd bij de stadspeshmerga's, die vooral op informatie uit waren: de spionnen bespioneren om de dood altijd een stap voor te zijn. Als ze van tevoren ontdekten wat de andere kant van plan was, konden ze wie ten dode was opgeschreven waarschuwen, wie op de lijst stond om te worden geëxecuteerd helpen vluchten, de bergen in of de grens over smokkelen. En wie was geschikter om informatie te verzamelen dan iemand die niet eens hoefde te horen wat er werd gezegd en toch ieder woord verstond? Een jongen nog wel, nog bijna een kind, waar de volwassenen niet op letten als hij met zijn vader was of voor een koeriersklusje door de straten trok. Niaz moest collaborateurs ontmaskeren, dubbelspionnen en verraders, door mensen in het gezicht te kijken en goed van kwaad te onderscheiden.

Elke middag zat hij met zijn vader in het theehuis terwijl die domino speelde, en las de gesprekken aan de andere tafels mee. Als hij in de winkel hielp, hield hij intussen in de gaten wat er op straat gebeurde en vooral wat daar werd gezegd. Soms maakte hij aantekeningen, maar het meeste bewaarde hij in zijn hoofd of hij tekende, dat viel minder op: een kind dat zat te tekenen, wie lette daarop?

Zo ontdekte hij het wrede geheim van de schoenmakersknecht in de winkel naast hen. De schoenmaker zelf had drie zoons, van wie iedereen wist dat ze voor de geheime dienst werkten. Zij op hun beurt werden door de peshmerga's bewaakt, een berekenbare grootheid in de wederzijdse krachtmeting. De knecht werd onschuldig geacht, men zei dat hij doodziek was, maar het fijne wist niemand ervan. Voor iedereen was hij gewoon de knecht, die spoedig dood zou gaan.

Tot Niaz hem de waarheid van de lippen las.

Vanaf zijn onopvallende plaats in de winkel van zijn vader ontdekte Niaz dat de buurman zich minder bezighield met zijn zogenaamd aanstaande eigen dood dan met de dood van anderen.

Diverse keren waren mannen, over wie Niaz de schoenmakersknecht met andere mannen had zien praten, even later spoorloos verdwenen. Eerst wilde niemand hem geloven. Die? Die doet toch geen vlieg kwaad, zeiden ze.

Maar Niaz was overtuigd: hij vergiste zich niet.

Er kwamen veel mannen in de schoenmakerswinkel, zogenaamd om nieuwe pistoolholsters te laten naaien, maar Niaz keek naar hun lippen en wist dat het in werkelijkheid om andere dingen ging. 'X gaat deze week naar Bagdad,' zei de schoenmakersknecht en een paar dagen later hoorde Niaz dat X daadwerkelijk op de aangekondigde dag naar Bagdad was vertrokken, maar daar nooit was gearriveerd en ook niet was teruggekomen. De peshmerga's begonnen Niaz te geloven en zetten een paar vallen voor de schoenmakersknecht om helemaal zeker te zijn. Hij trapte in elk daarvan en ten slotte waren ze overtuigd: in de schoenmakerswinkel zat een geniaal vermomde spion, die gelegenheden voor discrete moorden opspoorde en doorgaf.

Op een nacht werd Niaz wakker en hoorde negen schoten in de buurt. De volgende ochtend bleef de stoel van de schoenmakersknecht leeg. Voor ieder die hij aan het mes had laten rijgen, had hij een kogel in zijn lijf. Sinds die dag wist Niaz: bij wat hij anderen van de lippen las, mocht hij zich nooit vergissen.

'Kun je dat nog altijd: liplezen?' vraag ik.

'In principe wel. Maar ik probeer het niet te doen. Ik heb geprobeerd veel van wat ik hier heb meegemaakt te vergeten.'

We gaan terug naar het huis van zijn familie. Momenteel wonen ze allemaal onder hetzelfde dak: zijn moeder, zijn zus en haar man met hun drie kinderen, tot het nieuwe huis dat zijn zus aan het bouwen is klaar is. Zijn vader is acht jaar eerder bij een verkeersongeluk omgekomen. Niaz heeft hem na zijn vlucht nooit meer gezien, nooit meer met hem gesproken, want telefoneren kon hij immers niet met een dove vader.

Niaz' zwager komt maar om het weekend naar huis. Hij is officier en gestationeerd bij de militaire academie in Ranya, vier uur van Khanakin. Voor Eid heeft hij vrij gekregen. Trots laat hij mij een foto zien van zichzelf met Talabani. Als hij hem weer aan de muur hangt, zegt hij: 'Ik heb er ook zo een met Saddam. Maar die blijft in de kast. Wij van het leger waren de eersten die hem de rug toekeerden! De Amerikanen hadden geen oorlog moeten beginnen. Ze hadden een bondgenootschap moeten sluiten met het Iraakse leger, in plaats van tegen ons te vechten. Samen zouden we Saddam sneller en zonder de chaos die we nu hebben ten val hebben gebracht.'

We eten kip met rijst. De paniek voor de vogelgriep, die het in Sulaimania al weken onmogelijk maakt in de bazaar of de supermarkt zelfs maar een kippenboutje op de kop te tikken, heeft Khanakin kennelijk nog niet bereikt. We gaan allemaal op de grond voor de televisie zitten en kijken met de kinderen naar *piesjpiesj*, zoals de jongste telg *Tom en Jerry* in zijn kinder-Koerdisch noemt. De oudste dochter haalt van een verborgen plek een stapel brieven tevoorschijn en laat me die zien: post van haar correspondentievriendin uit Amerika, liefdevol met bloemetjesstickers en smileys versierd. Een programma waaraan veel Iraakse scholen meedoen om de kennis van het Engels te stimuleren, maar ook de vriendschap tussen de volkeren. Zodat de leerlingen leren dat Amerika niet alleen uit Marines en Special Forces bestaat.

Met bloemetjesstickers en smileys hebben de ontmoetingen met Amerikanen in de rest van Irak niet veel te maken. Drie weken eerder is een neef van Niaz door VS-soldaten doodgeschoten en niemand weet waarom. Hij was arts en met zijn auto op de terugweg van Bakuba, de notoir onrustige hoofdstad van de provincie Diyala, naar Khanakin, toen een scherpschutter vanaf een brug op hem richtte en hem midden in zijn voorhoofd trof. Met een beetje geluk krijgt zijn gezin – hij laat een vrouw en een paar kinderen achter – een paar duizend dollar schadevergoeding. Klaar is Kees. Waarom haar man, hun vader, moest sterven, of hij voor iemand anders werd aangezien, of de soldaat in een aanval van paniek schoot, uit wraak voor een gedode kameraad of gewoon voor de grap: nooit zal de familie het weten.

Terwijl Niaz' moeder thee en vruchten brengt, vraag ik me af waar we straks slapen. Samen in een kamer? Het huis is niet heel groot. Maar het heeft wel genoeg ruimten om ons keurig gescheiden slaapplaatsen te bieden. 'Waar is mijn tas? Ik wil graag een paar warme sokken halen,' vraag ik nonchalant. 'In de achterste woonkamer, waar mijn moeder ook onze matrassen heeft neergelegd.' Onze. Dat is duidelijk. Als de buren dat eens wisten! Een journaliste uit Duitsland, nou ja, dat ben ik ook.

De ochtend voor Eid serveert Niaz' moeder een uitgebreid ontbijt. Voor het eerst sinds vier weken mogen de vastenden weer bij daglicht eten. Er zijn eieren en vruchten, daarbij eten we warm brood met dadelsiroop en *qaima*, een soort Iraakse mozzarella van waterbuffelmelk. De kinderen showen ons en hun vriendjes hun nieuwe kleren en we wensen elkaar allemaal *'Eid mubarak'* of *'Jazhnit piroz bet'*, zoals de feestgroet in het Koerdisch luidt.

Dan laat Niaz me de dadelplantage van zijn familie zien, een groene oase haast midden in de stad. We rapen verse dadels en sinaasappels, alle twee veel lekkerder dan wat je in de bazaar kunt kopen, en lopen een rondje onder de majesteitelijke hoge bomen. Zo paradijselijk kan het zijn in Irak. En toch is het volgende drama altijd vlakbij.

Het haalt me de volgende avond bij het kampvuur in. We zitten bij een oude vriend van Niaz, een architect, pas teruggekeerd uit Zwitserland en eigenaar van een mooi, zelfgebouwd landhuis even buiten de stad tussen twee dadelplantages. Hij heeft een gans voor ons geslacht en roostert die boven het vuur in de tuin. Behalve wij is er nog een neef van de vriend met drie van zijn vier dochtertjes. Hij is zakenman in Bagdad en spreekt goed Engels. We zitten te praten over een aantal wijken in Bagdad en hoe de stad de laatste twee jaar is veranderd, als de neef zijn broekspijpen optrekt en zijn scheenbenen begint te masseren. 'Neem me niet kwalijk, maar 's avonds doen de littekens nog steeds pijn,' zegt hij. Na een korte zijdelingse blik op zijn dochters, die echter niet luisteren omdat ze geen Engels verstaan, vervolgt hij: 'Ik ben vijf maanden geleden in Bagdad ontvoerd. Ze hebben mijn benen gebroken en bovendien heb ik drie schedelbasisfracturen.' Met een voorzichtige handbeweging strijkt hij over zijn hoofd, alsof hij niet kan geloven dat hij nog of weer heel is. 'Ze wilden me vermoorden omdat ze niet geloofden dat ik zou betalen.' Vijfduizend dollar, een aanbetaling op het geëiste losgeld, bracht hen op het laatste moment op andere gedachten. Voor honderdtienduizend dollar kocht zijn familie hem uiteindelijk vrij, de ontvoerders waren nauwkeurig van hun financiële situatie op de hoogte, wisten precies wat voor zaken hij doet, welke winkels van hem zijn. 'Op een keer hield een van de ontvoerders de telefoon voor mijn gezicht en zei: "Hier, de politie. Wil je met ze praten? Dertigduizend dollar van het losgeld is voor hen."' Het enige wat hem in leven had gehouden, was de gedachte aan zijn dochtertjes geweest, de jongste zes, de oudste twaalf. Zijn vrouw was twee jaar eerder aan borstkanker gestorven, als ze hem hadden vermoord hadden de ontvoerders hen tot volle wezen gemaakt.

'Dan werkt u nu zeker hier in Khanakin?'

'Nee, ik ga nog steeds naar Bagdad. Wat moet ik anders? Mijn zaken zijn daar en als ik me er niet zelf mee bezighoud, gaat het allemaal naar de haaien. Maar ik rij niet meer met mijn auto, die zwarte Mercedes valt te veel op. Ik neem een gewone taxi.'

De volgende dag rijden Niaz en ik terug naar Sulaimania. De hele familie verzamelt zich voor de poort van het witte huisje om ons na te zwaaien. Terwijl wij van iedereen afscheid nemen, verdwijnt Niaz' moeder nog even het huis in. Met een hand achter haar rug komt ze weer naar buiten. We stappen in, rijden weg, ik draai me om om te wuiven en zie nog net hoe zijn moeder uit een groot glas een golf water achter ons op de straat plenst, precies op de sporen die onze banden in het stof hebben achtergelaten.

'Wat was dat?' vraag ik Niaz.

'Ze wast onze sporen van de straat, zodat de duivel ons niet kan volgen. Dat moet geluk brengen en een veilige reis garanderen.' Dat vind ik leuk. In Irak zijn er veel te veel duivels die iemand om de uiteenlopendste redenen willen achtervolgen. Daarom lijkt het rituele uitwissen van onze sporen me een goed idee. 'Dank u wel!' mompel ik zachtjes, terwijl ik me verheug op de rit terug naar de bergen.

In avondjurk naar de politie

De aankomst van Leila en Ammar op onze journalistenschool is een kleine sensatie. Haast overal vandaan hebben we al studenten gehad: uit Ramadi, dat regelmatig wegens gevechten tussen opstandelingen en het Amerikaanse leger op de voorpagina's staat, uit Hawija, een brandpunt in de soennitische driehoek, uit Mosul, uit het verre Basra, uit de sjiietenvestingen Najaf en Karbala, uit Hilla in de beruchte doodsdriehoek ten zuiden van Bagdad en natuurlijk uit Bagdad zelf.

Maar Leila en Ammar komen uit Falluja, een primeur voor ons. Een echtpaar, zij duidelijk jonger dan hij, voor zover we kunnen zien – want zij komt, nog een primeur, volledig gesluierd naar de les. Alleen haar ogen kunnen we zien.

Onze Koerden in het team zijn in alle staten. Geheel gesluierde vrouwen zie je in Sulaimania bijna nooit, ik heb er in acht maanden niet een gezien. 'Zou ze onder die sluier soms erg lelijk zijn?' vraagt onze chef logistiek, Dana, zich verwonderd af. 'Nee, dat kan niet. Heb je haar prachtige ogen gezien?' antwoordt vertaler Alan. En ik denk dat Leila precies het tegenovergestelde heeft bereikt van wat de bedoeling was: ze trekt juist de aandacht van de mannen. Over geen van de andere vrouwen van de radiocursus praten de mannen zoveel als over Leila.

Ik geef toe: ook ik ben gefascineerd. Gezien heb ik van top tot teen gesluierde vrouwen wel vaker, in Koeweit, in Iran, in Jordanië, in Londen, zelfs in Duitsland. Maar dat waren altijd vluchtige ontmoetingen, zonder wisselwerking. We liepen op straat langs elkaar heen, kwamen elkaar tegen in een warenhuis of in de vertreklounge op het vliegveld. Nog nooit had ik naast een geheel gesluierde vrouw in een restaurant gezeten, nog nooit met een gepraat.

In het begin voel ik me, voelen we ons allemaal een beetje opgelaten. Eigenlijk geven Jessica en Ayub deze radiocursus, maar omdat ze met enige vertraging terugkomen van hun reis met studentes naar de VS, val ik de eerste dag in. Het is vreemd, alleen met een paar ogen te communiceren – en ook weer niet, omdat ik vanwege de taalbarrière per definitie meer oogcontact maak dan anders. In het restaurant probeer ik niet steeds te kijken hoe Leila het klaarspeelt haar salade en haar lamsvlees te eten, hoewel ik natuurlijk brand van nieuwsgierigheid. Voor elke hap tilt ze het doek voor haar gezicht een beetje op, net genoeg om de vork naar haar mond te brengen, maar zonder dat je de mond ziet. Dan laat ze de sluier weer vallen tot de volgende hap. Zou ze in Falluja wel eens uit eten gaan?

Gelukkig hebben we voor het kennismakingsdiner een gelegenheid met een aparte familieruimte uitgekozen, maar desondanks was het gezamenlijke etentje bijna niet doorgegaan, omdat buiten boven de deur 'Restaurant en bar' staat. Het bord was me eerder nooit opgevallen. Ammar zegt dat hij niet met zijn vrouw naar een bar gaat. Pas als ik hem onze tafel in de familieruimte laat zien, stemt hij toe.

Ook de kelners vergeten van pure nieuwsgierigheid de andere gasten bijna, en hangen voortdurend bij onze tafel rond. Pas als Ammar ze eens lelijk aankijkt, druipen ze af.

Na een paar dagen zijn we aan Leila's sluier gewend en ook het paar ontspant. De eerste dag had Leila, toen ik haar iets over het dagelijks leven in Falluja vroeg, geantwoord: 'Daar kan mijn man beter antwoord op geven.' Ook later praat ze niet veel in de les, maar ze luistert altijd aandachtig en in de pauzes zie ik haar steeds vaker diep in gesprek met de andere vrouwen.

Ammar heeft al enige ervaring als journalist. Vanuit Falluja, dat voor de buitenlandse pers nauwelijks nog toegankelijk is, werkt hij voor nieuwsagentschappen en kranten. Hij heeft het journalistenvak echter nooit geleerd en zuigt enthousiast alles op wat hij van Jessica, Ayub en mij hoort. Ook de discussies met de Irakezen uit de andere delen van het land, vooral met Koerden, en met Amerikanen – ondenkbaar waar hij vandaan komt! – fascineren hem.

Het tweetal begint juist te acclimatiseren, als de dag van Ferhads bruiloft aanbreekt.

Na een lange zoektocht had Ferhad, een van onze vertalers, die niet bij ons in huis maar nog bij zijn ouders woont, eindelijk een betaalbaar huis voor zichzelf en zijn verloofde gevonden. Omdat Koerdistan de enige regio in Irak is waar ontvoeringen en aanslagen niet alle bouwprojecten en investeringen blokkeren, zijn in Sulaimania en Arbil de onroerendgoedprijzen omhooggeschoten. Daarbij komen speculatie, corruptie, het nepotisme van de partijen, zwendelpraktijken bij grondbezit, kortom: voor de gemiddelde Koerd worden huizen, koop of huur, steeds onbetaalbaarder. Maar zonder een eigen huis wilde Ferhad niet trouwen, het risico levenslang met zijn of haar ouders te moeten samenwonen, was gewoon te groot. Week na week hoorden we zijn berichten over de woningmarkt in Sulaimania aan, vernamen stomverbaasd dat een bouwval in de Salemstraat, de grote oost-west-as door de stad, voor meer dan drie miljoen dollar was verkocht, en hoorden over andere vruchten van het pas ontwaakte kapitalisme à la Koerdistan. Toen eindelijk het goede nieuws: er is een huis gevonden, klein, maar betaalbaar. Niets staat de bruiloft meer in de weg en Ferhad heeft het hele IWPR-kantoor uitgenodigd.

'Wat trek jij aan, Jessica?' roep ik over de gang, wanneer ik wanhopig voor mijn kledingkast sta. Mijn eerste Koerdische bruiloft, ik heb geen idee van de kledingvoorschriften. Zijn blote schouders toegestaan? Een split in je rok? Een decolleté, en zo ja, hoe diep? Ik wil niet onfatsoenlijk verschijnen, maar ook niet als een boerentrien. Op de bruiloft waar ik een jaar eerder was uitgenodigd, droegen de vrouwen zulke gewaagde kleren, dat ik me in mijn zwarte cocktailjurkje net Assepoester voelde.

We vragen het Mariwan. Jessica laat hem een outfit zien. 'Neeee,' zegt Mariwan spontaan, waarvoor Tiare – naar eigen zeggen: 'Ik ben een Feministe, met een hoofdletter!' – hem onmiddellijk op zijn vingers tikt: 'Je moet haar aanmoedigen, niet ontmoedigen!'

'Jullie vroegen mijn mening,' antwoordt Mariwan beledigd. Bepaalde gesprekken tussen man en vrouw zijn gewoon universeel, los van tijd en ruimte.

'Vertel ons dan op z'n minst wat de mensen hier naar een bruiloft aantrekken.'

'Dingen uit de bazaar.'

'En iets nauwkeuriger?'

'Van alles.'

'Zwart?'

'Ja.'

'Maar tegen mij zei een vriend dat de vrouwen zich nogal kleurig kleden.'

'Kleurig ook, alles kan, zwart, kleur, jullie zullen het wel zien.'

'...'

Tiare komt haar kamer uit in een lange rok, haar nieuwste aanwinst uit Californië.

'Ik geloof dat je hem verkeerd om aan hebt,' zegt Mariwan. 'Alle naden zijn te zien.'

'Dat hoort zo!' antwoordt Tiare, licht geïrriteerd. 'Dat is mode.'

'Aha.' Mariwan gaat naar zijn kamer.

Ik vertel Tiare dat in Iran een binnenstebuiten gedragen chador het kenmerk voor prostituees is. Ze kleedt zich meteen om.

Ik kies een hooggesloten, maar zeer elegant zwart jasje met een opstaande boord en bonte borduursels, dat ik in Istanbul heb gekocht. Dat moet qua cultureel milieu toch zo'n beetje passen. Erbij een rode zijden rok en met kraaltjes bezette zwarte pumps met hoge hakken. Ik ben juist mijn wimpers aan het opmaken als ik Jessica op de gang hard hoor praten, kennelijk aan de telefoon.

'Ja, dat zijn mijn studenten.' Pauze. Vermoedelijk omdat degene aan de andere kant van de lijn iets zegt.

'Ja, sir, ze is gesluierd. Is dat een probleem voor u?'

O jee, Leila! Wat is er gebeurd? En hoezo 'sir'? Met wie spreekt Jessica?

'Nee, sir, we komen meteen langs. We zijn over tien minuten bij u.'

'Wat is er aan de hand?' vraag ik. 'Ze hebben Ammar en Leila gearresteerd en naar de Asayish gebracht. Ik heb gezegd dat we meteen komen.' We halen Mariwan, sturen Tiare vast vooruit naar de bruiloft om de anderen te zeggen dat we later komen en rijden met Akram naar het bureau van de veiligheidspolitie aan de andere kant van de stad.

Tot op de dag van vandaag spijt het me dat we geen foto's hebben van wat zich op het politiebureau afspeelde. Graag had ik de gebeurtenissen nog een keer vanuit het perspectief van een toeschouwer willen bekijken.

Opkomst Jessica, Mariwan en Susanne: in piekfijne avondkleding stommelen we een totaal doorrookt en vies hoofdbureau van de veiligheidspolitie binnen.

Toneelbeeld: op een roestig veldbed zitten drie groezelige mannen, politiemensen misschien of criminelen, ze roken en zitten te praten, nog meer mannen staan eromheen, de baas van allemaal lijkt echter de eveneens rokende man met grote snor achter het gammele bureau te zijn, die onophoudelijk met een oude bakelieten hoorn tegen zijn oor schijnbaar belangrijke gesprekken voert. Onze binnenkomst negeert hij eerst.

De hoofdpersonen: Ammar staat, Leila zit voor het bureau van de politiebaas, hij heel rustig, zij verlegen, weet niet waar ze moet kijken. De mannen in de kamer staren schaamteloos naar haar. Ik geloof haast dat ik haar onder haar sluier zie blozen. Haar handen, zedig met zwarte handschoenen bedekt, heeft ze ineengevouwen in haar schoot gelegd.

Handeling: Jessica en ik, vol opgemaakt, met strakke rokjes en hoge hakken, gaan naast de van top tot teen gesluierde Leila staan. Geen van ons past in dit morsige kantoor en we passen ook niet bij elkaar, die opgetutte buitenlandsen en de geheel gesluierde moslima. Samen moeten we eruitzien als een verschijning die vanuit een de beambten niet uit te leggen wereld over het politiebureau is gekomen.

Wat hebben de Amerikaanse en de Duitse met het bijzondere paar uit Falluja te maken? Helaas vinden de mannen, in tegenstelling tot ons, onze aanwezigheid nogal amusant, een beetje afwisseling in hun treurige dagelijkse politiebestaan, en dus heeft niemand haast om van ons af te komen.

Jessica en ik praten vriendelijk maar beslist in op de politiechef, die geen aanstalten maakt om de hoorn van de telefoon ook maar een moment opzij te leggen. Ik voel me kwaad worden. Maar met schreeuwen komen we hier geen stap verder. Eindelijk, na een kleine eeuwigheid, steekt hij met provocerende verveeldheid de volgende sigaret op en luistert naar ons. We herhalen wat Jessica al aan de telefoon heeft gezegd: wie we zijn, wat we hier doen, dat dit onze studenten zijn en wij voor hen garant staan. 'Ja, ja, geen probleem, u kunt ze meteen meenemen, het was allemaal een misverstand. Bij ons komt dat niet voor.' Hij maakt een hoofdbeweging in Leila's richting, een gebaar dat Jessica witheet maakt. Ze wil juist flink van leer gaan trekken, maar Ammar houdt haar tegen: 'Het is al goed, Jessica, laten we gaan.'

Afgang Ammar, Leila, Mariwan, Jessica en Susanne, einde van het minidrama.

Buiten spuit Jessica haar woede. 'Wat heeft dat te betekenen: Bij ons komt dat niet voor. Natuurlijk komt dat voor. De vrouw van Barzani, die toch president van de Koerdische regionale regering is, draagt een *kheli*, een gezichtssluier. Alle vrouwen in haar clan. Maar niemand heeft ze ooit in het openbaar gezien, ze mogen niet eens buiten de deur!' We laten Ammar en Leila eerst eens vertellen wat er eigenlijk is gebeurd. Ammar was met Leila aan het eten bij 'MaDonald', een liefdevol vormgegeven kopie van McDonald's, vlak om de hoek bij onze school, met een zelf geschilderde Ronald in de etalage, vette frites en een Koerdische versie van de Big Mac op de kaart. Paul Bremer, de baas van de Amerikaanse overgangsregering, die in Bagdad na de val van Saddam de zaak bestuurde, schijnt er hoogstpersoonlijk een keer te zijn geweest. 'Dat kan niet,' moet hij de eigenaar, een uit Zweden teruggekeerde migrant, hebben gewaarschuwd. 'Jullie kunnen niet zomaar een logo en een naam imiteren! Irak is nu een democratie, jullie moeten het copyright respecteren.' Waarop de McDonald's-epigoon de Amerikaanse stadhouder een deal moet hebben aangeboden: 'Zodra jullie Osama bin Laden hebben gevangen, sluit ik mijn zaak.'

Toen Ammar en Leila de zaak verlieten, kwam er een politieman naar ze toe en vroeg naar hun paspoorten, in het Koerdisch, wat ze niet verstonden. Ze antwoordden in het Arabisch, probeerden uit te leggen dat ze van de journalistenschool om de hoek waren, wat de politieman op zijn beurt niet verstond, omdat hij alleen Koerdisch sprak. Ze toonden hem hun paspoorten, omdat ze dachten dat dat was wat hij wilde zien, maar dat maakte alles alleen maar erger. Toen de politieman het woord Falluja zag, kreeg hij bijna een hartaanval: 'Terroristen!' schoot er door zijn gedachten. In paniek riep hij er een collega bij en samen brachten ze het tweetal naar het politiebureau.

'Hebben jullie ooit gehoord van een terrorist die zijn geheel gesluierde vrouw meebrengt om zo veel mogelijk aandacht te trekken?' vraagt Jessica. 'Logisch denken is niet het sterkste punt van de politie hier,' antwoord ik. 'Toen mijn ex-vriend en ik op de terugweg uit Bagdad een paar dagen in Sulaimania bleven, werd onze auto – met Duits kenteken! – weggesleept, omdat ze vanwege al die bagage bang waren dat die vol explosieven zat. En weet je waar ze de auto die ze voor een bom aanzagen, naartoe sleepten? Naar het politiebureau, vlak voor het raam van de generaal!'

Mariwan vertaalt de kleine anekdote voor Ammar en Leila en ze lachen. 'Het spijt me zo,' zegt Jessica telkens weer, maar Ammar en Leila zijn veel minder van slag dan zij. 'Zit er niet over in, Jessica,' zegt Ammar. 'Dat is mijn leven. Ik kom uit Falluja.'

We brengen de twee naar hun pension, nemen afscheid en gaan

verlaat naar Ferhads bruiloft. Nog net op tijd om de bruid en bruidegom de feestzaal te zien binnenkomen.

En wat dragen de andere gasten, vooral de vrouwen, op het feest? De oudere overwegend klassieke Koerdische feestgewaden, veel stof in felle kleuren, die de vrouw van de hals tot op de enkels omhult. Maar de jongeren tonen vrijmoedig schouders en decolleté; bij hen vergeleken zijn wij eerder conservatief gekleed, maar dat komt wel overeen met onze gedrukte stemming. Een bruisende feeststemming krijgen we die avond niet meer te pakken.

De bruid ziet er ernstig uit, terwijl wij weten dat het, wat niet vanzelfsprekend is, een huwelijk uit liefde is en dat hij en zij lang op dit ogenblik hebben gewacht. Telkens sporen de andere gasten ons aan om aan te sluiten in de rijdans die dwars door de zaal schuift. Maar ik heb geen zin.

Het is niet eerlijk tegenover Ferhad, want aan de belediging die Ammar en Leila is overkomen, heeft hij geen schuld. Maar soms ontvlamt een latent gevoel nu eenmaal door een toevallige vonk en laait op zonder dat ik er veel aan kan doen. En wie heeft het talent van de opwindvogel uit Murakami's gelijknamige roman? Als hem iets vervelends overkwam, vroor hij zijn gevoelens gewoon in. Als hij ze later weer ontdooide, was de opwinding meestal over. 'De tijd onteemt de meeste dingen hun gif en maakt ze onschuldig.'

Mij lukt dat niet. Zo goed als nooit, en vandaag al helemaal niet. Plotseling lijkt zelfs de onschuldige Koerdische dans, waarbij iedereen elkaar een hand geeft, mooi op de maat schouders op en schouders neer, niemand uit het gelid alstublieft, een symbool voor de heersende eis van conformiteit. Anders-zijn, zelfs in de vorm van een meer dan gemiddelde traditionaliteit zoals bij Ammar en Leila, is ongewenst, bevreemdt, leidt door twijfel tot narigheid. Goed, het stel is 'maar' gearresteerd, en dat maar even. In Falluja wordt wie opvalt niet aangestaard of naar de politie gebracht, maar meteen onthoofd of doodgeschoten.

Toch brengt het incident onverwacht alle irritaties naar boven die zich in de loop der maanden hebben opgehoopt. Wat ik anders vaak als een licht onbehagen waarneem, een onbestemd gevoel zonder richting en bestemming, kan ik nu nauwkeuriger benoemen: wat me stoort, is de druk van de verwachting dat iedereen hetzelfde doet als de anderen, alsof er maar één manier van leven mogelijk is. Zijwegen uitgesloten. Alleen al de reacties op het feit dat ik geen kinderen heb. De medelijdende blikken, het onvermijdelijke *Insjah 'Allah* met hemelwaartse blik. Mijn tegenwerping dat ik als moeder waarschijnlijk niet hier zou zijn om Iraakse journalisten op te leiden, begrijpen de meesten wel. Maar het gevoel blijft dat ik me onttrek aan mijn bestemming als vrouw. Nee, ik ben vanavond niet in de stemming voor een groot Koerdisch gezelschap, ik wil naar huis. Jessica en Tiare ook.

Gelukkig bestoken de uitgebreide familie en vrienden het bruidpaar zo intensief, dat ons vertrek nauwelijks opvalt. Thuis glippen we uit onze feestkledij en laten ons in een joggingpak op de gele bank vallen. Met de afstandsbediening zappen we per satelliet naar Amerika. Detectiveseries, praatshows, suffe comedy's, maakt niet uit. Maar alsjeblieft niet iets Koerdisch of Iraaks meer vannacht.

Alien – over vreemd-zijn

Met de Arabische les is het niets geworden. Desondanks wordt Niaz mijn leraar, of liever gezegd, mijn gids door de doolhof van Koerdisch reilen en zeilen. Mijn tolk in kleine dingen. Vierentwintig jaar Europa heeft ervoor gezorgd dat zijn geboorteland hem vreemd genoeg is geworden om het regelmatig met mijn ogen te kunnen zien. Maar in tegenstelling tot mij kent hij ook de andere kant, weet hij hoe het zit met de Koerdische mentaliteit, gebruiken, angsten en vooroordelen en kan hij mij gebaren, blikken en woorden verklaren die ik alleen maar verbazingwekkend vind.

Het openlijk staren bijvoorbeeld, zodra ik de straat op ga. Iedereen, man of vrouw, kijkt naar me. Niet vijandig, de blikken jagen geen angst aan. Het is alleen maar nieuwsgierigheid, niet gehinderd door schaamte of discretie.

Als ik alleen onderweg ben, loop ik bijna blindelings hard op mijn doel af, de paren ogen die me volgen bewust negerend. Omdat ik genoeg heb van die blikken en omdat waarschijnlijk geen mens het op den duur verdraagt zich net een groengestippelde zebra met verlof te voelen.

Ik vind mezelf dan ook niet zo anders.

Inderdaad, ik heb blond haar en blauwe ogen, en de Koerdische vrouwen zijn voor 98 procent donker. Qua lengte steek ik met mijn 1,72 meter niet alleen boven de meeste vrouwen, maar ook boven veel mannen uit. Maar alles bij elkaar toch geen wezen van een andere planeet. Twee ogen heb ik, een mond, twee benen, twee armen, ik draag onopvallende kleding, toon geen blote huid, ben duidelijk bescheidener opgemaakt dan de vrouwen van hier en toch kan ik niet onopgemerkt over straat.

Misschien zou een hoofddoek helpen. Maar ik wil me niet verkleden; undercover zou ik me onecht voelen en overaangepast. Des te meer omdat in Sulaimania maar heel weinig vrouwen een hoofddoek dragen.

'Vergeet het maar,' stelt Niaz mijn zelfbeeld bij. 'Al vind je jezelf niet zoveel anders: je bent en blijft een alien, een wezen uit een andere wereld.' Ook hij, lang haar, stoere leren jas, past niet in het straatje van de Koerdische normen. Als we samen op stap zijn, worden we vaak voor twee buitenlanders aangezien tot het moment waarop hij tot ieders verbazing iets in het Koerdisch zegt.

Met Niaz aan mijn zijde begin ik weer uit te gaan.

We gaan 's middags in de lobby van Hotel Ashti theedrinken – daar lijkt het nog het meest op wat we in Europa onder een café verstaan – en spelen Who is Who in Koerdistan: die met dat lange witte haar? Een beroemde zanger, wiens vrouw pas is overleden en vanuit Zweden overgebracht om in haar geboortegrond te worden begraven. En die naast hem? De minister van Cultuur, nog wel, want straks bij de parlementsverkiezingen op 15 december durft hij niet openlijk op de heersende PUK te stemmen. Het snelle einde van een carrière. En die? Een professor in de filosofie, die eigenlijk college gaf in Arbil, tot hij een essay schreef over verborgen homoseksualiteit in Koerdistan, dat tot een schandaal leidde; kort daarna werd hij 's nachts wakker van een brandlucht: in zijn bibliotheek was door onbekende oorzaak brand uitgebroken. Sindsdien leeft en doceert hij in Sulaimania.

Aan het tafeltje naast ons een schrijver, daar een schilder, een filmregisseur, een actrice. Een bontere schaar dan ik vermoedde. Niaz, zelf kunstenaar en docent aan de universiteit van Sulaimania, kent bijna alle schilders, galeriehouders en musici van betekenis. Een kleine scene weliswaar, maar toch: in souterrains, omgebouwde fabrieksbarakken en op binnenplaatsen ontdek ik een mij tot dan toe onbekend Koerdistan, met vernissages, theaterpremières, concerten. Geen vervanging voor het stadsleven thuis, maar toch een lichtpuntje.

Zo maak ik kennis met zijn vrienden, velen van hen remigranten of remigranten op proef, net als hij. Ze zien hun vaderland na meer dan twintig jaar ballingschap voor het eerst terug, hebben allang Duitse, Engelse, Deense paspoorten en kinderen die in de ziekenhuizen van Londen, Passau, Kopenhagen ter wereld zijn gekomen.

Op een avond zitten we met ons negenen rond een keukentafel, vier vrouwen en vijf mannen, bij kaarslicht, omdat de stroom weer eens is uitgevallen en niemand zin heeft in het geronk van de generator. Bij vis en bier meandert de conversatie tussen de voor- en nadelen van het Engelse schoolsysteem, de psychische nawerking van de massaverdrijvingen uit Koerdische dorpen in de jaren tachtig en geruchten over kiesfraude bij het Iraakse referendum over de grondwet. Net zo vaak en snel als de onderwerpen wisselen de talen elkaar af. Alsof we niet in een keuken in Koerdistan zitten, maar in de kantine van het Europese Parlement, gonzen de talen door elkaar heen. Alleen het Koerdisch, waarop ze steeds weer overgaan, herinnert aan waar we zijn.

Nieuwe verhalen gaan rond de tafel, nu uit de jaren waarin de mannen onder de gasten als peshmerga's in de bergen leefden; herinneringen aan een gemeenschappelijke tijd in diverse gevangenissen, aan avontuurlijke voettochten over besneeuwd gebergte. Ik kom te weten dat Niaz in de winter van 1982 te voet over de bergen naar Iran vluchtte en daar bijna als spion was doodgeschoten, omdat niemand zijn krachttoer wilde geloven; volgens alle menselijke logica had hij onderweg moeten bevriezen. En er heerste tenslotte oorlog tussen Iran en Irak. In het interneringskamp ten noorden van Teheran, waarheen hij uiteindelijk werd gebracht, ontmoette hij vrienden uit Sulaimania; een van hen zit vanavond eveneens aan tafel. Ongeveer zo stel ik me de ontmoetingen van mijn vader met de enige nog levende vriend uit zijn tijd als oorlogsgevangene in Rusland voor.

'Weet je nog...'

'... hoe we van alles wat we te pakken konden krijgen kunstwerken maakten?'

'Beelden van zeep, draad, stukjes stof en veters.'

'De bewakers pakten het altijd af...'

'... maar we vonden altijd weer nieuw materiaal.'

Dan haalt in de kaarsverlichte keuken het heden de gedeelde herinneringen weer in. Hij keert volgende maand terug naar Engeland, kondigt een van de gasten aan. Hij heeft zijn buik vol van de kliekjesgeest, de corruptie, de heersende middelmaat en heeft zijn droom van een nieuw begin in zijn oude vaderland opgegeven.

Met grote verwachtingen en stekende heimwee in hun bagage waren ze teruggekomen. Maar als ik ze ontmoet, zijn de meesten al ontnuchterd. Gedesillusioneerd. Jullie ook met jullie ideeën uit... Duitsland, Engeland, Denemarken! krijgen ze te horen, wanneer ze op hun terrein – instantie, zaak, faculteit – iets willen veranderen. En voelen zich algauw net Don Quichotte tegen wil en dank: strijder tegen windmolens, terwijl ze toch willen helpen. In den vreemde hadden ze van het ogenblik van terugkeer gedroomd, zich voorgesteld hoe ze vanwege hun beslissing terug te komen zouden worden gerespecteerd en beloond. In plaats daarvan: weerstand en afwijzing.

Angst om hun eigen positie, onwillekeurige verdediging van hun eigen levensprestatie, jaloezie, met hun hoofd begrijpen de teruggekeerden wat er achter de afwijzing zit. Maar in hun buik zijn ze teleurgesteld. En 'thuis' is nu eenmaal op de eerste plaats een buikgevoel.

'Op een bepaalde manier zijn jullie hier net zozeer vreemden als ik,' stel ik verwonderd vast.

'Met één verschil,' zegt Niaz. 'Jij bent hier misschien een alien, maar jij weet waar je vaderland ligt en kunt op elk moment terug. Maar als wij constateren dat we hier niet meer kunnen leven – waar horen we dan?'

Formeel zijn ze allemaal Europeaan. En als zodanig worden ze hier in Koerdistan ook gestigmatiseerd: geen echte Koerden meer, niet een van ons.

Hetzelfde gevoel geven wij ze echter in Europa: niet een van ons. Het paspoort alleen garandeert geen acceptatie.

'Je gelooft niet hoe ons leven in Europa na 11 september 2001 is veranderd,' zegt Niaz. Steeds vaker kreeg hij in bars en kroegen te horen: 'Jij komt er hier niet in!' Op de openbare weg is hij uitgescholden voor 'terrorist' – niet eens op het Deense platteland, maar in Kopenhagen, de hoofdstad. 'Het doet er niet toe waar je vandaan komt en hoe lang je al in Europa woont, of je vloeiend Deens spreekt en als hoogleraar lesgeeft aan de universiteit: met zwart haar en een donkere huid blijf je de *bad guy*.' Ik zou er graag tegenin willen gaan en hem willen verzekeren dat dat in Duitsland heel anders is. Maar kan ik dat? Ons buurland Denemarken is, zoals ik nu dus in Irak leer, beslist een uitzondering in Europa, met een door de regering gesanctioneerde vreemdelingenhaat, waarvoor het eigenlijk voor het Europese Gerechtshof gedaagd zou moeten worden. Maar met Niaz naar Brandenburg reizen? Naar Usedom? Daar moest ik, ook al ben ik blond met blauwe ogen, alleen al vanwege mijn Hamburgse kentekenplaat op de auto vluchten voor met baseballknuppels zwaaiende skinheads. Wat een relatief begrip: vreemdeling.

Op z'n laatst na de zelfmoordaanslag op de Londense metro in juli 2005 was het Niaz duidelijk dat zijn leven in Denemarken, vermoedelijk in heel Europa, voortaan altijd in de schaduw van het terrorisme zou staan. Een van de redenen waarom hij wilde uitproberen in hoeverre hij en zijn oude vaderland nog bij elkaar passen. 'Ik heb geen zin meer om uit te leggen dat niet iedere moslim een terrorist is en de islam niet per se een bloeddorstige godsdienst. Ik geloof zelf niet eens in God!'

In elk geval ziet niemand in Irak mij voor een terroriste aan – hoewel er inmiddels Duitse vrouwen zijn die op internet aankondigen dat ze als godsdienststrijdsters naar Irak willen gaan en zichzelf daar willen opblazen. Mijn anders-zijn maakt me op kleinere schaal toch nerveus. De verkoper in de supermarkt bijvoorbeeld, tegen wie ik wil uitvallen omdat hij een eeuwigheid nodig heeft voor een kleine afrekening: drie dvd's à 4200 dinar bij elkaar optellen kan toch niet zo moeilijk zijn. Niaz houdt me tegen. 'Je bent vast en zeker de eerste blonde vrouw die in levenden lijve voor hem staat. Zie je niet hoe zenuwachtig hij is? Laat mij maar.' Ik stap opzij, Niaz neemt in het Koerdisch het gesprek over en plotseling gaat alles heel snel.

Mijn aanwezigheid maakt de mensen onzeker. Hoe moet je tegen zo iemand praten? Wat op zijn beurt mij weer onzeker maakt. Waarom praat niemand met me, stelt haast niemand vragen, is niemand nieuwsgierig naar mijn wereld? Niaz zou altijd kunnen vertalen. 'Je bezoek was een grote eer voor ze,' troost hij me na een bezoek aan familie in het dorp. 'Anders hadden ze heus geen schaap alleen voor ons geslacht. Maar ze weten niet hoe ze met je moeten omgaan, wat gepast is in een gesprek met een Europese. Voor ze je beledigen of verlegen maken, vragen ze maar liever niets.'

Natuurlijk, de schaamte. Waar mag je over praten, waarover niet? Een nog niet door de globalisering aangeraakt reservaat van nationale eigenheid.

Bijvoorbeeld gevoelens. Irritatie, boosheid, teleurstelling huizen, anders dan bij ons, bijna volledig in het verborgene. Wie ergens boos over is of mort, zegt en – nog erger – toont dat niet. Wat het voor ons vaak moeilijk maakt conflicten juist in te schatten. 'Waarom heb je me geen excuses aangeboden?' klaagde Mariwan in een ongewone daad van zelfoverwinning een keer tegen Jessica na een ruzie die zij helemaal niet als ruzie had ervaren. 'Hoezo excuses? Ik wist niet eens dat je boos was. Op mij kwam je niet anders over dan anders.'

Hoe moet je reageren op boosheid die niet wordt getoond? Die in stilte opwelt als een onderaardse bron, net zolang tot die met een klap naar buiten breekt? In het verzet tegen Saddam, waar je voor elk woord te veel, een onbedachte trek met je mondhoek, kon worden opgepakt en gemarteld, hielp het zeker als je ieder moment sluiswachter van je gevoelens was. Maar zo dagelijks onder elkaar, onder vrienden, collega's, huisgenoten? Jessica, Tiare en ik houden er niet van naar 'Wat is er aan de hand?' te raden, maar we leren: met ons alternatief van rechtstreeks vragen komen we niet ver. Alles prima, geen probleem: zodra je het aansnijdt, verdwijnt het conflict achter een mistgordijn van sussende ontkenning.

Onze taboes worden daarentegen breed uitgemeten. Met het grootste gemak vergelijken onze Koerdische collega's hun salarissen; van de financieel directeur tot de chauffeur weet iedereen wat een ander verdient. Wat hij in zijn vorige baan verdiende en wat zijn vrouw, vader en schoonvader verdienen. Vreemd is ook het graag in brede kring gevoerde onderzoek of men is afgevallen – of, onaangenamer nog – aangekomen. Rekening- en kilosaldi, in Koerdistan geen reden om discreet te zijn.

Ook de dood komt luid en openlijk.

Op een ochtend word ik wakker van een schreeuw die door merg en been gaat. Een langgerekt huilen eerst, vervolgens een tweede stem, een derde, ten slotte klaagt een heel vrouwenkoor, vastbesloten de stad met een lied van wanhoop te wekken. In het huis tegenover is een oudere man overleden, na een lang ziekbed, niet onverwacht. In Koerdistan sterven de mensen nog thuis, niet op de intensive care, in het hospice of het bejaardentehuis. Beter? Humaner? In elk geval directer, de dood en de rituelen die volgen vinden recht voor onze huisdeur plaats. Nog geen twee uur na de klaagzang drommen in ons straatje de auto's van de condoleancebezoekers, stromen familie, vrienden, bekenden en buren van de overledene naar het huis met de zwarte rouwband. De islam schrijft voor dat de begrafenis nog dezelfde dag moet plaatsvinden, en dus wordt de dode een paar uur na het uitblazen van zijn laatste adem naar zijn graf gebracht. Ik heb het gevoel of ik in de bioscoop zit, vermoedelijk omdat je zoiets in het echte leven niet ziet in Duitsland, in elk geval niet in de grote stad: lijkdragers die het slechts in een witte doek gehulde lichaam het huis uit dragen, het op de open laadvloer van een bestelbus in een metalen mand leggen en naar de lijkenwasser vervoeren. Maar daarmee is de dood en zijn verbeelding geenszins naar het kerkhof verdwenen. Drie volle dagen gaat het huis van onze buren gebukt onder liefdevolle belegering. Eerst komen de mannen, dan de vrouwen. De scheiding der geslachten houdt over de dood heen stand.

'Mijn familie heeft dat al twee keer voor mij doorgemaakt,' zegt Shirwan, die plotseling naast me staat als ik vanuit onze poort naar het gewoel aan de overkant sta te kijken. Ik heb hem niet horen aankomen, niemand kan zo geluidloos aan komen sluipen als onze veiligheidschef. 'Twee keer hebben ze me doodverklaard, twee keer kwamen familie en vrienden bij elkaar om me te bewenen.' Hij steekt een sigaret op, eigenlijk rookt hij bijna altijd.

Hij heeft een paar jaar als peshmerga gevochten, dat wist ik, maar geen details. Dood gewaand? Twee keer zelfs? 'Je loopt niet alleen als een kat, je hebt ook de beroemde zeven levens, of niet soms?' Hij lacht. 'Tweemaal dood gewaand, tweemaal ter dood veroordeeld, één keer ontsnapt aan een poging tot moord, dan zijn er nog twee over. In elk geval!'

Weer een leven als een roman, tussen neus en lippen door verteld bij een sigaret aan de poort. Onze stille Shirwan, die behalve de bewakers ook onze financiën beheert, met het voor een boekhouder onmisbare geduld voor het detail. Tot laat in de nacht sorteert hij kwitanties, corrigeert tabellen, raamt het budget – wat voor een avonturiersbestaan heeft hij voor zijn kantoorleven geleid?

Het eerste bericht van Shirwans vermeende dood verraste zijn familie in 1987, vanuit Takieh, een dorpje circa 50 kilometer ten zuiden van Sulaimania. Een aanval van de Iraakse luchtmacht doodde veel Koerdische strijders in het dorp, waaronder ook Shirwan, was de boodschap aan zijn familie. Onmiddellijk verzamelden zich rouwgasten in het huis van zijn ouders, maar Shirwans zus stuurde er een verkenner op uit om te achterhalen wat er met Shirwan was gebeurd. Die ontdekte op eigen kracht dat Shirwan aan de aanval was ontkomen en naar een verderop gelegen dorp was gevlucht. De rouwgasten konden naar huis.

Voor de tweede keer stierf Shirwan zogenaamd in 1988 bij een gifgasaanval op een peshmergastelling in de buurt van de grens met Iran. Hij zou zwaargewond naar het buurland zijn geëvacueerd, waar hij vermoedelijk aan zijn verwondingen was bezweken. Weer kwamen de rouwgasten, weer stuurde de zus er een verkenner op uit, die terugkeerde met de blijde boodschap: allemaal geruchten, niets van waar. Shirwan leefde, weliswaar aangeslagen door het gifgas, maar verder in goede gezondheid.

Shirwan steekt zijn volgende sigaret op. Nog steeds staan we voor de poort, nog altijd stromen de rouwgasten naar het sterfhuis. En Shirwan vertelt. Hoe hij in 1989 werd gearresteerd, toen hij terugkeerde uit een peshmergakamp in de bergen, om zijn familie, vooral zijn moeder, te bezoeken, die hem nu al tweemaal bijna had begraven, maar sinds een halve eeuwigheid niet meer levend had gezien. Toen hij de Iraakse soldaten in de gaten kreeg, kon hij een foto waarop hij met een geweer te midden van kameraden poseerde nog net weggooien; desondanks vonden ze die. Hij deed net of hij vrijwillig in hun armen was gelopen, hij had op de radio van amnestie gehoord die alle strijders die spijt hadden was beloofd en wilde zichzelf aangeven.

Maar ze brachten hem naar Bagdad, voor twee maanden naar de gevangenis in Kadhimiya, een maand na Abu Ghreib. Daar werd hij veroordeeld. Dood door de kogel. De officier die het oordeel uitsprak, raakte totaal van slag toen Shirwan niet de verwachte reactie vertoonde. 'Waarom glimlach je? Heb je me niet begrepen – je gaat dood, vandaag nog. Waarom huil je niet?'

'Wie hierheen komt, verwacht niets anders dan de dood,' herhaalt Shirwan met kalme stem zijn woorden van toen. Ik geloof hem meteen, ook al houdt de oude garde van de peshmerga graag een zekere heldenmythe in stand; alleen hun naam betekent immers al 'Die voor de dood staan'.

Als de dood een huis was, had Shirwan met één voet bij hem op de drempel gestaan en met de tweede zelfs al in de gang, klaar om zijn leven aan de kapstok te hangen. Een paar uur na de uitspraak van het vonnis liet de officier hem weer uit de cel halen. Nu was het zover, nu zouden ze hem doodschieten. Shirwan nam vanbinnen afscheid van al het aardse.

Ik kijk Shirwan van opzij aan, terwijl hij denkt aan dat moment, dat bij iedereen die dat meemaakt sporen moet nalaten. Wat vindt iemand die zo dicht bij de dood is geweest belangrijk in het leven? Ik zit aan hetzelfde bureau als Shirwan en weet dat over het beeldscherm van zijn computer de hele dag foto's dwarrelen van zijn zoontje, dat hij de naam Rosh heeft gegeven, Koerdisch voor 'dag' of 'zon'. Met vrouw en kind leeft hij in een bescheiden huisje, een paar weken geleden heeft hij een tweedehands auto gekocht, hoewel hij geen geldig rijbewijs heeft. In de Koerdische bureaucratie is daar moeilijk aan te komen, en daarom rijden veel mensen gewoon zonder. Is hij gelovig? Heeft de nabijheid van de dood hem gelovig gemaakt? Ik weet het niet. Godsdienst is een van de onderwerpen waarover we op kantoor wel vaak allemaal met elkaar in het algemeen discussiëren, maar niet zo vaak concreet en individueel. Van enkelen weet ik dat ze niet geloven, van anderen vermoed ik het, bij weer anderen, onder wie Shirwan, tast ik wat God betreft in het duister. En eigenlijk bevalt dat me wel, want het recht het eigen geloof privé te houden is in dit deel van de wereld niet geregeld.

Shirwan werd door de officier naar dezelfde ruimte gebracht waar het doodvonnis was uitgesproken. Maar in plaats van geweersalvo's hoorde hij het toverwoord: *afu,* amnestie. 'Je krijgt gratie, vanavond word je ontslagen,' zei de officier. Tot aan het moment waarop de gevangenisdeur achter hem dichtging, dacht hij dat ze hem nog een keer wreed in valse zekerheid wilden wiegen uit ergernis over zijn kalmte – en hem dan toch nog doodschieten. Maar hij werd echt vrijgelaten en mocht naar zijn familie in Sulaimania reizen. Na slechts twintig dagen werd hij opnieuw gearresteerd, deze keer als deserteur. 'Want in plaats van mijn dienstplicht bij het Iraakse leger te vervullen, was ik immers bij de peshmerga's gegaan, en daar stond natuurlijk de doodstraf op.'

Van de voltrekking werd hij deze keer gered door zijn oom en diens goede betrekkingen met een officier van de Iraakse geheime dienst in Tikrit. Langs slinkse wegen verdween Shirwans dossier; in het nieuw aangelegde werd hij als eenvoudige deserteur zonder peshmergaverleden gekwalificeerd, en niet veel later was hij vrij.

Hij heeft zijn leven aan zijn oom te danken! Nu wordt me het een en ander duidelijk. Hoe vaak had ik van Shirwan gehoord dat hij die dag niet of pas later op kantoor kon komen of eerder weg moest, omdat zijn oom hem om de een of andere dienst had gevraagd. Tot ik op een keer mijn geduld verloor en ik ertegen inging: nee, vandaag gaat het echt niet, familiebanden goed en wel, maar je werkt voor ons en niet voor je oom. Toen zag Shirwan er zo ongelukkig uit dat ik dagenlang last had van mijn geweten. Maar hoe kon ik weten dat niet de gewone Koerdische uitgebreide familiekliek Shirwan tot een loyale dienaar van zijn oom maakte? In stilte zweer ik nooit meer nee te zeggen als Shirwan nog eens tijd voor zijn oom nodig mocht hebben.

'En de poging tot moord?' vraag ik. Had die ook met zijn peshmergaverleden te maken? Had Saddam, na zijn gratie en vrijlating, een sluipmoordenaar op hem af gestuurd? 'Nee,' antwoordt Shirwan, 'dat gebeurde lang na het einde van Saddams macht in Koerdistan, in Arbil. Dat waren mensen van Barzani, het is nog niet eens zo lang geleden, een paar jaar maar.'

Waarom zouden dienaren van de Koerdische president hem naar het leven staan? Shirwan haalt zijn schouders op. 'Een misverstand? Ik weet tot op de dag van vandaag niet waarom. Maar Barzani heeft me persoonlijk zijn excuses aangeboden.' Alsof daarmee alles gezegd zou zijn over de poging tot moord, over zijn vroegere leven in het algemeen, draait hij zich om en keert terug naar zijn bureau.

Aan de overkant stromen nog steeds gasten het huis binnen. Rouwenden, die een echte dode te bewenen hebben.

Winter

Rasha ba – koude wind in zware tijd

Het woord dat in de winter de meeste heimwee bij me oproept: centrale verwarming. Dat bestaat in het land met de op een na grootste olievoorraden ter wereld namelijk niet. Ook al roept 'Irak' in de regel associaties op met palmen, warmte, woestijn: in Sulaimania wordt het 's winters flink koud. De rasha ba, de zwarte wind uit het noorden, hult de stad van november tot februari in een kleed van vorst, bedekt de omliggende bergen onder een laken van sneeuw.

Als er stroom is, zetten we straalkacheltjes neer. Maar de warmte daarvan straalt nog geen twee meter uit, en ze gebruiken natuurlijk – stroom. Een schaars goed in Irak. Het lokale alternatief heet kerosinekachel en daar griezelen wij grotestadsvrouwen uit het Westen van. Walmende, stinkende monsters, die omvallen en het huis in brand kunnen laten vliegen? Ik heb alleen al een hekel aan die kachels omdat ik ze associeer met een onder Koerdische vrouwen schrikbarend veel voorkomende zelfmoordmethode: hoe vaak hebben we niet van vrouwen gehoord die zichzelf met kerosine overgoten en aangestoken hebben. Omdat ze ongelukkig waren in hun huwelijk, het slaan van hun man niet meer verdroegen, soms was naar men zegt een ruzie met hun moeder genoeg voor de wanhoopsdaad. Het motief is moeilijk aan te wijzen: vaak voeren hun families ziekte – depressie, schizofrenie, ontoerekeningsvatbaarheid – of een ongeluk aan. Vermoedelijk een onbewuste reden waarom ik de kachels zo gevaarlijk vind, terwijl ik niet in het minst in het sprookje van de onopzettelijke zelfverbranding geloof.

'Die komen het huis niet in,' beslissen wij vrouwen unaniem, ook op kantoor willen we ze niet. Een dikke trui, warme sokken en af en toe de straalkachel – zo stellen we ons de kerosinevrije winter voor.

Onze Koerdische collega's zijn ontsteld. Dat houden jullie niet vol, voorspellen ze, jullie zullen nog wel zien hoe de winter hier is. Bij zichzelf denken ze: 'Die buitenlanders zijn niet goed wijs', dat is wel duidelijk, maar we gaan niet overstag. Nog niet.

Het wordt koud. Heel koud. Nog niet eens op de thermometer, die wijst zelden onder nul aan. Maar door de combinatie van wind, regen en een huis waarvan de deuren en ramen ongeveer even goed sluiten als een schoenendoos, ligt de gevoelstemperatuur meer op arctisch niveau.

Weemoedig denk ik aan de olietank in het huis van mijn ouders. Aan de gasverwarming in mijn woning in Hamburg. Aan de thermostaat, die ik met twee drukken op de knop op 21 graden zet en dan is het even later als bij toverslag in alle kamers 21 graden, hoe koud het buiten ook is. Omdat ook de warmwatervoorziening aan de stroom gekoppeld is, kan ik me niet eens met een warm bad troosten; gezegend zijn de dagen waarop de boiler voor iedereen in de woongroep een warme douche levert.

Ayub en Mariwan beginnen te mopperen. Als wij vrouwen beslist kou willen lijden – ons probleem. Maar dat wij de kerosine compleet hebben verbannen en ook in hun kamers op de bovenste verdieping niet willen tolereren omdat de geur van daaruit door het hele huis zou trekken, dat gaat hun te ver. 'We hebben nog iedere winter met kerosine overleefd, stel je niet zo aan,' mokken ze. 'Hier verwarmt iedereen zo, het gaat niet anders.'

De verwarmingskwestie wordt een geloofskwestie.

Ayub is de eerste die de ban negeert, een paar dagen later volgt

Mariwan. Hij heeft op de markt een Japans model ontdekt, vrijwel reukvrij, brandveilig ook, omdat de kerosine net als bij een olielamp via een lont de vlam langzaam voedt vanuit een verder gesloten tank. Willen we dat niet minstens voor de woonkamer proberen?

Gewikkeld in slaapzakken houden we een energietop op de gele bank. Tiare, die hoe dan ook elke nacht in Mariwans kamer is, waar al een kachel staat, heeft zich bij de kerosine neergelegd. Jessica vreest een allergische reactie op de dampen, maar is bereid de vermeend rookvrije Japanner te proberen. En ik heb genoeg van de koude voeten en de verkleumde vingers; zelfs mijn kruik helpt niet meer, met het klaarmaken waarvan iedere nacht om kwart voor twaalf mijn winterritueel begint: water opzetten, dan tanden poetsen zolang er nog licht is in de badkamer, het warme water in de kruik gieten en om twaalf uur, als met het uitvallen van de stroom het huis in het donker verzinkt, gauw het bed in dat al door de kruik is voorverwarmd.

'Een kerosinekachel, kijk eens aan!' spot mijn vertaler Hadi de volgende dag, als hij bijna over de nieuwe aanschaf struikelt. 'Dat werd tijd. Dan mogen we er nu zeker ook een in het kantoor zetten?'

Het begin van een prachtige vriendschap? Eerder van een verstandshuwelijk. Ik zet een kachel op mijn kamer en zelfs Jessica overwint haar fobie. Desondanks voelen we ons de hele winter pompbedienden: onze kleren, kussens, boeken, meubelen, alles raakt bedekt onder een oliefilm, en ook aan ons hangt de geur als een schaduw. Des te verbaasder is Jessica wanneer ze me betrapt terwijl ik het metalen rooster van de kachelplaat als broodrooster gebruik, zoals ook de Koerden doen: 'Oké, Susanne, nu is het zover: je bent officieel Irakese!' Mijn reputatie als kerosinebekeerling is definitief gevestigd.

In elk geval zijn er nu een paar warmte-eilandjes in huis. Onze zithoek bijvoorbeeld, die we meteen maar met twee kerosinekachels en twee elektrische straalkachels bestoken. We kruipen met onze laptops dicht tegen elkaar aan op de bank, struinen op internet of chatten met vrienden in Hamburg, New York, Hawaii. Centrale verwarming is er niet – maar wel draadloos internet in het hele huis, naast de satellietschotel op het dak onze navelstreng met de wereld. Op de bank smelten zogezegd de eeuwen samen. In het zachte geflakker van de kerosinekachel mengt zich het klak-klak-klak van de toetsenborden met de 'nieuw bericht'-plingetjes van de chatprogramma's.

'Vertel eens iets over thuis,' mail ik mijn vrienden. Wat koken jullie, waar doen jullie de boodschappen, waarover maken jullie ruzie, waarvoor zijn jullie bang, waarover praat Duitsland? Alles waardoor ik een beetje van het dagelijkse leven kan proeven. Graag ook de banale alledaagse futiliteiten, waar ik thuis nooit lang naar kon luisteren, maar die me hier aan de rand van de waanzin de geruststellende zekerheid geven: wat we meestal onder het gewone leven verstaan, bestaat nog steeds. Alsof ik met anekdotes van thuis telkens weer mijn retourkaartje moet afstempelen om het niet te laten verlopen.

Onze warme, via netwerken op de buitenwereld aangesloten woonkamer is algauw voor vrienden en collega's een geliefde plek, vooral wanneer live vanuit de rechtszaal in Bagdad het proces tegen Saddam Hussein wordt uitgezonden. Met bier, chips en chocolade vieren onze jongens elke zitting, vol trots op de hoogste rechters, vooral een Koerd uit Sulaimania, daarna een uit Halabja. De sterallures waarmee Saddam en zijn medeaangeklaagden de rechtbank ieder respect weigeren, verandert de eigenlijk hoogst serieuze zaak in een sitcom, de rechtszaal in een Big Brother-huis. Met spanning wachten we af: wie vliegt er vandaag uit wegens slecht gedrag?

Eveneens op de gele bank gebruiken we iedere week ons interculturele vrijdagsontbijt: Amerikaanse pancakes met Iraakse buffelmelkvla en granaatappels uit Halabja. *Comfort food* noemt Tiare dat, eten voor de ziel. In pyjama voor de televisie kijken we naar de nieuwsberichten op de BBC of naar de volmaakte wereld op Kurdsat. Koerden die picknicken, Koerden die dansen, Koerden die een lofzang zingen op Koerden: de regeringszender presenteert vrijwel onaangeraakt door de realiteit een stralend gelukkig volk tegen het decor van een pittoresk landschap. Koerden kijken hoe Koerden Koerdisch zijn, de oneindigheid van een collectief zelfbeeld met moderne technologie. Kan iemand die in het weekend niet gaat picknicken eigenlijk wel Koerd zijn?

Ayub en Mariwan hebben allebei een haat-liefdeverhouding met de zender. Als journalisten hebben ze een afkeer van de zichtbare hand van de partij, de nieuwsarmoede, de propaganda. Aan de zuigkracht van de beelden kunnen ze zich gek genoeg niet onttrekken. Als ze met zijn tweeën alleen in de woonkamer zitten, zetten ze verbazend vaak Kurdsat op, alsof zij zich ook af en toe van hun Koerdische identiteit moeten vergewissen, misschien wel meer naarmate ze langer en intensiever met ons buitenlanders samenleven.

Voor ons vrouwen wordt de Kurdsat-wereld een gevleugeld begrip: voor de van overheidswege gewenste schijn van geluk, maar ook voor het voor ons onbegrijpelijke geduld waarmee de Koerden hun lot dragen.

Waarom staan ze stoïcijns in de rij bij het tankstation, uur na uur, dag na dag, om hun auto met 40 liter benzine te vullen – in olieland Irak? Waarom winden ze zich niet op over armzalig ingerichte ziekenhuizen, kapotte wegen, slechte scholen, de erbarmelijke stroomvoorziening? Waar komt het eindeloze geduld vandaan tegenover de omstandigheden en degenen die ze vormen? Of liever: misvormen. Tegen Saddam hebben ze toch ook gestreden, hem niet zomaar zijn gang laten gaan. Waarom eisen ze hun vredesdividend niet krachtiger op, maar aanvaarden kiesfraude, corruptie, financieel wanbeheer en de almachtigheid van de beide Koerdische partijen als boeren het weer? Steeds weer piekeren we erover, maar een echt antwoord erop vinden we niet.

Ik neig ertoe het aanvaarden van het lot ten minste gedeeltelijk aan het geloof toe te schrijven; dit is *walati qazaw qadr* – het land waar Gods wil heerst, zo verklaart ook Niaz een zeker flegma waarmee de dingen worden geaccepteerd. Maar wat heeft God met de stroomvoorziening, met corrupte politici, met nalatige wegenbouw te maken?

Minimaal de door ons opgeleide journalisten moeten smeergelden, de razzia's tegen andersdenkenden, op demonstranten schietende politie niet met een schouderophalen afdoen, maar rechercheren, erover schrijven, de politici in het openbaar ter verantwoording roepen. Hopen we. Er ligt een lange weg voor ons, voor onze leerlingen. Kritisch denken valt na decennia onder een dictatuur niet van het ene moment op het andere aan te leren; te scherp nog is de schaar in het hoofd, die er vroeger voor zorgde dat je geen potentieel dodelijke vragen stelde, maar die tegenwoordig legitieme democratische reflexen kortwiekt. 'Stel je eens voor dat je de minister van Energie een paar minuten lang kunt interviewen,' spoort Tiare de studenten in haar cursus economische journalistiek aan. 'Wat zouden jullie het eerst vragen?' Ter herinnering: dagelijks is er vier uur stroom, de gemiddelde wachttijd bij de benzinepomp is ongeveer een dag.

'Meneer de minister, welke belangrijke projecten hebt u voor de toekomst gepland?' stelt iemand voor. 'Hoe schat u de kans in dat de stroomvoorziening binnenkort beter wordt?' een ander.

'Wat dacht je van: "Vier uur stroom per dag, eindeloze rijen bij de benzinestations. Wat doet de minister van Energie er concreet aan om dat te veranderen?"' vraagt Tiare. 'Jullie zouden ook kunnen vragen: "Hoeveel uur hebt u per dag stroom, meneer de minister?" of: "Hoe lang hebt u de laatste keer nodig gehad om uw auto vol te tanken?"'

Geschokte blikken. 'Dat zouden we nooit durven.' 'De minister kan er persoonlijk toch niets aan doen dat we geen stroom hebben', hoor ik in een andere cursus. 'Maar als minister draagt hij de politieke verantwoordelijkheid en daar moet je hem op aanspreken. Als het ministerie van Energie zich er niet druk over maakt, wie dan wel? Die beslissen toch over het wel of niet bouwen van energiecentrales, over de verdeling van stroom in het land, over contracten met de buurlanden. Allemaal dingen waar jullie naar kunnen vragen. Moeten vragen!'

'Maar die zijn vast en zeker geheim.'

's Avonds dan vrouwenkransje op de bank. 'Ik merk hoe het leven hier me begint te veranderen,' zegt Tiare. 'En ik moet jullie zeggen: ik word bang.'

'...'

'Het land grijpt me aan – ook al zijn we in Sulaimania eigenlijk veilig, in elk geval voor fysiek geweld. Maar hoe zit het met het psychische geweld dat voortdurend om ons heen is, al die negatieve vibraties? Is jullie wel eens opgevallen hoe weinig de mensen hier glimlachen?'

'*No kidding!*' zegt Jessica. 'Als er zoiets bestaat als een nationale depressie, dan hier.'

'Onlangs vroeg ik aan een paar van de Koerdische vrouwen waarom ze altijd zo ernstig kijken,' vertel ik.

'En? Wat zeiden ze?'

'Omdat we niets te lachen hebben!'

'Geen wonder, na al die jaren van geweld. Hoe moeten de mensen hier van de ene dag op de andere ineens gelukkig zijn?' zegt Tiare. 'Veel doet me hier denken aan Libanon na de burgeroorlog.' Daar heeft een goede vriendin haar na vijf jaar en passant het verhaal van haar vader verteld: driemaal ontvoerd tijdens de oorlog, telkens een aantal weken weg en ze had geen idee waarheen en waarom, ze merkte alleen dat haar vader als hij terugkwam, iedere keer vreemder was geworden. 'Wat doet het met je, als je als achtjarige meemaakt dat je vader steeds verdwijnt, maar niemand praat er met je over?'

'Van praten houden ze hier niet zo. Of hebben jullie hier wel eens iets over psychotherapie gehoord?' vraagt Jessica.

Tiare schudt haar hoofd. 'Ik weet niet eens of er in Sulaimania wel psychiaters of psychologen zijn. Wat wij een trauma of posttraumatische stress noemen, vinden ze hier toch heel normaal, zoveel mensen hebben het. Eigenlijk moet het hele volk op de bank.'

'Ik heb met mijn therapeute in New York al telefonische consulten afgesproken!' zegt Jessica.

Normaliteit opnieuw definiëren en aanpassen aan de eigen realiteit – dat mechanisme kende ik uit Bagdad. Maar daar ging te midden van het afgrijzen het dagelijks leven verder, wat velen ervoor heeft bewaard dat ze het verstand verloren. Hoe moet iemand die zich de verschrikking van zijn eigen situatie steeds voor ogen houdt 's morgens opstaan, naar zijn werk gaan, voor zijn kinderen zorgen?

Mensen wennen aan de dingen zodat ze verder kunnen leven, niet alleen in Irak. Juist dat bezorgt Tiare, bezorgt ons allemaal onbehagen: we willen er niet aan wennen. We willen de definities van wat normaal is om ons heen niet overnemen. Niet ten koste van onze geestelijke gezondheid, niet tegen de prijs van ons vermogen wat ontzettend is ook ontzettend te vinden. We zijn allemaal bang voor de dag waarop we ophouden ons te verbazen. Want we weten: dan komen we niet onbeschadigd thuis. De lijn tussen sterk zijn en verruwing is dun in Irak.

Nadat we zo een uur lang de ondiepten van de Iraakse ziel en onze eigen gemoedstoestand hebben doorvorst, komt Mariwan met een groot dienblad uit de keuken. Versgezette thee, een schaal verse granaatappelpitten en een met onze favoriete soort appeltabak gestopte waterpijp.

Samen kijken we naar een aflevering van de BBC-comedy *Little Britain,* een met proleterige voorstadsmeiden, nichterige politiek adviseurs, achterbakse rolstoelrijders en politiek prachtig foute societydames bevolkte wereld. En onmiddellijk zijn alle gedachten over of het langzaamaan niet eens tijd wordt om naar huis te gaan, vergeten. Op z'n minst voor even opzijgeschoven.

Hoe graag ik in werkelijkheid nog wil blijven, merk ik wanneer verschillende mensen me opeens naar huis willen sturen.

Eerst het telefoontje uit Londen: financiële crisis, project niet verlengd, kantoor sluiten. 'Stuur alsjeblieft voor 21 december iedereen naar huis.'

Zoveel had ik inmiddels over het werk van niet-regeringsorganisaties geleerd: het zwaard van Damocles van het abrupte einde verdwijnt nooit. Vaak wisten we maandenlang niet of en hoeveel geld er beschikbaar zou zijn, en als de goedkeuring dan kwam, moest liefst alles gisteren zijn gebeurd. Wij zijn maar een piepklein stukje in de grote puzzel met de naam 'Wederopbouw Irak' en afhankelijk van grotere verbanden. Wie waarvoor geld uitgeeft in Irak is altijd op de eerste plaats een politieke beslissing en pas in tweede instantie een stem voor of tegen een concreet project.

Ons werk dringt met relatief weinig drukte ver in de Iraakse maatschappij binnen, dwars door alle religies en provincies heen. Maar wat heb je daaraan als de Europeanen aarzelen bij Irak-projecten, en de Amerikaanse regering, onder druk gezet door een bevolking die de oorlog en de angstaanjagende staatstekorten beu is, elke dollar voor Irak driemaal omdraait? Wie moeten we voorhouden dat we met het geld dat het Amerikaanse leger in Irak in één week verslindt, ons journalistenschooltje meer dan duizend jaar zouden kunnen financieren? Een naïeve, onrealistische begroting? In elk geval vertrekken onze studenten naar eigen zeggen na de cursussen met nieuwe hoop 'dat wij Irakezen toch met elkaar kunnen leven'.

Na het telefonische doodvonnis had ik liefst eerst eens een uurtje naar Kurdsat gekeken, onze zender voor escapisme op alle gebieden van het leven. Maar daar is nu geen tijd voor. Een strategie moeten we hebben, we hebben een plan, advies en ten slotte geld nodig. Want hoe verleidelijk de afgelopen weken de gedachte 'Naar huis!' ook mag zijn geweest, een paar minuten na het telefoongesprek is me duidelijk: niet op die manier. Niet nu. Niet als afbraakcommando.

Crisisvergadering met het personeel, van mijn kant de belofte alles te doen om de sluiting te voorkomen, maar aan hen de eis zich niet door de shock te laten verlammen of meteen een nieuwe baan te zoeken. De enige die aankondigt dat hij toch al tot aan de jaarwisseling minder wilde gaan lesgeven en meer reportersopdrachten wilde aannemen, is Ayub. Alle anderen blijven, hoewel ik niet weet of ik ze de volgende maand nog kan betalen.

'We zijn een familie,' zegt Shirwan, 'en dat geldt in goede en in kwade tijden.'

'Geld is niet het belangrijkste in het leven,' zegt Dana. 'We werken graag samen, dat kan meer waard zijn dan een goed salaris.'

Ik ben oprecht geroerd en des te vastbeslotener niet op te geven. Een e-mail begint aan een reis om de wereld, vindt via een wereldwijd netwerk van vrienden en collega's zijn weg naar krantenredacties, stichtingen, ministeries, diplomatenkamers. Een roep om hulp in het wijdvertakte universum van internationale hulpverleners, die op de een of andere manier op een gegeven moment iets in beweging zet. Helemaal tot in detail kom ik er nooit achter wat ons heeft gered, maar na drie weken van angst en vrees wordt het sluitingsbevel ingetrokken: we mogen doorgaan, voorlopig, weliswaar met nog een restje risico omdat er nog geen definitieve toezeggingen zijn, met lagere salarissen en een iets kleiner team. Het afbraakcommando is stopgezet.

Midden in deze chaotische weken slaat een bericht dat mij niet rechtstreeks betreft maar mijn leven op onvermoede wijze gecompliceerder maakt, in als een bom: de ontvoering van Susanne Osthoff, of 'de andere Susanne', zoals ik haar algauw noem, omdat ik als Duitse die ook Susanne heet er telkens over word aangesproken.

Op 25 november 2005 verdwijnt Susanne Osthoff op weg van Bagdad naar Arbil, wat in veel berichtgevingen wordt aangedikt tot 'in Noord-Irak ontvoerd'. Daarmee beginnen mijn problemen. 'Je hebt altijd gezegd dat het in het noorden veilig was,' mailen mijn bezorgde vrienden uit Duitsland, 'en nu is daar een Duitse ontvoerd. Kom alsjeblieft gauw naar huis!' In Sulaimania is er niet het geringste veranderd – en toch lijk ik voor de mensen thuis door de ontvoering van een Duitse van het ene moment op het andere sterker bedreigd. Honderden dode Irakezen per dag zijn nauwelijks nog het vermelden waard, maar het lot van één enkele Duitse brengt het land met een klap terug op de voorpagina's.

Ik heb Susanne Osthoff nooit ontmoet en ik wens haar, zoals alle gijzelaars, een snelle en gelukkige afloop van haar gevangenschap. Desalniettemin koester ik na korte tijd een flinke wrok tegen de mij onbekende vrouw: waarom heeft ze, als ze zo nodig heen en weer naar Bagdad moest, niet de enige verantwoorde weg gekozen en is gaan vliegen? Het traject Bagdad-Arbil kost nog geen 50 dollar, vluchten gaan er iedere dag, zij het soms met enkele uren vertraging. Ook de reis naar de luchthaven is niet ongevaarlijk, maar die duurt maar een kwartier, een te overzien risico vergeleken met de reis door de onrustige provincies ten noorden van Bagdad.

Omdat Susanne Osthoff de riskante landweg koos met het bekende gevolg, wordt in Duitsland plotseling iedereen die een voet in Irak zet voor gek uitgemaakt. Het ministerie van Buitenlandse Zaken verscherpt zijn reiswaarschuwing. Omdat de regeringsbureaucratie officieel geen onderscheid mag maken tussen het relatief veilige Koerdistan en de rest van het land, krijg ik ook een plichtmatige e-mail: 'Duitse staatsburgers wordt dringend geadviseerd het land te verlaten. Ik hoop dat u zonder incidenten veilig thuiskomt.'

Als ik dat lees, moet ik aan mijn wereldwijde hulproep om financiële giften denken. Geld uit Duitsland? Daar hoeven we niet op te hopen; alles wat Duitsers, zelfs met belastinggeld, naar Irak kan brengen, is tot nader order stilgelegd. Daarvoor in de plaats komen debatten over het intrekken van paspoorten en het afnemen van de Duitse nationaliteit. De stem van het volk zou het liefst alle in Irak actieve Duitsers collectief in een gesloten inrichting laten opnemen. Zelfs in de eindfase van mijn Bagdadperiode, veel gevaarlijker dan mijn verblijf in Koerdistan, voelde ik me niet zo onder druk gezet om te verdedigen dat ik blijf.

Alsof de wereld samenzweert om me naar huis te laten gaan. Maar ik ben nog niet zover.

Braveheart of
Waarom Alan niet wil trouwen

Naar huis gingen we vervolgens toch. Maar alleen voor de kerstvakantie, in elk geval Tiare en ik, zij naar haar zus in Zuid-Carolina, ik naar Hamburg en het Rijnland, waar mijn ouders wonen. Jessica, die als Joodse geen Kerstmis viert, bleef alleen met Mariwan en Ayub achter.

Een beslissing die ik haar dringend had afgeraden. Als we met z'n drieën al regelmatig last kregen van de blues, hoe zou het haar dan alleen tussen Koerden vergaan? Hoezeer we onze mannelijke huisgenoten ook waarderen, rimpelloos is het multicultiwonen niet. Vooral Jessica en Ayub botsen vaak luidruchtig, in een mum van tijd kunnen ze elkaar op stang jagen, slingeren elkaar grofheden naar het hoofd en beschuldigen elkaar over en weer van cultuurimperialisme en onverdraagzaamheid. Tiare en Mariwan, die een wat kalmer temperament hebben, trekken zich dan gewoonlijk op de bovenste verdieping terug om niet tussen twee vuren terecht te komen; tenslotte is Mariwan al vele jaren Ayubs vriend, terwijl Tiare intuïtief Jessica's kant kiest. De woede-uitbarstingen gaan meestal weer snel liggen, maar putten de woongroep in de loop van de tijd behoorlijk uit. Toch wilde Jessica zonder ons achterblijven. Misschien omdat ze bang was dat ze niet meer terug zou komen, als ze nu naar huis ging. Het was al moeilijk genoeg haar eigen demonen te bestrijden. Als ook nog de hele familie inviel in het koor en steeds hetzelfde liedje zong over dat Jessica eindelijk naar huis moest komen, zou op een dag haar weerstand gegarandeerd breken.

Erg goed ging het haar niet, alleen in Koerdistan. 'Het is hier donker, koud en eenzaam,' schreef ze mij in winters Duitsland. 'Mijn therapeute maakt zich zorgen omdat ik depressief klonk. En het ergste: ik kan hier niets doen van alles waarmee ik in New York een slecht humeur bestrijd: sporten, vrienden ontmoeten, uitgaan.'

Het wonderlijke: ik was in Duitsland ook niet gelukkig. Natuurlijk was ik blij mijn familie terug te zien, mijn vrienden, ik genoot van de kerstgans, de marsepein, het warme bad. Toch voelde ik me de hele tijd op visite. Irritant. Lag het aan Niaz? Aan de nog niet geheel overwonnen bestaanscrisis van onze journalistenschool? Of was ik gewoon al te lang weg om me spontaan weer thuis te voelen?

Vreemd, hoe we altijd uitgaan van de plaats waar we op dat moment niet zijn. Hoeveel van mijn zinnen in Sulaimania beginnen met: 'In Duitsland...' Omgekeerd luidde mijn mantra in de kerstvakantie: 'In Irak...' of 'In Koerdistan...' Op het prikbord boven mijn bureau in Sulaimania hangt een ansichtkaart, die daar ooit door iemand is achtergelaten. Een foto van een koffer met daaronder handgeschreven met blauwe inkt: 'Ze werd steeds overvallen door het verlangen ergens anders te zijn.'

Na een kleine drie weken was ik weer terug. Tiare kwam een paar dagen later. De daaropvolgende weken zwolgen we in culinair opzicht in het paradijs: Appenzeller, Parmezaanse en pecorinokaas, volkorenbrood, spek, salami, balsamicoazijn, Provençaalse kruiden, een halve supermarkt hebben we van thuis meegesleept om ten minste tijdelijk te ontsnappen aan de sleur van kebab en rijst.

Het is wonderlijk: in de VS hebben alle steden van de oost- tot de westkust hetzelfde Starbucks-McDonald's-GAP-gezicht, een eentonigheid die ook in Duitse steden steeds meer voorkomt. In Koerdistan bestaan er geen winkelketens of grote concerns, en toch zien alle steden er hetzelfde uit. Overal hetzelfde eten, hetzelfde assortiment in de bazaar, en als er eens een nieuwe supermarkt wordt geopend, gaan we er allang niet meer heen, want elke nieuwe winkel weerspiegelt toch alleen maar exact het aanbod van de reeds bestaande: kikkererwten, duizend-en-een soorten bonen, tomatenpuree, rijst, thee, Barilla-noedels – ergens moet er, groot en almachtig, een algemene importeur zitten die het hele land hetzelfde aanbod voorschrijft.

Behalve een berg levensmiddelen brengt Tiare uit de VS een drug mee waar we allemaal onmiddellijk verslaafd aan raken: de televisieserie *Lost*. Transatlantische vlucht 815 van Sydney naar Los Angeles stort neer boven de Stille Oceaan, achtenveertig overlevenden komen terecht op een eiland dat niet zo eenzaam blijkt als het in het begin leek.

Hoe kunnen de door het lot samengebrachte onbekenden in die extreme situatie met elkaar overweg, hoe ontsluiten ze hun nieuwe omgeving, wie vertrouwt wie, welke rol speelt het verleden voor het nieuwe leven – alsof iemand een draaiboek heeft geschreven voor de problemen waarmee wij ook te maken hebben.

In Sulaimania zijn er geen jungle en geen monsters, maar het gevoel met vreemden op een bizar eiland te zitten, komt ons wel heel bekend voor. Het *Lost*-eiland wordt bewoond door een met geheimzinnigheid omgeven groep, de 'anderen', wat onder de overlevenden van de neerstorting een sterk 'wij-gevoel' teweegbrengt. Ook hier een gevoel van herkenning: wij hier en zij daar – ondanks persoonlijke toenadering tot individuele Koerden is dat motief voor ons vrouwen nooit helemaal verdwenen. We weten meer dan in het begin, maar lang niet alles wat we leren brengt de wereld voor onze deur dichterbij.

Wanneer Jessica op een avond zes afleveringen van *Lost* achter elkaar bekijkt, overwegen we zo snel mogelijk een zelfhulpgroep voor *Lost*-fans op te richten, maar kiezen er dan toch liever voor de afleveringen met een beamer en een laptop op een groot doek te projecteren en iedere aflevering als thuisbioscoop te vieren.

De serie lijkt wel voor ons gemaakt: opgenomen op Oahu, het Hawaiiaanse eiland waar Tiare is geboren en opgegroeid, wat ons telkens vreugdekreten als 'Op dat strand ben ik wel eens met mijn vader geweest!' oplevert, naast pure bewondering van Mariwan: 'Wauw, Tiare, is het bij jou thuis echt zo mooi?' Ons aller favoriet Sayid is – uitgerekend – een Irakees, in elk geval in de film. Mijn lievelingsdialoog: meteen als de serie begint, wanneer nog niemand iets van de anderen weet, vertelt Sayid de dikke Hurley, een stuntelige Amerikaan, dat hij soldaat in de Eerste Golfoorlog is geweest. *'Cool, man,'* zegt die. 'Een vriend van me ook. Bij welke eenheid? Bij de Marines? De 101st Airbone Division?'

'Republican Guard!' antwoordt Sayid kort en bondig, dus bij de elitetroepen van Saddam Hussein.

Zelfs Mariwan, die met dit verleden een hekel aan het personage zou moeten hebben, mag Sayid wel, wiens rol zich ontwikkelt van een koude strateeg tot een hopeloze romanticus. Een man met een duister verleden en een groot hart. Die zich als 'folteraar' voorstelt, maar eigenlijk een redder is. Om zijn grote liefde in Irak voor de executie te sparen, riskeert Sayid zijn leven; later laat hij zich, om haar nog een keer te beschermen, door de CIA afpersen. Om zijn geliefde op het eiland het hof te maken, tovert Sayid – lange, donkere krullen, gespierd, zachte blik – een eenvoudige tent om in een met kaarsen verlichte sprookjeswereld.

'Het is goed dat de Amerikaanse televisiekijkers zo'n sympathieke Irakees krijgen voorgeschoteld,' zegt Mariwan verheugd. Slim, charmant, knap: van wat Amerikanen anders over Irakezen op de televisie zien, staat de rol van Sayid mijlenver af.

Romantici hebben wij in Irak echter ook niet zo vaak gezien. Het is mogelijk dat ze bestaan, maar voor ons zien de verhoudingen tussen man en vrouw er eerder nuchter uit, vooral in Koerdistan. Alleen die ouderwetse huwelijksgebruiken al, die vooral in de dorpen de tand des tijds hebben doorstaan! Je reinste vrouwenhandel. Bij *jin ba jin* bijvoorbeeld, vertaald: vrouw tegen vrouw, ruilen twee families hun dochters. In ruil voor het feit dat de zoon van de ene familie de dochter van de andere familie tot vrouw krijgt, geeft die hun ook een dochter als vrouw voor hún zoon. Vroeger was het lot van deze vier voor altijd met elkaar verbonden: als het ene stel zich liet scheiden, moest het andere dat ook doen. Van dit potje familieverstrengeling heb je ook nog de varianten *gawra ba betsjoek,* 'groot tegen klein': als de ene familie van de andere een dochter op huwbare leeftijd krijgt, maar zelf alleen jongere dochters heeft, wordt een daarvan beloofd voor later. Bij *yek ba do* worden er twee dochters tegen een geruild en bij de zeldzamere vorm *yek ba se* zelfs drie: bijvoorbeeld als de ene familie een duidelijk hogere positie heeft of rijker is dan de andere, of wanneer dochters op eigenlijk niet meer huwbare leeftijd vanwege een jonger zusje nog aan de man moeten worden gebracht.

In een contract genaamd *shir bai,* 'de prijs van de moedermelk', komen de families voor de bruiloft overeen hoeveel goud de vrouw in het geval van scheiding krijgt, dat wil zeggen, alleen wanneer de man degene is die opstapt. Als zij hem verlaat, bijvoorbeeld omdat hij haar slaat, dan hoeft hij niets te betalen.

Zou iemand dan niet de lust om te trouwen vergaan? In elk geval voor Alan, de enige vrijgezel onder de niet bij ons in huis wonende collega's, staat vast: hij zal nooit trouwen. Wat hij ons even uitvoerig als amusant uit de doeken doet tijdens het gezamenlijke middageten, dat wij vrouwen eerst met moeite moeten bevechten.

De mannen willen naar een 'populair' restaurant, zoals onze altijd precieze woordenzifter Hadi de goedkope volkskeukens noemt, talrijk in de stad, maar slechts zelden door vrouwen bezocht.

'We willen mee,' eisen Tiare en ik. Jessica, die nog altijd vegetarisch eet, is al een tijdje gestopt met het bezoeken van restaurants, op een of twee na.

'Jullie mee?' vraagt Hadi. 'Dat is geen goed idee. Er zijn daar alleen mannen.'

'Hadi, dat is hier in negen van de tien gelegenheden het geval,' antwoord ik.

'Maar ze zullen jullie allemaal aankijken. Aangapen.'

'Als ik niet aangegaapt wil worden, kan ik het huis niet uit.'

'Maar er is een graad van staren, en als die is bereikt, moet de begeleider van de vrouw ingrijpen en haar eer verdedigen.'

'Ik ontsla je hierbij geheel officieel van de plicht mijn eer te verdedigen. Kunnen we nu gaan eten?'

We zouden werkelijk iets gemist hebben. Niet culinair, we aten *kuzi*, hét Iraakse gerecht: rijst met vet lamsvlees, gekookte abrikozen en witte bonen in tomatensaus. Maar menselijk, cultureel en in algemene zin. De conversatie begint met een grapje over Alans nieuwe snor. 'Hij wil trouwen, vandaar die snor: hij wil er eindelijk uitzien als een man,' poneert Hadi. Waarop Alan zegt: 'Ik heb er inderdaad over nagedacht, ja, en ik heb besloten: ik wil niet trouwen. Al mijn getrouwde vrienden zijn ongelukkig.'

Tiare en ik kijken de kring rond. Aan tafel zitten alleen maar vrienden van Alan, allemaal getrouwd. Maar ongelukkig? Niemand zegt iets.

Alan gaat over tot de aanval. 'Ferhad, zou jij me adviseren te trouwen?'

Ferhad schudt zijn hoofd. 'Nee!' en het klinkt zeer overtuigd.

Waarom niet? Heeft hij zelf niet pas twee maanden geleden zijn bruiloft met ons gevierd, een huwelijk uit liefde, waarnaar zijn vrouw en hij ongeduldig verlangend hebben uitgekeken?

'Het huwelijk is vermoeiend. Ik ben doodop van de logistiek van mijn nieuwe leven, van het inrichten van het huis, van de vele plichten die ik nu heb.' Hadi, vijf jaar getrouwd, knikt: 'Ik ben ook heel erg moe. Maar het huwelijk is de enige hier geaccepteerde levensvorm. Wat moet je hier anders dan trouwen en kinderen krijgen? Voor ons is er niets anders weggelegd.'

De grote overlever Shirwan, echtgenoot sinds anderhalf jaar, spreekt tegen: 'Natuurlijk word je er moe van als je een gezin hebt. Maar dat is het toch waard. Hadi, denk eens terug aan hoe je je voelde toen je dochtertje voor het eerst "papa" zei. Weet je nog hoe dat was?'

'Geweldig.'

'Zie je wel, daarom is het het waard moe te zijn. Waarom precies wil je niet trouwen, Alan?' vraagt hij door.

'Hebben jullie de film *Braveheart* met Mel Gibson gezien?' Iedereen knikt. Het met diverse Oscars bekroonde Schotse epos over de held William Wallace, die met boeren het leger van de Engelse koning Edward I versloeg, kennen we allemaal. Maar wat heeft William Wallace met Alans aversie tegen het huwelijk te maken? Voor zover ik me herinner, trok William ten strijde omdat de Engelse koning zijn geliefde echtgenote had vermoord.

'Misschien heb je gelijk. Maar herinner je je aan het slot, de scène waarin hij wordt geëxecuteerd? Wat zijn zijn laatste woorden?'

Geen idee.

'Vrijijijijijheid!' roep Alan zo hartstochtelijk dat het hele restaurant naar ons kijkt. We lachen. Maar hij is serieus. De woorden barsten naar buiten. 'Ik ben bang dat ik me ga vervelen. Dertig jaar met dezelfde persoon! Hoe kan ik weten dat ik op den duur werkelijk gelukkig zal zijn? Misschien zou ik er anders over denken als het makkelijker was om te scheiden. Maar dat kun je een vrouw niet aandoen, zoals gescheiden vrouwen er bij ons voor staan. Ze zou voor altijd beschadigd zijn. Ik wil onze maatschappij helemaal niet verwestersen, maar hoe moet ik met iemand een verbond voor het leven sluiten voordat we ook maar één dag hebben samengeleefd?'

Ik heb al vaak gedacht dat Alan in zijn hart eerder Europeaan of Amerikaan is dan Koerd. Toen hij een jaar geleden voor het eerst naar Amerika ging, mailde hij ons vanuit New York dat hij op zijn bestemming was aangekomen; hij had het gevoel dat zijn hele leven tot dan toe tot dit ene moment had moeten leiden. 'Dit is mijn stad, ik voel me helemaal niet vreemd.' Voor de allereerste keer naar het buitenland – en dan meteen van Sulaimania naar New York. Een cultuurshockje zou niet vreemd zijn geweest. Maar Alan voelde zich meteen thuis. De shock kwam later, in zijn portemonnee. Reden waarom hij ondanks al zijn enthousiasme eerder dan gepland terugkwam van zijn studiejaar.

Sindsdien staat hij, dat valt niet over het hoofd te zien, onder druk van zijn familie: genoeg geëxperimenteerd, begin nu eindelijk eens aan het echte leven!

De anderen hebben stil naar Alans praatje geluisterd, intussen rijst en vlees aan hun vork prikkend. Als de obligate thee na het eten komt, kiept Mariwan die uit het glas op zijn schoteltje, omdat die dan sneller schijnt af te koelen. Tiare en ik lachen: 'Soms ben je zoooo Koerdisch!' Hij laat zich niet gek maken, slurpt rustig zijn thee van het schoteltje en zwijgt.

Ferhad besluit zijn prille huwelijk toch nog in een wat gunstiger daglicht te stellen. Hij leeft heus graag met zijn vrouw, verzekert hij ons. 'We zijn getrouwd omdat we bij elkaar willen zijn, begrijp me niet verkeerd. Maar alles wat erbij komt is zo inspannend.'

Shirwan lacht. 'Je denkt nu dat het inspannend is? Wacht maar tot je kinderen hebt.' Hij richt zich weer tot Alan en vraagt nog een keer: 'Als je geen gezin hebt, wat wil je dan met je leven?' Waarop Alan een Koerdisch gezegde citeert, waar ik nog steeds over pieker: 'Als Koerden geld krijgen, beginnen ze te doden of ze trouwen.'

Mariwan komt 's avonds in de woongroep nog een keer op ons gesprek terug. In het restaurant had hij niets gezegd, alleen geluisterd. Hoort hij door het samenwonen met ons, door zijn relatie met Tiare, niet meer vanzelfsprekend bij de anderen? Hij mag zijn thee dan nog op z'n Koerdisch van zijn schoteltje drinken, het samenwonen met ons heeft een dun, maar merkbaar lijntje tussen hem en de Koerdische buitenwereld getrokken.

'Er wordt over je gepraat,' waarschuwde zijn neef, die als bewaker bij ons werkt, kortgeleden. 'De mensen zeggen dat je jezelf niet meer bent, doordat je zoveel tijd met de buitenlandse doorbrengt.' Ook zijn familie in Halabja begint zich zorgen te maken. Wel ontvangen ze Tiare hartelijk, als Mariwan haar een weekend meebrengt naar Halabja. Maar hoe langer het duurt, hoe onrustiger ze worden. Bij een van zijn bezoeken in Halabja neemt Mariwans oudere broer hem apart en zegt, zogenaamd in opdracht van de familie: 'Trouw toch maar liever met een Koerdische vrouw.'

Buitenlandse vrouwen hebben als echtgenotes geen goede naam: onberekenbaar, te zelfbewust en veeleisend en als ze geen zin meer hebben in hun man, gaan ze ervandoor en nemen de kinderen mee.

Voor Mariwan ligt het onderwerp dus gevoelig. En toch maakt hij de indruk dat hij zich niet van de wijs laat brengen. Vijf jaar jonger dan Tiare en absoluut geen haast wat trouwen betreft, leeft hij zoals het hem goeddunkt – met ons, met Tiare. Thuis maken ze allang geen geheim meer van hun verhouding, en ook verder is, zoals uit de opmerking van de neef blijkt, iedereen op de hoogte, ook al spreekt niemand hen er ooit op aan, evenmin als mij en Niaz.

Het *Braveheart*-gesprek spookt zichtbaar door Mariwans hoofd. Te weinig talent om gelukkig te zijn, zich voegen in het grijze bestaan, de afwezigheid van elke ambitie om van het leven met z'n tweeën meer te maken dan een kinderopvoedgemeenschap, schrikken hem af. 'De mensen hier trouwen zonder plan. Zonder idee hoe ze moeten samenleven, wat ze van hun partner verlangen, iedereen heeft vage malle fantasieën, maar niemand weet iets van het leven.'

'Hoe kan dat ook als het praktisch verboden is ervaring op te doen?' vraag ik. En vertel over een vriend van Niaz, van een jaar of vijftig, die hem onlangs vroeg of hij zijn kamer een middag mocht gebruiken om een keer ongestoord een vrouw te ontmoeten met wie hij eventueel wilde trouwen. 'Het ging niet eens om seks. Hij wilde alleen rustig met haar praten. Maar als ze in een restaurant zouden afspreken, zou meteen het geklets zijn losgebarsten: waarom ze elkaar ontmoetten, of hij met haar wilde trouwen, of ze met hem naar bed ging enzovoorts. Stel je voor – die man is vijftig, zij eind dertig!'

'En? Hebben ze elkaar ontmoet?' wil Tiare weten.

'Nee. Voor het zover was, kwam de broer van de vrouw erachter wie belangstelling had voor zijn zus en bestempelde de huwelijkskandidaat zonder omwegen als te oud. Niemand vroeg wat zijn zus ervan vond. Maar voor Niaz' vriend was het niet zo erg: drie weken later was hij al met een ander getrouwd.' Als er wordt besloten dat de tijd rijp is voor een huwelijk, vinden man en vrouw elkaar in Koerdistan snel. Of worden door hun families gevonden.

Geen wonder dat Alan een beetje in paniek raakt. Hoe formuleerde onze Engels-Koerdische journalistenvriend Michael het ook weer? 'De laatste tijd duiken overal waar ik kom uit het niets nichten van huwbare leeftijd op en worden aan me voorgesteld met de woorden: "Michael, ken je die-en-die eigenlijk al?" Zelfs laatst nog op de herdenkingsbijeenkomst voor de slachtoffers van een terroristische aanslag in Arbil: Michael was een beetje afzijdig gaan staan omdat hij na de woorden van een jongetje tot zijn dode vader tegen zijn tranen vocht, toen er plotseling een vrouw naast hem opdook en plompverloren zei: 'Michael, je tante en ik vonden dat je absoluut mijn dochter moet leren kennen.'

Vijftig, zestig jaar geleden was Duitsland niet veel anders. Maar de verhalen uit de Koerdische relatiekosmos zijn eeuwen verwijderd van mijn realiteit. En helemaal het andere uiterste van wat Tiare en Jessica over dating in New York vertellen. Ik stelde me dat natuurlijk zo voor als bij Carrie, Miranda, Samantha en Charlotte, de *Sex and the City*-iconen, wat Jessica krachtig bestreed. 'Ik heb geen enkel paar Manolo Blahniks en ik heb maar één keer in mijn leven een paar Prada-schoenen gekocht en die draag ik al zes jaar.' Wat zij en Tiare behalve de schoenenkwestie verder nog prijsgeven, doet me dan toch sterk denken aan het liefdesleven van het fameuze viertal.

Over Sina, de Libanees, die kwam om Jessica's telefoon te repareren en 'zo'n mooi lijf' had dat ze op slag voor hem viel. Toen hij doorkreeg dat het haar alleen om seks te doen was, en haar echter meteen zijn liefde verklaarde, stak een lichte paniek de kop op. Toen biechtte hij op dat een andere date na een keer samen slapen zwanger was geworden. Die vrouw wilde nu met hem trouwen, maar hij hield toch van haar, Jessica. 'Dat was mijn uitweg.' Daarna kwamen er een jonge kok en een rijke advocaat, 'maar zijn vrienden waren precies de mensen voor wie ik mijn leven lang ben weggelopen, ze maakten deel uit van die kleine rijke Joodse gemeenschap in New York, allemaal afgestudeerd aan Harvard, de vrouwen altijd om door een ringetje te halen en zonder echte baan, hoogstens een beetje sociale bezigheden of bij het liefdadigheidswerk'.

'O ja, zulke types ken ik,' valt Tiare haar bij. 'Ik noem dat *resumé dating,* uitgaan met een cv. Ik ben wel eens gebeld door een bankier, die openlijk zei dat ik geschikt was om mee te nemen naar cocktailparty's. Islamkunde gestudeerd, een paar jaar in Beirut gewoond, dat was weer eens wat anders.' Van hen tweeën leer ik mooie uitdrukkingen zoals TMI, *too much information,* als iemand meteen bij het eerste afspraakje zijn hele levensverhaal op tafel legt of dingen die je liever helemaal niet wilt weten. Ook het begrip *recreational sex* vind ik leuk, te vertalen met vrijetijdsseks of seks voor de ontspanning, die maar tot op zekere hoogte met het overige leven te maken heeft en niet leidt tot alimentatie en aanspraken op de erfenis.

Dus precies datgene wat in Koerdistan verboden is. Officieel tenminste. Want ook dat hebben we inmiddels geleerd: natuurlijk gaat niet iedere Koerdische vrouw als maagd het huwelijk in. Niet wanneer de definitie luidt: nog nooit seks gehad. Er zijn artsen die het maagdenvlies kunnen repareren als een kapotte panty. In een landelijke populariteit verheugen zich bovendien methoden waarbij het vlies gespaard blijft.

Vooral voor de vrouwen blijft het desondanks gevaarlijk. Voor hen maakt het vervagen van de strikte grenzen de situatie bijna nog gecompliceerder. Aan de ene kant neemt de druk toe dat ze zich niet moeten aanstellen, maar het gevaar door de familie en de maatschappij te worden uitgestoten of erger, als ze al te openlijk toegeven, blijft groot. Er is weinig wat een vrouw in Koerdistan zo kan vernietigen als geroddel dat ze seksueel ruimdenkend zou zijn.

Een dubbele moraal, die ons steeds weer boos maakt. 'Natuurlijk hebben de mensen seks,' zegt Tiare verontwaardigd. 'Alleen geeft niemand het openlijk toe. Iedereen doet het stiekem en wijst naar de anderen. Als ze seks voor of buiten het huwelijk verwerpelijk willen vinden – prima, dan maakt dat deel uit van de cultuur. Dan moeten ze gewoon kuis leven. Maar als bijna iedereen het gewoon doet, waarom dan die schijnheiligheid?'

Lurpak-boter

Op de middag van 4 februari 2006 begint een nieuwe tijdrekening in onze woongroep. Ik zit met Ayub op de bank, de nieuwszender Al-Jazeera staat op. Tiare komt uit de keuken en gaat bij ons zitten, ze kijkt graag naar de satellietzender, want ze heeft in Koerdistan verder weinig gelegenheid om haar Arabisch bij te houden. Jessica heeft zich op haar kamer teruggetrokken. Op de televisie wordt een moellah uit Denemarken geïnterviewd, ook hij spreekt Arabisch, en ik vraag Ayub te vertalen wat hij zegt.

Sinds een paar dagen volg ik met toenemende ergernis de oprukkende boosheid in de islamitische wereld over twaalf karikaturen die zijn afgedrukt in de kleine Deense krant *Jyllands-Posten*. De karikaturen laten Mohammed zien, de belangrijkste profeet van de islam, onder andere met een bom als tulband – een toespeling op het groeiende aantal terroristen dat zich op de islam beroept. De kranten waren echter al een halfjaar eerder verschenen, op 30 september 2005, en toen nauwelijks opgemerkt door de *umma*, de islamitische geloofsgemeenschap. Totdat een delegatie van Deense moslims eropuit trok om medestanders te zoeken tegen deze volgens hen strafbare belediging van Mohammed. Voor hun missie stopten ze tussen de daadwerkelijk gepubliceerde cartoons ook tekeningen die hun argumenten moesten ondersteunen, maar nooit in de Deense krant waren verschenen. De propagandatocht langs invloedrijke imams, zoals in Egypte, had succes: sinds ongeveer een week stond de islamitische wereld op z'n kop, Denemarken als vijand aller moslims aan de schandpaal en overal ter wereld de vrijheid van meningsuiting voor het gerecht.

Ambassadeurs van islamlanden werden teruggeroepen uit Kopenhagen, Deense zuivelproducten uit de koelvakken gehaald van de supermarkten in Riaad, Cairo, Damascus. En uitgerekend zulke beproefde democratieën als Syrië en Saudi-Arabië eisten wetswijzigingen in Denemarken om de godsdienst beter te beschermen.

Dat is waar ook de Deense moellah op Al-Jazeera over praat. 'Bovendien eist hij dat de Deense regering excuses aanbiedt,' vertaalt Ayub en hij zegt erachteraan: 'Dat vind ik trouwens ook.'

Vijf woorden die onschuldig klinken en een paar minuten later toch de basis blijken te zijn van een wereldbeeld dat fundamenteel van het mijne verschilt. Pas nu valt me op dat we in onze woongroep sinds het begin van de cartoonoorlog geen enkele keer daarover met elkaar hebben gesproken. Hoe denken Ayub, Mariwan, Tiare en Jessica daarover? Ik weet het niet. Hebben we het onderwerp onbewust gemeden?

Ik kijk Ayub aan. 'Waarom zou de regering excuses moeten aanbieden voor een als privéonderneming geëxploiteerde krant? Je weet toch: de meeste media in Europa zijn niet van de staat, en zolang ze binnen de grenzen van de wet blijven, heeft de regering er weinig over te zeggen.'

'De regering staat altijd boven alles,' spreekt Ayub tegen. 'Ik geloof niet in die vorm van persvrijheid. Een krant kan niet doen wat ze wil, ook niet in Europa.'

'Binnen het kader van de wet wel.' Ik dacht nog steeds dat we over de grenzen van de persvrijheid discussieerden, over de verhouding tussen media en staat, van staat en godsdienst; tenslotte zijn we allemaal journalisten, doceren samen journalistiek en praten ook met onze studenten vaak over deze dingen.

'Ze hebben iets veel ergers gedaan dan tegen de Deense wet gezondigd. Ze hebben gezondigd tegen de wet van de hele wereld! Ze hebben de gevoelens van anderhalf miljard moslims gekwetst.'

Ayub zwijgt een moment, op de televisie worden filiaalchefs van supermarkten in Saudi-Arabië geïnterviewd, en ik wacht af of hij verder gaat met vertalen. Maar in zijn hoofd draait allang zijn eigen film.

'Waarom mag je in Europa de profeet van de islam beledigen, maar niet zeggen dat de Holocaust nooit is geweest? Ik zeg: de Holocaust heeft nooit plaatsgevonden. Het is een mythe. Waarom is dat bij jullie strafbaar, maar een belediging van onze profeet niet? In de Koran staat dat de profeet niet mag worden afgebeeld en de Koran is ook een wet. Waarom hoeven jullie je daar niet aan te houden?'

Verbaasd laat ik de laatste vijf minuten de revue passeren: hoe zijn we terechtgekomen bij de Holocaust, respectievelijk bij het ontkennen daarvan? Zaten we niet zojuist nog allemaal vredig samen op de bank, bewoners van hetzelfde huis, medewerkers van dezelfde organisatie, vrienden ook, die met bevreemding televisiebeelden zagen van herrieschoppende mensenmassa's, brandende Deense vlaggen en van moellahs die de vrijdagspreek gebruikten om op te roepen tot een boycot van alles wat Deens is?

En nu: ik, jullie, wij, bij jullie. Waren we daarnet nog toeschouwers, zojuist zijn we van de ene minuut op de andere veranderd in medestrijders in de discussie tussen – ja, tussen wie eigenlijk? Wie vecht hier tegen wie? De islam tegen het Westen? Voorvechters van de superioriteit van het geloof tegen seculieren? Censors tegen advocaten van het recht op vrije meningsuiting? Ik tegen Ayub, hoe is de scheur in onze huiskamer ontstaan? Of was die er al de hele tijd, maar hebben we hem niet gezien, niet willen zien, hebben we hem glad gepraat, mooier gekleurd?

In de tijd van Saddam stond het ontkennen van de Holocaust in de scholen op het lesrooster, ik weet dus in principe wel waar die gedachte vandaan komt. Maar de snelle omslag tijdens ons gesprek van discussie in aanval verrast me, laat me schrikken.

Voor de goede vrede in huis zou het waarschijnlijk het beste zijn als ik Ayubs boosheid maar zonder commentaar liet gaan. Zonder weerwoord verhit raken is niet zo gemakkelijk. Zit Tiare er daarom zo stil naast?

Maar als ik niet eens met een moslim met wie ik al maanden samenwoon en samenwerk, durf te praten over wat er op dit moment in de wereld aan de hand is – met wie dan wel? Is er dan nog wel een dialoog mogelijk? Nee, ik kan en ik wil zijn woede niet gewoon stilletjes laten overdrijven. Ik wil geen ruzie maken. Maar ik heb vragen.

Heeft Ayub de Holocaust expres uitgekozen omdat ik Duits ben en Jessica, met wie hij al bijna een jaar dagelijks samenwerkt, Joods? Of was het een spontane reflex, zonder bijgedachten, zonder diepere overtuiging?

Ik wil net uitleggen dat het ontkennen van de Holocaust niet overal in Europa strafbaar is en wat er in Duitsland achter het verbod zit, als Ayub doorgaat met zijn tirade. 'Ze zeggen dat er zes miljoen mensen vermoord zijn en dat de gevoelens van de slachtoffers en hun families niet gekwetst mogen worden. Maar de gevoelens van anderhalf miljard moslims mogen wel gekwetst worden? Moeten we ons eerst laten vergassen voordat onze religieuze gevoelens serieus genomen worden?'

Ik slik. Er gaat hier op dit moment iets verschrikkelijk mis. Ik registreer het, maar ik kan niets doen om het te stoppen. Er schiet me een boek te binnen dat in mijn boekenkast in Hamburg staat: *Discussiëren met fundamentalisten zonder je verstand te verliezen.* Jammer genoeg nooit gelezen. Dus een sprong naar vertrouwd terrein: vragen, feiten, analyse.

'Geloof je nou echt dat tienduizend Jemenitische vrouwen in Sana de straat opgaan omdat ze zich beledigd voelen door een karikatuur in Denemarken?' vraag ik. 'De meesten van die demonstrantes hebben vermoedelijk nog nooit van hun leven een krant gezien, laat staan een Deense, en hebben ook geen toegang tot internet en echt wel dringendere problemen om de straat voor op te gaan. Anders mogen ze nauwelijks hun huis uit, en nu bedenken ze opeens een demonstratie tegen in Denemarken gepubliceerde cartoons?'

'Jij denkt dat alle moslims zo dom zijn dat iemand ze eerst moet vertellen waarover ze zich moeten opwinden? Denk je dat we niet zelf kunnen herkennen wat in strijd is met onze godsdienst?'

'Dat heb ik niet gezegd. Ik probeer je alleen maar uit te leggen dat dit geen spontane opwinding is, maar dat er krachten zijn die belang hebben bij het conflict. Want waarom zijn de protesten juist daar het hevigst waar de regeringen de grootste problemen met islamisten hebben, Saudi-Arabië, Jemen, Egypte, of onder grote druk van buiten staan, zoals Syrië? Allemaal landen waar de mensen anders niet eens hardop "piep" kunnen zeggen zonder dat er een half leger op afkomt? En nu hebben ze ineens het recht om vrij te demonstreren, marcheren de mensen ongehinderd door de steden? Tegen Denemarken staan deze regeringen de opwelling van religieuze gevoelens toe, die ze anders met kracht onderdrukken. Een welkome uitlaatklep om de mensen van hún problemen af te leiden.'

Ik vond mezelf heel rationeel en mijn argumentatie waterdicht – helaas had ik de aard van onze ruzie totaal niet onderkend. Ayub wilde geen argumenten, geen logica. Hij wilde zich geaccepteerd weten in zijn boosheid.

Elke verdere vraag van mij maakt hem alleen maar kwader. En toch kan ik mijn mond niet houden. 'Eén ding moet je me uitleggen, Ayub: waarom kwetst een karikatuur van Mohammed in een Deense krant de moslims zo erg dat ze van Afghanistan tot Indonesië protesteren, maar gaat niemand de straat op tegen het feit dat dag na dag moslims in naam van de islam en dus ook in naam van Mohammed zichzelf opblazen en onschuldige mensen doden?'

Ik moest die vraag kwijt, hij spookte al dagenlang door mijn hoofd. Deze tegenstrijdigheid ontnam in mijn ogen de boze preken tegen de 'vijanden van de islam' veel van hun geloofwaardigheid, hun morele legitimatie. Graag had ik dat in een kalmere sfeer met Ayub besproken, het hem nieuwsgierig gevraagd in plaats van hem er agressief mee te confronteren.

'Daar hebben ze ook tegen gedemonstreerd.'

'Niet met zulke aantallen, niet met de boosheid die we nu zien.'

'Dan zouden ze hun hele leven wel kunnen demonstreren, dat gebeurt tenslotte iedere dag.'

'Juist. En precies daarover gingen overigens een paar van die karikaturen. Ik wil de tekeningen op zichzelf helemaal niet verdedigen. Maar zie je de scheve verhouding niet, hoe buiten proporties de middelen zijn? Zelfs al heb ik een andere mening, zelfs al vind ik dat een tekening me beledigt, dan roep ik nog lang niet op om de maker te vermoorden, of brand ik zijn kantoor plat. De karikaturen hebben misschien gelovigen beledigd, maar ze hebben niemand gedood. Over verschillende meningen kan toch gepraat worden.'

'Er zijn dingen waarover niet gepraat kan worden, omdat er geen verschillende meningen over kunnen bestaan. Ik wens niet te discussiëren over de Profeet.'

De woede die uit Ayub spreekt, heeft hoogstens zijdelings met de karikaturen te maken. De tekeningen van Mohammed zijn voor hem, zoals vermoedelijk voor veel van de protesterenden, niet de oorzaak maar de aanleiding van een algemene aanklacht tegen het Westen. Want er hadden zich veel redenen opgestapeld om kwaad op het Westen te zijn.

Nog maar een week eerder was Jassim, een van onze studenten en Ayubs beste vriend, bij een razzia in zijn geboortestad Hawija door het Amerikaanse leger gearresteerd. Ik kwam dat te weten toen Tiare een telefoontje kreeg en – net als destijds Jessica bij de arrestatie van Leila en Ammar uit Falluja – de gesprekspartner aan de andere kant van de lijn steeds met 'sir' aansprak. Telefoneren met sirs betekent zelden iets goeds, dat had ik intussen wel begrepen. En inderdaad: de beller, een zekere sergeant Brian, wilde ons laten weten dat ze iemand gearresteerd hadden die beweerde een van onze studenten te zijn. Hij had ook onze perskaart bij zich gehad. Tiare vroeg wat zijn naam was en bevestigde Jassims identiteit. Dat hielp zeer, zei de sergeant, temeer daar we hem ook vertelden dat Jassim onderzoek voor ons moest doen naar de beide onlangs ontvoerde Duitse ingenieurs uit Leipzig. Het leger had namelijk een briefje bij hem gevonden met notities die een hoogst verdachte indruk maakten.

De dagelijkse val voor journalisten in Irak: sommigen zien hen voor agenten van de imperialistische vijand aan, anderen voor terroristen. Ondanks onze ondubbelzinnige informatie moesten ze hem voor verder onderzoek naar Kirkuk brengen, zei de sergeant. Nou ja, 'slechts' naar Kirkuk. Andere door het Amerikaanse leger opgepakte Iraakse journalisten waren in Abu Ghreib terechtgekomen en daar voor maanden verdwenen.

Een deel van Ayubs woede is te verklaren vanuit de bezorgdheid om zijn vriend, want op de dag van onze ruzie is Jassim nog steeds niet vrij. We weten dat ze hem op de VS-basis in Kirkuk vasthouden, we bellen iedere dag op, en elke keer verzekeren ze ons dat hij het goed maakt en dat zijn vrijlating slechts een kwestie van tijd is. Toch gaan er nog twee weken voorbij voor hij weer thuiskomt. Wat hij na zijn vrijlating over zijn gevangenschap vertelt, komt niet echt overeen met wat wij onder 'het goed maken' verstaan. Met een zak over zijn hoofd moest hij urenlang stil in het donker zitten. Handboeien zelfs tijdens het eten en als hij naar de wc moest, hij verbleef in een eenpersoonscel van twee vierkante meter, steeds opnieuw verhoren, sommige soldaten scholden tegen de gevangenen, andere lieten hen urenlang met hun gezicht naar de muur staan, een week lang mocht hij niet met andere gevangenen praten.

Het is niet Ayubs eerste teleurstelling over het Amerikaanse leger in Irak. Aanvankelijk had hij de oorlog vurig gesteund, maakte zich behoorlijk kwaad over de protesten in Europa en zag ongeduldig uit naar de dag waarop de Amerikanen binnen zouden vallen. Bagdad, de hoofdstad van zijn vaderland, zag hij voor het eerst toen Saddam Hussein door de Amerikanen ten val was gebracht. Ayub maakte kennis met Arabische Irakezen en vertelde hun over het leven in Koerdistan en zij vertelden hem hoe ook zij onder Saddam Hussein hadden geleden. Dagen van hoop, waarin Ayub Irakezen verlangend hoorde zeggen dat Irak misschien wel de eenenvijftigste staat van de VS zou worden, en ook hij droomde van een nieuw leven in een vredig, democratisch Irak.

Toen begon de eigenlijke oorlog. Ayub zag hoe in Bagdad een

tank een auto vol burgers overreed. Zag hoe een militaire eenheid een huis onder schut nam waarin heel gewone Irakezen woonden. Met elke dode daalde de hoop en steeg de woede. En groeide de wending tot datgene wat zijn eigen identiteit het meest onderscheidde van de nieuwe heersers: hij, die vroeger zo goed als nooit bad, werd godsdienstig, ontdekte de islam. En tegelijk opende zich voor hem de wereld van de journalistiek en daarmee van het vragen stellen, de analyse, de kritiek.

Twee uitdagingen die twee uitersten van hem vergen. Wat ertoe geleid kan hebben dat wij zijn gedrag met één term kunnen verklaren: in de war.

Maar op de middag van 4 februari 2006 is hij niet in de war, maar woedend. Intussen houdt hij meer een monoloog dan dat hij een gesprek met ons voert; alsof hij zinnen uitspuwt die al zo lang op zijn lippen brandden. 'Het Westen is zo arrogant, zo onwetend. Iedereen mag de islam met voeten treden.' Hij heeft het over de in Nederland vermoorde filmregisseur Theo van Gogh. 'Waarom moest die een film maken die de moslims kwetst?'

'Hij wilde de mensen aan het denken zetten. Hij wilde verzen uit de Koran en de realiteit in veel islamitische landen...'

Ayub valt me in de rede. 'Het is niet zijn taak moslims aan het denken te zetten. Dat kan de moellah doen, of de islamitische geleerden, maar niet hij. Daar had hij het recht niet toe.'

Op dat moment komt Jessica haar kamer uit gestormd. Kokend van woede beent ze naar de keuken en schreeuwt in het voorbijgaan tegen Ayub: 'Jij moet eerst eens leren een beschaafd gesprek te voeren met mensen die een andere mening hebben dan jij.' Ze haalt iets uit de keuken, loopt terug en briest wanneer ze weer langs ons komt: 'Leer eerst eens wat respect betekent, voordat je anderen veroordeelt!' Dan verdwijnt ze weer naar haar kamer en knalt achter haar de deur in het slot.

Een paar seconden zitten we allemaal als verdoofd. Ik voel me op een hellend vlak, alles glijdt steeds verder af zonder dat ik er iets tegen kan doen. Uitgeput, geërgerd en voorlopig aan het eind van ons Latijn trekken we ons allemaal op onze kamer terug.

Een uur later gaat de volgende schok door ons huis. Alsof de beving alleen maar eerder onzichtbare haarscheurtjes in het fundament van onze woongroep heeft vrijgelegd, kraakt en wrikt het plotseling overal.

Na de eerste schrik komen Jessica, Tiare en ik weer onze kamers uit en we gaan samen op de bank zitten. Op de televisie is, natuurlijk, weer een programma over de cartoonoorlog. Deze keer gaat het erover dat verschillende Europese kranten de tekeningen hebben overgenomen met het argument dat een dergelijke aanval op de vrijheid van meningsuiting niet geaccepteerd mag worden. Mijn commentaar: 'Dat zou ook tijd worden.'

Waarop Tiare zegt: 'Ik zou als hoofdredacteur de cartoons niet hebben afgedrukt. Ze zijn beledigend en racistisch en het was een verkeerd besluit van de uitgevers ze te publiceren. Ik begrijp niet waarom de mensen nu verbaasd zijn over de reacties.'

'Waarom ben je zo politiek correct, Tiare?' reageert Jessica fel. 'Waar ben je bang voor?'

'Ik ben niet bang, hoezo bang? Waarom doe je zo agressief?'

Tegen mij zegt Jessica: 'Europa heeft een probleem, dat is wel heel duidelijk geworden. Het lijkt me geen toeval dat deze controverse in Europa is uitgebroken en niet in Amerika. Het kon alleen maar in Europa gebeuren. Net zoals de Holocaust alleen in Europa mogelijk was.'

Ik kijk haar vragend aan.

'Ik kan dat niet nader uitleggen, het is zomaar een buikgevoel. Maar voor mij hangt datgene wat de cartoonoorlog aan Europese problemen laat zien duidelijk samen met de Holocaust. Het zijn voor mij allebei uiterst Europese verschijnselen.'

Islam, Europa, Amerika: trok iedereen zich nu op zijn geboorte-eilandje terug? Opeens leken we allemaal in een laatje te zitten en ook zo te denken. Had ik me ooit eerder zo duidelijk Europese gevoeld? Op de vraag: 'Wat betekent Europa voor jou?' zou ik anders vermoedelijk na enig nadenken honderden antwoorden hebben kunnen geven. Hier en nu zou ik spontaan gezegd hebben: 'Het seculiere continent.' Vanuit de verte zie ik duidelijk het voorrecht: een leven zonder godsdienst te leiden, als ik dat wil.

Later die avond komt Niaz langs. Ik vertel hem, nog zichtbaar geërgerd, over de ruzie. Hij toont zich totaal niet verbaasd. 'Ayub scheldt op het Westen – maar in werkelijkheid bestrijdt hij zijn eigen schuldgevoelens.'

'Hoezo schuldgevoelens?'

'Als hij echt zo strenggelovig is als hij zich vaak voordoet, zou hij dan met vrouwen zo vertrouwelijk onder één dak mogen wonen? En als hij de Amerikanen zo haat omdat ze in Irak alles fout hebben gedaan, zou hij dan voor een Amerikaanse organisatie mogen werken en geld aannemen van de Amerikanen? Hij klaagt het Westen aan, maar laat zich er tegelijk erg mee in. Hij voelt zich aangetrokken door iets wat hij wil afkeuren en dat maakt hem nog kwader. Hij is de principes waar hij voor staat zelf niet trouw gebleven, en nu stelt hij de – echte of vermeende – schending ervan des te heftiger aan de kaak.'

Klinkt overtuigend. Dat Ayub teruggreep op de Holocaust past daarmee ook in het plaatje: daarmee kon hij de Duitse en de Joodse, die elke dag voor hem het Westen belichamen, demoniseren. En zich daartoe bedienen van het in deze streken gebruikelijke verwijt van een zionistische samenzwering.

Maar wat betekent dat voor ons? Voor onze woongroep? Zouden we nu voor altijd aan verschillende zijden van een cultuurconflict staan waarvan het einde nog niet in zicht was?

Ook voor Niaz heeft de cartoonoorlog een heel persoonlijke dimensie. Uitgerekend Denemarken! Hij, de Deense staatsburger, krijgt de laatste dagen telkens weer de vraag: 'Waarom doen de Denen dat?' Hij, die in Denemarken steeds weer tegen wil en dank in de rol van islamverklaarder werd geduwd, moet nu in Irak studenten, collega's, vrienden en familie Denemarken verklaren.

'Weet je hoe vaak ik in mijn leven die twee minuten al heb vervloekt waarin ik drieëntwintig jaar geleden voor Denemarken koos? En de laatste dagen vaker dan ooit.'

Twee minuten, de tweesprong aan het einde van een lange reis. Nadat Niaz in de winter van 1982 door de Iraanse politie halfbevroren in het grensgebergte tussen Iran en Irak was opgepakt, brachten de beambten hem naar een interneringskamp ten noorden van Teheran. Bijna een jaar bleef hij daar. Pas toen hij vreesde te worden ontmaskerd als vrijheidsstrijder, die ook rebellen aan Iraanse zijde had geholpen – een zeker doodvonnis –, besloot hij te vluchten.

Een in Iran wonende vriend van zijn vader hielp hem het land uit. Hij bezorgde hem een vals paspoort en een eveneens vervalst extra papier, waarop stond dat hij een speciaal agent van de Iraanse geheime dienst was, op weg voor een geheime missie naar Europa, reden waarom hem geen vragen mochten worden gesteld, niets in het paspoort mocht worden geschreven en het papier bovendien onmiddellijk moest worden vernietigd.

Zo kwam Niaz vanuit Teheran naar Wenen, zonder stempels, zonder visum, alleen met een vervolgticket naar Oost-Berlijn. Maar de vlucht ging pas twee dagen later. Dus verstopte hij zich in de transitzone op het toilet, steeds van cabine naar cabine op de vlucht voor de schoonmaakster.

In Oost-Berlijn viel het vervalste paspoort onmiddellijk door de mand. 'Kom eens kijken,' riepen de beambten hem achter het loket, en hij zag onder de zwarte lamp de valse gegevens in zijn paspoort oplichten, laag op laag, als de ringen van een *Baumkuchen*. 'Hier is helemaal niets echt aan!' lachten de grensbewakers. Hij stond doodsangsten uit. Als ze hem terugstuurden, zij het naar Iran of Irak, was zijn doodstraf bezegeld. Bang afwachten. Na vier uur eindelijk een tolk. De politie doorzocht zijn bagage. 'Wat is dit?' vroeg het hoofd van de luchthavenpolitie met hulp van de tolk en hij hield een stapel tekeningen omhoog. Niaz had die in de gevangenis in Iran gemaakt. 'En dit?' Tussen duim en wijsvinger draaide hij een flinterdun kleizegel. 'Wie heeft dat gemaakt?' Niaz wees op zichzelf en legde uit dat hij daarmee de originelen van zijn werk signeerde.

'Ben je kunstenaar?' vroeg de beambte. Niaz knikte.

En voor het eerst sinds hij zijn door zijn vader bespotte, in Irak nogal onpraktische kunstenaarstalent had ontdekt, bracht het hem geluk. 'Ik vind je werk mooi, ik wil je helpen. Je hebt twee minuten tijd om te beslissen voor welk land we je een doorreisvisum moeten geven. Twee minuten. Als je niets kunt bedenken, sturen we je terug.'

Twee minuten. Het beetje dat Niaz over Europa wist of meende te weten, ratelde door zijn hoofd. Zweden was hem door vrienden afgeraden, omdat het weer en de mensen er te koud waren. Voor Engeland was hij om redenen die hij zelf niet begreep bang. West-Duitsland was niet verstandig in Oost-Berlijn. 'Denemarken,' schoot door zijn hoofd. Lang, lang geleden had een vriend hem vol bewondering verteld dat daar pornofilms op de televisie werden uitgezonden. Deze voor zijn vriend positieve associatie dook uit diepe lagen van zijn geheugen weer op, en ook al interesseerden die films hemzelf niet in het minst, hij hoorde zichzelf het volgende ogenblik tegen de beambten zeggen: 'Denemarken.'

Daar aangekomen, wendde hij zich uit zichzelf tot de politie – en werd op slag weer gearresteerd, omdat ze hem niet geloofden. Geen stempel in zijn sowieso valse paspoort, geen papieren om te bewijzen dat hij werkelijk een Irakees of liever gezegd een Koerd uit Khanakin was. Het adres van zijn familie wilde hij niet prijsgeven uit bezorgdheid dat ze problemen met de Iraakse veiligheidsdienst konden krijgen als iemand uit het buitenland contact met ze zou opnemen en naar Niaz zou vragen.

Omdat de Deense beambten niet wisten wat ze met de niet te identificeren man moesten beginnen, kwam hij weer in de gevangenis terecht. Na die van Irak en Iran kwam de Deense gevangenis echter op hem over als een hotel: goed eten, een comfortabele lichte cel, welgemanierd personeel. 'Als de Iraakse gevangenissen ook zo waren, hadden jullie me hier niet gezien!' zei hij tegen de bewakers, die hem algauw graag mochten omdat hij van alle gevangenen de rustigste en coöperatiefste was. De anderen zaten voor roof, mishandeling, verkrachting – van hen geloofde niemand zijn vluchtverhaal. Ze kregen geen hoogte van de nieuw bijgekomene, die alleen maar rustig was, blij was met het eten en iedereen terughoudend, maar heel vriendelijk tegemoet trad en zich haast goed leek te voelen. Misschien een spion, die erachter moest zien te komen wat er zoal leefde in de gevangenis? Of een hoge piet uit de onderwereld, die wist dat hij niets te vrezen had en daarom ontspannen op de dag wachtte waarop zijn mannen aan de juiste touwtjes trokken om hem eruit te halen? Spoedig vatte bij de andere gevangenen het gerucht post dat Niaz 'die vent met de twee kilo cocaïne' was en het personeel zo aardig tegen hem was omdat hij ze allemaal had omgekocht. De legende maakte van de politieke vluchteling een drugsbaron met uitstekende contacten en heel veel geld. In elk geval had hij nu rust. Ten slotte dook een ambtenaar van de vluchtelingendienst een Koerd uit Khanakin op die Niaz kende en al zijn verklaringen bevestigde. Hij was vrij en kon asiel aanvragen.

Denemarken werd zijn nieuwe vaderland, daar studeerde hij kunst en vormgeving, daar vond hij tijdelijk het geloof in geluk en toekomst terug. Totdat de Denen een nieuwe rechts georiënteerde regering kozen; totdat op 11 september 2001 een groep van negentien moslims twee vliegtuigen het World Trade Center in New York en nog een het Pentagon in Washington in stuurden; totdat de VS het terrorisme, en al-Qaida het Westen de oorlog verklaarden.

Ieder jaar voelde hij zich in Denemarken minder thuis. Tot hij uiteindelijk besloot te proberen terug te gaan en in augustus 2005 naar Koerdistan kwam.

Maar daar is hij ook niet meer thuis, zoals hij de afgelopen weken en maanden heeft gemerkt. Over een paar maanden wil hij daarom terug naar Denemarken. Niet uit overtuiging of zelfs uit liefde voor Europa. Eerder uit wanhoop over de heersende omstandigheden in Koerdistan. De afweging welk niet-vaderland het minste kwaad betekent, is door de cartoonoorlog echter uit het lood geraakt. Als Niaz over de miljoenenverliezen van Deense bedrijven door de boycot van hun producten in moslimlanden hoort, wordt het hem heel anders te moede: 'De Denen hadden al de pest aan ons immigranten. Nu zullen ze ons helemaal voor wat ze in naam van de islam verliezen, laten betalen.' Zo groeit, op een andere manier dan bij Ayub, ook bij Niaz de twijfel aan Europa, zonder enige religieuze achtergrond.

De volgende dag bereikt de strijd der culturen in onze woongroep de volgende fase van de escalatie. Eerst leek het ontspannen; ondanks de aardverschuiving van de vorige dag zitten Ayub en Jessica samen voor de televisie. Maar wat eerst een probaat middel voor woongroepwijde ontspanning was, werkt op dit moment eerder als katalysator voor alle soorten kwade reacties. In elk geval hoor ik even later de twee hard en boos tegen elkaar schreeuwen.

Uit het verhaal van de verschillende partijen reconstrueer ik het gebeurde als volgt: op de televisie werden kennelijk beelden getoond van demonstranten die de Deense ambassade in Damascus bestormden en in brand staken. Of Ayub hierop met een harde lach of een kort applaus reageerde, daarover spreken de versies elkaar tegen; maar Jessica's reactie is ondubbelzinnig overgekomen. Ze zei: *'You are a fucking loser.'* Waarbij opengelaten werd of ze met de verdomde verliezer Ayub persoonlijk bedoelde of in het algemeen mensen die meningsverschillen oplossen door gebouwen in de as te leggen.

In elk geval was helemaal voldaan aan het cultuurstrijdcliché: westerse vrouw scheldt moslim uit voor verliezer. Waarop die razend de kamer uit liep.

Even later kwam Mariwan de trap af. 'Waarom zeg je zulke dingen, Jessica? Waarom noem je Ayub een verliezer? Hij is buiten zichzelf van kwaadheid, en terecht.' Toen verdween hij weer naar boven, naar zijn vriend. Onmiddellijk voelde Jessica zich schuldig en rende eveneens naar boven – waarop de schreeuwpartij volgt die ik tot in mijn kamer hoor.

Als Jessica weer beneden komt, nemen Tiare en ik haar eerst even mee voor een wandeling in het park. Frisse lucht ter de-escalatie.

De volgende dag verhuist Ayub. Jessica heeft hem wel haar excuses aangeboden, maar zijn boosheid komt minstens even sterk nog van het debat met mij. Hij gaat maar. Hij had immers al aangekondigd niet meer voor ons te willen werken, twee maanden geleden, toen ons geld dreigde op te raken. Maar na al die tijd samen wil ik hem niet zomaar zonder een woord laten vertrekken en ik vraag hem het nog een laatste keer uit te praten.

Als ik had geweten hoeveel boosheid er in hem zat, dan had ik daar op dit moment van afgezien. We zijn met ons vieren: Jessica, Tiare, ik en Ayub; hij wil dat Jessica nog een keer haar excuses aanbiedt ten overstaan van ons allemaal, voor dat 'verliezer', maar vooral omdat ze hem voor ons anderen zo heeft uitgekafferd. Ze zegt dat het haar spijt. Ayub zegt niets. Kaarsrecht zit hij op zijn stoel en kijkt ons aan met de blik van een scherprechter. Dan komt de algemene aanklacht.

'Jullie hebben geen enkel respect voor de islam! Jullie minachten de godsdienst, allemaal, jullie zijn allemaal hetzelfde.'

'Ik heb niet eens iets gezegd,' protesteert Tiare.

'Ayub, we zitten hier niet om ons door jou te laten uitschelden. Je bent geen rechter en wij zitten niet in het beklaagdenbankje. We wilden nog een keer rustig met je praten. Ik respecteer je beslissing om te verhuizen…'

Hij luistert helemaal niet naar me. Terwijl hij star langs ons heen kijkt, blijft hij maar praten; veel slaat helemaal nergens op. Alsof we per ongeluk naar een hardop afgedraaide innerlijke monoloog luisterden.

'Waarom winden jullie je op over die protesten en niet over wat er in Falluja gebeurt? Jullie moesten je kwaad maken over de honger in Soedan. Heeft een van jullie ooit een artikel over de gifgasaanval op Halabja geschreven? Jullie schuiven altijd alles af op de islam. Kunnen we niet naar dat-en-dat dorp, omdat er sneeuw op de weg ligt? Dat komt door de islam. Een studente gedraagt zich als een ezel? Komt door de islam…'

Waar is de Ayub van onze lange zomernachten op het dak gebleven? De safaridromer, de okrakok, onze vriend? Ik sta op het punt hem door elkaar te rammelen.

'Ayub, waar heb je het over?' vraag ik in plaats daarvan.

Hoewel hij nu ondubbelzinnig met mij praat en ik naast hem zit, kijkt hij nog steeds voor zich uit. Alsof hij op de automatische piloot praat. 'Gisteren zei je dat de karikaturen niemand hebben gedood. In Duitsland is iemand doden misschien het ergste. Maar waarden en normen zijn niet overal hetzelfde. De tekeningen van Mohammed hebben niemand vermoord? Voor ons waren ze erger dan iemand doden.'

Genoeg. 'Ik denk dat je nu maar moet gaan, Ayub,' zeg ik, 'voordat we dingen zeggen waar we achteraf misschien spijt van krijgen.' Hij staat op en gaat weg.

We voelen ons in een shock en maken ons zorgen. Wat gaat Ayub nu doen, waar gaat hij heen? Welke van de beide zielen in zijn borst zal het winnen? Tiare herinnert zich een gesprek met hem toen hij terugkwam van een reis naar Vietnam. Opgewonden had hij haar verteld van een museum over de oorlog en van de boosheid die hij daar ten opzichte van Amerika voelde. 'Zo'n verschrikkelijke woede dat ik wel eens bang ben voor waar die woede me toe zou kunnen aanzetten.'

'Je weet: de pen is machtiger dan het zwaard,' had Tiare toen gezegd, en Ayub had geantwoord: 'Die innerlijke tweestrijd voer ik de hele tijd.'

Ik weet nooit zeker hoe serieus hij zulke dingen meent en hoeveel daarvan koketterie is, voortkomt uit zijn plezier in provoceren – want hij weet natuurlijk welke uitwerking zulle zinnen hebben. Ondanks zijn woederoes van de afgelopen drie dagen geloof ik niet in zijn totale breuk met het Westen. Had Ayub niet onlangs in de VS een studiebeurs aangevraagd, net als Mariwan? Maar ik kan me ook voorstellen dat hij als hij nu in de verkeerde kringen terecht zou komen, een gevaarlijk antiwesterse loopbaan zou kunnen beginnen.

'Ik hoop dat Ayub zijn beurs krijgt,' zeg ik tegen Tiare en Jessica. 'Dan zou hij beslist gemakkelijker kunnen kiezen voor de pen. De Columbia School of Journalism in New York is een betere school dan Guantánamo. Ik ga nu trouwens boodschappen doen, in de supermarkt kijken of er nog Deense boter is. De onze is bijna op. Gaat er iemand mee?'

In de verste verte geen Lurpak-boter in het koelvak, de Deense boycot heeft Sulaimania bereikt. Een paar handelaren in de bazaar hebben zelfs bordjes neergezet: 'Hier worden geen Deense producten verkocht' – in het Engels! Voor het geval dat er buitenlandse pers langskomt? Of omdat toch alleen buitenlanders om Deense boter vragen? De autochtonen in het Engels over de Deense boycot informeren is in elk geval onzin. Er is nog iets anders wat me laat twijfelen aan de ernst waarmee men in Sulaimania Denemarken de oorlog verklaart: Tuborg- en Carlsbergbier zijn overal te koop. 'Weten ze dan niet waar dat bier vandaan komt?' vraag ik 's avonds aan Niaz. 'Degenen die bier verkopen en drinken wel,' zegt hij. 'Maar die kunnen de karikaturen van Mohammed niks schelen.'

Vrouwen aan de rand van een zenuwinzinking

Van bloed komt bloed. Een Iraaks gezegde. Helaas ook Iraakse realiteit. Drie weken na de shockgolven die de karikaturen van Mohammed vanuit het verre Denemarken door onze woongroep in Noord-Irak hebben geslagen, worden we ingehaald door de uitlopers van de volgende catastrofe: Samarra.

De historische stad op 110 kilometer ten noorden van Bagdad herbergt een van de belangrijkste bedevaartsplaatsen voor sjiitische moslims: de Gouden Moskee met de Askari-schrijn. Twee sjiitische imams liggen er begraven. Uit een kelder onder de tombe zou bovendien in het jaar 878 al-Mahdi zijn verdwenen, de 'verborgen' twaalfde imam, wiens terugkeer de sjiieten op de Jongste Dag verwachten. Heiliger kan bijna niet. Op 22 februari 2006 marcheerden onbekende aanslagplegers deze zelfde moskee binnen, doodden een bewaker en bevestigden springstof zo uitgekiend aan het gebouw dat de gouden koepel instortte en de schrijn erg beschadigd werd. Een paar uur later gold in Irak de uitzonderingstoestand. Sjiieten bestormden soennitische moskeeën, gewapende milities plunderden de stad, wie in handen viel van de 'andere kant' moest vrezen voor zijn leven. Aantal slachtoffers na twee dagen: meer dan honderddertig doden.

Irak, melden de media overal ter wereld, staat op de voet van burgeroorlog. In Sulaimania blijft het rustig. De ontzetting over het ontketende geweld brengen onze studenten echter mee het huis in. Salam uit Bagdad bijvoorbeeld. Als hij twee dagen na de aanslag zijn auto voor de villa parkeert, is de tanige jongeman nog bleker dan anders. Verbazend dat hij de reis toch heeft gewaagd. Maar in Bagdad wilde Salam in geen geval blijven. 'Ik moest eruit. Thuis zou ik gek geworden zijn.' Vanwege de gespannen toestand hadden we alle cursussen verzet; zolang elke stap buiten de deur de laatste kan zijn, willen we geen studenten aanmoedigen om dwars door het land te reizen. Een paar zijn er toch gekomen, anderen, die al in Sulaimania waren, blijven langer omdat ze eerst niet willen en later niet kunnen terugreizen, wanneer een landelijk uitgaansverbod iedere rit tussen de provincies voor enkele dagen onmogelijk maakt. Anders weet de regering zich geen raad meer met het geweld dat het land overspoelt. Iedereen moet thuisblijven, er mag vooral niemand naar de vrijdagspreek, om te voorkomen dat het preken van haat in de moskeeën de mensen nog verder tegen elkaar opzet.

'We zijn blij dat we hier zijn,' zeggen de studenten, hoewel ze zich natuurlijk zorgen maken om hun achtergebleven familie. 'Nog even rust voor we weer terug moeten naar het hart van de waanzin.'

Als ik de volgende dag met enkelen van hen naar een concert van de Iraakse popzanger Haytham Yussuf ga – een Bagdadi, die al vele jaren in Zweedse ballingschap woont – dansen ze uitgelaten als jonge poesjes. Het volgende moment hebben ze tranen in hun ogen. 'Hier kunnen we dansen en zingen, terwijl ze in Bagdad elkaar de keel doorsnijden.'

's Avonds nemen Tiare en ik de studenten mee uit eten. Vooral voor de gasten uit steden waar altijd om wordt gevochten, zoals Bagdad of Ramadi, een welkome afleiding; iets wat ze thuis nauwelijks nog durven.

'Gisteren was de ergste dag van mijn leven,' zegt Salam, en de gezichten van de andere pas aangekomenen vertellen vergelijkbare verhalen. Ik kan me niet herinneren het afgelopen jaar ooit zoveel spanning en uitputting in de gezichten te hebben gelezen als die avond.

De ergste dag: uit de mond van een tweeëndertigjarige Bagdadi wil dat wat zeggen. Want er waren de laatste tweeëndertig jaar veel erge dagen in Irak. 'In mijn wijk heerste na Samarra totale anarchie,' zegt Salam. 'Mannen trokken met raketwerpers op hun schouder door de straat, geen leger en geen politie die hen probeerde tegen te houden. Er werd in het wilde weg geschoten, moskeeën werden vernield. Nu is echt iedereen bang voor iedereen.'

Aan de rand van de burgeroorlog: vanaf hoeveel doden per dag spreken we van oorlog? Twintig, vijftig, honderd, hoeveel bloed geeft de drempel aan tussen oorlog en vrede? Allang gaat er in Irak geen dag voorbij zonder dat ergens doodseskaders schijnbaar willekeurig mensen doodschieten. Anderen knopen hun slachtoffers op klaarlichte dag aan lantarenpalen op. Wie waarom door wie wordt vermoord – niemand die het meer weet. Lang voor het instorten van de Gouden Koepel van Samarra is, in de dode hoek van het wereldtoneel, het moorden tussen soennieten en sjiieten begonnen, dat niemand nog officieel burgeroorlog wil noemen. Alsof de duivel buiten de deur blijft zolang je zijn naam maar niet uitspreekt.

Drie parlementsverkiezingen en de uitvaardiging van een nieuwe grondwet hebben in Irak een façade van democratie geschapen; een façade die nog altijd voornamelijk steunt op Amerikaanse en Britse troepen. Daarachter duurt al drie jaar de lange nachtmerrie van de anarchie.

Voor Salam is het niet eens het geweld wat 22 februari 2006 tot de 'ergste dag' van zijn leven maakt. Honderddertig doden in twee dagen zijn tragisch, maar hoe cynisch het ook mag klinken, niet veel meer dan op elke andere willekeurige dag. Salam is niet bang voor een burgeroorlog, die is voor hem met wisselende hevigheid allang aan de gang. Zijn ontzetting komt door het inzicht dat voor hem persoonlijk de belangrijkste slag is verloren: die om een seculier Irak. 'De godsdienst heeft gewonnen,' concludeert hij uit de beeldenstorm na Samarra. Wat de dagelijkse moordpartijen, de vele honderden aanslagen op lijf en leven in de drie jaar sinds de inval van de Amerikanen niet voor elkaar hebben gekregen, is met de verwoesting van een religieus symbool gelukt: het volk is het gepeupel geworden, de godsdienst een allesbeslissend identificatiekenmerk.

Niet zo gemakkelijk om in dit geharrewar de dagelijkse routine in de woongroep weer op te nemen. Zelfs onze ontspanningsdrug *Lost* werkt niet meer zo goed, ook op het eiland stapelen de conflicten zich op. Tussen de gestrande overlevenden ontstaan er steeds meer *trust issues*, vertrouwenscrises, van alle kanten duiken plotseling allerlei duistere machten op, waarvan vooral Mariwan, eerder toch een grote fan, griezelt. 'Maar één aflevering vandaag, anders kan ik niet slapen,' jammert hij.

Wat Tiare aan het begin van de winter als eerste vreesde, voelen we nu allemaal steeds duidelijker: het land vreet aan ons.

Op een ochtend komt Jessica naar me toe en vraagt me heel bezorgd: 'Alles in orde? Ik heb zo naar gedroomd, vreselijk, het ging helemaal niet goed met je.' Ze ziet er werkelijk aangeslagen uit, alsof ze de hele nacht heeft geprobeerd me voor een verschrikkelijk lot te bewaren.

Inderdaad ging het die nacht niet goed met me, ook ik had vreemd gedroomd. Ik zat om de een of andere reden op de gesloten afdeling van een psychiatrische inrichting, het weekend kwam eraan en ik zou eigenlijk naar huis worden gestuurd. Maar de zuster die voor mij moest zorgen, vergat me gewoon. Iedereen ging naar huis en ik trommelde als een gek op de dichte deur tot ik badend in het zweet wakker werd. 'Waar ging jouw droom dan over?' vraag ik Jessica.

'Je werd vanwege "onislamitisch gedrag" bedreigd door islamisten. Ze verweten je dat je hier een vereniging ter bevordering van homoseksualiteit leidde.'

'Hm. En dat met geld van George W. Bush. Zou in elk geval weer eens wat anders zijn,' grap ik. Maar eigenlijk ben ik geïrriteerd: waarom droomt ze maar een paar weken nadat Ayub ons voor 'minachters van de islam' heeft uitgemaakt dat ik door islamisten word bedreigd? Naweeën van de ruzie? Daarbij heeft ze, hebben we Ayub allang teruggezien, hij is immers nog steeds Mariwans vriend. Hij is naar een appartementje verhuisd, heeft zijn aankondiging waargemaakt en is weer als reporter gaan werken, vooral voor de BBC, niet bepaald een tegenvoeter van het Westen.

Onze verhouding is sinds de ruzie vriendelijk-afstandelijk, voornamelijk beperkt tot vragen over het werk. Maar bedreigd voel ik me totaal niet. Niet door Ayub. Als het al het geval is, dan door de ondermijnende kracht van al die kleine dingen.

Zoals de generator, die op het punt staat een meermaals aangekondigde dood te sterven. Minstens één keer per week valt hij uit – en valt ons huis terug tot het voorelektrische tijdperk. Geen koelkast, geen televisie en – het ergste – geen internet.

Zoals de scheur, die dwars door de voorgevel van onze villa trekt en waaruit het teer van de dakbedekking al lekt – alsof de oplossingsverschijnselen binnen de woongroep ook aan de buitenkant zichtbaar moeten zijn.

Zoals de bezorgdheid over het welzijn van onze werkster, weduwe, moeder van twee zoons, van wie een haar niets anders dan verdriet brengt. De ene week is de politie aan de telefoon omdat de minderjarige jongen met een geleende auto een kind heeft aangereden; in de volgende week belt het ziekenhuis: haar zoon is na een steekpartij met verwondingen aan zijn keel en schouder bij de eerste hulp binnengekomen.

Er is altijd wat. Op een dag komt Mariwan helemaal gedeprimeerd op kantoor: een stuk grond in Halabja, voor de aankoop waarvan hij bijna al zijn spaargeld heeft gebruikt, is door de partij in beslag genomen. Zomaar. Zonder opgave van redenen, zonder schadevergoeding. Een andere dag belt Yassin, een van onze ijverigste studenten, op uit Ramadi: terwijl hij iemand aan het interviewen was, hadden Amerikaanse soldaten zijn huis doorzocht, zijn computer, zijn digitale camera en zijn satelliettelefoon vernield en al zijn contante geld meegenomen. De soldaten hadden zijn gezin met getrokken wapens in bedwang gehouden, gelukkig was er niemand gewond.

Steeds vaker word ik 's morgens al wakker met de gedachte

welke kleine en grote rampen me die dag staan te wachten. Het land komt niet tot rust. Zelfs hier in het noorden, waar het eigenlijk vredig is, voelen we onder de oppervlakte nog altijd de valkuilen. De kans op verderf is niet verdwenen, alleen maar toegedekt. En als we er het minst op bedacht zijn, steekt die de kop op, vaak maar eventjes, als een voortdurende herinnering aan wat de mensen en het land hebben doorgemaakt. Als Tiare met Mariwan en zijn vrienden gaat picknicken, willen ze op een groot, groen grasveld gaan zitten. Tiare, die een levensbedreigende allergie voor bijen heeft, vraagt hoe het zit met insecten.

'Geen zorgen. Hier is een grote gifgasaanval geweest, hier is al jaren alles dood,' zegt Mariwans vriend. En pakt sla en groente om die te gaan wassen in de rivier. We hebben ons vermogen ons te verbazen nog niet verloren. Maar er zijn dagen waarop we wensen dat er gewoon niets was om ons over te verbazen.

'Jullie zien eruit alsof jullie het liefst morgen in het eerstvolgende vliegtuig zouden stappen.' Ik kom mijn kamer uit, Jessica en Tiare liggen op de bank, de televisie is uit, wat zo goed als nooit voorkomt, en alles in de kamer maakt een vermoeide indruk.

Ze kijken elkaar aan.

'Niet helemaal,' zegt Jessica. Korte pauze. 'Maar misschien overmorgen.'

'Weten jullie wat me murw maakt?' vraagt Tiare. 'Dat je hier altijd met het ergste rekening moet houden. Zelfs als je alleen maar iemand niet telefonisch te pakken krijgt. Vorige week kreeg ik twee van onze studenten uit Bagdad niet aan de lijn. De een was door een bende overvallen en in elkaar geslagen, de ander was omdat hij met de dood was bedreigd een paar dagen naar Teheran gevlucht, nadat kort daarvoor zijn neef zomaar op straat was neergeschoten en in zijn armen gestorven was.'

Ik denk aan het gesprek met Michael, onze Engels-Koerdische vriend, die vlak na het cartoondrama een paar dagen kwam logeren. Michael voorziet ons trouw van goede wijn en nog betere films; uit Londen brengt hij altijd een kleine collectie net verschenen dvd's mee. Maar die avond keken we samen naar het nieuws: de BBC toonde pas vrijgegeven foto's van Britse soldaten die Iraakse jongeren afranselden. Wat Michael, een uiterst bedachtzame journalist en als halve Koerd zeer gesteld op het land, na enige twijfel becommentarieerde met de woorden: 'Ik durf zoiets bijna niet te zeggen. Maar er lijkt wel iets metafysisch over het land gekomen te zijn. Een hang naar geweld, die iedereen meesleurt die hier langer verblijft.'

'Daar hoef je geen slecht geweten over te hebben,' stel ik hem gerust. 'Wij vragen ons ongeveer tweemaal per dag af: wat is er aan de hand met deze plaats, met dit land? Waarom voelen we ons steeds weer zo somber, zo verloren hier? Ken je trouwens de Poolse schrijver en journalist Ryszard Kapuściński? Die heeft eens, overigens niet met betrekking tot Irak, vastgesteld dat de constructie die ervoor zorgt dat mensen zich binnen de ethische grenzen bewegen, zeer breekbaar is. Misschien is die hier gewoon nog breekbaarder dan ergens anders.'

Alleen de zon geeft ons hoop. Ze kleedt de kale bomen in een jasje van teer groen en kondigt de lente aan. Weg met de kerosinekachels, tijd voor frisse lucht.

Voor Jessica komt de dag dat ze een jaar in Koerdistan is, naderbij.

'Maar op je verjaardag ben je toch weer thuis?' dringt haar moeder aan, iedere dag sterker. Haar verjaardag valt op 20 maart, Newroz, de dag van het Koerdische Nieuwjaar. Jessica twijfelt. De lente, het mooiste jaargetijde in Koerdistan, nog blijven? Of toegeven aan het gevoel van uitputting en gauw naar huis gaan?

Dan wordt ze ziek. Misselijkheid, migraine, pijnaanvallen. Drie nachten lang doet geen van ons een oog dicht. Heen en weer tussen bed en badkuip, ettelijke ritten naar de dokter, naar het ziekenhuis, injecties, tijdelijke verbetering, dan weer kermen en gillen van pijn.

Een nachtmerrie voor alle betrokkenen. En steeds de angst: wat heeft ze toch? Tiare heeft de man van een nichtje al gebeld die als chirurg bij het Amerikaanse leger in Irak werkt, om te weten te komen waar we Jessica in het geval van ernstig gevaar heen kunnen brengen. De opties zijn ontnuchterend: naar hem in Tal Afar

– uitgesloten, de plaats is een van de dorpen aan de Syrische grens waar het hardst om gevochten wordt. Naar de militaire basis in Kirkuk? Mogelijk, maar ook riskant. Wat ons voorheen niet was opgevallen: in Sulaimania is er geen enkel ziekenhuis volgens internationale standaard, geen enkel waarvan we een betrouwbare diagnose kunnen verwachten.

Toen Mariwan zich kortgeleden bijna niet meer kon bewegen van de rugpijn en wij hem met het vermoeden van hernia naar de dokter stuurden, vroeg die hem: 'Bent u klaar met kinderen verwekken?' Verbaasd keek hij haar aan: op zijn zesentwintigste? Zal wel niet, hè. 'Ik vraag u dat, omdat ons röntgenapparaat al wat ouder is. Invloed op het voortplantingsvermogen valt niet uit te sluiten.' Ondanks hevige pijn ging Mariwan er als een haas vandoor. Een röntgenapparaat van de eerste generatie? Ieder jaar opnieuw krijgt Koerdistan van de centrale Iraakse regering vijf miljard dollar uit de olieopbrengsten van de staat. Wat gebeurt er met dat geld? Naar de gezondheidszorg gaat het in elk geval niet.

De vierde dag voelt Jessica zich beter. We halen opgelucht adem, de hele woongroep is de totale uitputting nabij.

Nog geen week later boekt ze de terugvlucht naar New York. Haar, ons, iedereen is duidelijk: ze moet hier weg. Het is het juiste moment. Het radioprogramma dat zij moest opstarten, loopt op rolletjes; een door haar opgeleid team autochtone journalisten produceert elke week een programma van vijftien minuten in de radiostudio op de begane grond van de villa. 'Mijn werk zit erop,' zegt Jessica. 'Ik ben aan het eind van mijn krachten. Ik heb het land niets meer te geven. Ik moet nu aan mezelf denken.'

Kamal

Na Jessica's vertrek werd het wat rustiger, zowel in de villa als in het land. Nog altijd sterven er dagelijks tientallen Irakezen, maar de uitgaansverboden zijn ingetrokken en zo goed als het gaat, probeert iedereen het dagelijkse leven weer op te pakken. Een dagelijks leven echter in een voorgoed veranderd land. Vooral onze studenten uit de gemengd-religieuze provincies, steden en buurtschappen vertellen over een nieuwe massabeweging: waar soennieten in de meerderheid zijn, trekken de sjiieten weg en andersom. Het land sorteert zichzelf. Ayub bericht voor de BBC vanuit Kut, ten zuiden van Bagdad, waar het stadsbestuur niet anders meer kon dan vluchtelingenkampen inrichten voor de toestromende sjiieten uit noordelijkere provincies. Zien we de eerste schreden op de weg naar een nieuw, etnisch in drieën verdeeld Irak? Officieel hoopt iedereen nog dat het een tijdelijk verschijnsel is. Maar elk gezin dat wordt gesommeerd naar huis te gaan, weigert met de woorden: 'Als we terugkomen, vermoorden ze ons.'

Alleen bij ons zit nog steeds iedereen bij elkaar en leert met elkaar: soennieten, sjiieten, Koerden, op dit moment om de vanwege Samarra uitgestelde cursus in economische journalistiek bij

Tiare af te maken. Emad, onze yezidi, doet eraan mee en nog een paar andere bekende gezichten, maar ook nieuwe studenten zoals Ahmed van de semiregeringskrant *al-Sabah*, en Kamal, die zegt dat hij voor een sjiitisch weekblaadje werkt.

Ze blijven twee weken. En terwijl buiten het land steeds verder in groepen en groepjes uiteenvalt, groeien in ons klaslokaal in Sulaimania nieuwe vriendschappen, leren sjiieten uit Bagdad voor het eerst een soenniet uit Ramadi kennen, debatteert een Koerdische vrouw uit Sulaimania met een soenniet uit Mosul over olieprijspolitiek en inflatie.

Emad en Kamal zijn spoedig onafscheidelijk, ze hangen voortdurend bij elkaar, en Emad, die nog nooit in Bagdad is geweest, droomt ervan zijn nieuwe vriend een keer in de hoofdstad te bezoeken.

De laatste avond nemen we ze voor een afscheidsetentje mee naar restaurant Eiffel, dat we nog altijd 'Evil' noemen. Ik zit naast Emad en Kamal, en Kamal vraagt me, met hulp van Emad als vertaler, honderduit. Wat de mensen in Duitsland geloven, hoe mannen en vrouwen met elkaar in contact komen, wat we eten, hoe we wonen, hoe het land na de Tweede Wereldoorlog was en hoe lang het heeft geduurd totdat de Amerikaanse troepen weggingen. 'Er zijn er nog altijd in Duitsland,' vertel ik, 'en waar ze willen vertrekken, ontstaan er protesten omdat de Duitsers bang zijn voor hun banen, die zo'n militair steunpunt met zich meebrengt.' Verbaasde blikken. 'Echt waar? De mensen willen helemaal niet dat de Amerikanen weggaan?' Hij kijkt Emad aan. 'Misschien komt het in Irak op een dag ook zover. Kun jij je dat voorstellen?'

De volgende ochtend gaat iedereen weer terug naar huis. Daarvandaan zullen ze hun reportages sturen, over de economie in Irak, de wederopbouw, de olie-industrie. En wij zullen de dagen daarna Newroz vieren, het Koerdische Nieuwjaar, Tiare met Mariwan in Halabja en ik met Niaz in Khanakin. Een paar dagen naar buiten, picknicken en barbecuen, is precies waar we nu aan toe zijn.

In Khanakin vertrekken we met de hele familie en nog twee gezinnen uit de buurt voor een picknick: de mannen laden grote koelboxen in de auto, verder dekens, schalen, plastic serviesgoed, een barbecue, zelfs een gasstel voor de thee. Picknicken in het groen is de Koerdische vrijetijdsbesteding, vooral sinds steeds meer gezinnen een auto hebben. Op Nieuwjaar klinkt de oproep *bo seran*, op naar de picknick!, haast als een strijdkreet. Hoogseizoen voor Kurdsat-reporters: die kunnen in twee dagen beeldmateriaal voor het hele jaar verzamelen.

Hele clans persen zich in een voertuig, tien, twaalf personen, op de voorstoelen, de achterbank, in de kofferbak, en dan begint de uittocht: 's morgens stapvoets heen, in het zicht van honderden andere gezinnen eten, dansen, drinken, praten en 's avonds weer in colonne terug.

Over wat een ideale picknickplek is, lopen de Koerdische ideeën en de mijne ver uiteen. De auto hoort voor de Koerden bijna bij de familie en moet bij het picknicken in elk geval in de buurt zijn. Reden waarom de populairste picknickplaatsen vlak naast de weg liggen: parkeren, uitladen, neerstrijken. Ik zie dat overal langs de weg en neem me vast voor niet naast de weg te gaan barbecuen. Waarvoor ga je dan naar buiten?

We komen elkaar halverwege tegemoet. De auto wordt op zichtbare afstand geparkeerd, dichtbij genoeg om nog duidelijk tot de familie te behoren, maar ver genoeg om me het gevoel af te nemen dat ik op een parkeerplaats picknick.

De zon schijnt, de Koerden dansen, en ik strek me uit in het gras. Een van de meest ontspannen dagen sinds lange tijd. Ik kan de wintervermoeidheid bijna uit mijn botten horen kruipen. 'Als de lente komt, groeit het gras zelfs onder een grote steen,' luidt een Koerdisch gezegde – en ik voel hoe het groen, de zon, de zoele wind de last van de afgelopen maanden iets verlichten.

Ik weet: ook ik moet binnenkort naar huis. Minimaal voor een tijdje. Kracht opdoen. Mijn oog voor wat normaal is opnieuw afstellen. Vrouwen en openbaar leven om me heen hebben. Of ik alleen op vakantie ga of helemaal terugkeer, weet ik nog niet. Op een lentedag als deze kan ik me goed voorstellen dat ik terugga. Het geld voor ons project is na de e-mailreddingsactie tot het eind van het jaar gegarandeerd. Maar dat zouden dan nog eens negen maanden Koerdistan zijn. Zou ik dat uithouden?

Een week later valt Tiare huilend mijn kamer binnen. Ik zit op dat moment aan de computer en schrijf voor Londen verslagen over de laatste training, Tiares economiecursus: namen van de studenten en waar ze vandaan komen, lesplan, afgesproken verhalen. Snikkend staat ze in de deuropening: 'Een van onze studenten is in Bagdad gedood.' De woorden komen bijna niet over haar lippen. 'Kamal, uit mijn laatste cursus. Hij is dood. Dood!'

Ik sla mijn arm om haar heen. Ik kan zelf niet huilen. Nog niet, ik voel me versteend en tegelijk gaan er duizend vragen door mijn hoofd: hoe is het gebeurd? Wie heeft hem gedood, hoe en waarom?

Tiare weet zelf nog niet veel, behalve dat hij bij een zeer omstreden razzia op een sjiitische moskee is omgekomen, doodgeschoten, het is nog niet duidelijk door wie, door Amerikaanse of Iraakse soldaten, met opzet of per ongeluk.

Kamal Manahi Anbar uit Bagdad, 28 jaar oud, acht broers en zusjes, gelauwerde bodybuilder en zeer gelovige sjiiet, zes maanden getrouwd, zijn vrouw bijna drie maanden zwanger. De achtste in Irak gedode journalist dit jaar, de achtenzestigste sinds het begin van de oorlog. En de eerste vermoorde IWPR-trainee in Irak, sinds onze organisatie zomer 2003 is begonnen met het opleiden van Iraakse journalisten.

Zoals we nu horen, had Kamal zijn familie niets verteld over de journalistencursus in Sulaimania. Voorheen had hij als taxichauffeur gewerkt, maar dat wilde hij niet meer, nadat hij diverse keren ternauwernood was ontkomen aan langs de weg verstopte explosieven.

Of hij eerst in zijn nieuwe beroep een poot aan de grond wilde hebben of het om veiligheidsredenen zelfs voor zijn naaste familie geheim wilde houden, zullen we nooit weten. Net zoals ook de laatste details rond zijn dood altijd een geheim zullen blijven.

We vragen het aan wie we maar kunnen. Uit alle antwoorden kristalliseert zich beetje bij beetje de volgende gang van zaken: op

26 maart 2006 ging Kamal met een vriend op pad voor het eerste onderzoek van zijn prille journalistenleven. In de al-Mustafa-moskee, een sjiitische moskee in het Bagdadse stadsdeel Shaab, wilde hij een sjeik interviewen over de economische situatie van families die voor etnische conflicten uit hun wijken zijn gevlucht. Dat verhaal wilde hij, had hij zijn vriend verteld, ons dan aanbieden voor onze website.

Hij had geen slechter tijdstip kunnen uitkiezen. Ze hadden de moskee nog maar nauwelijks bereikt, of Amerikaanse legervoertuigen kwamen de hoek om, VS-soldaten en Iraakse troepen vielen de wijk binnen en er braken onmiddellijk vuurgevechten uit.

Kamal en zijn vriend renden elk een andere kant op en zochten in verschillende hoeken hun toevlucht. Kamal sprong over een hek in de tuin van een huis naast de moskee, waarvan de eigenaar met zijn gezin eveneens dekking voor de schoten zocht. Kamal gaf deze familie zijn naam en het telefoonnummer van zijn ouders op een papiertje – voor als hem iets zou overkomen. Toen de gevechten minder leken te worden, waagde hij zich op straat. Hij wilde proberen naar de andere kant te komen, om vandaaruit de wijk te verlaten. Hij kwam niet ver. Voor de poort werd hij door twee kogels neergelegd, de ene doorboorde zijn rechterjukbeen, de andere trof hem in zijn hals. Gerichte schoten? Een vergissing? Zijn vriend vond het lijk even later, toen hij uit zijn schuilplaats kwam en Kamal zocht.

In de nieuwsberichten wordt later gemeld dat Iraakse en Amerikaanse troepen bij een succesvolle actie samen een terroristenschuilplaats in Bagdad hadden bestormd, waarbij zestien opstandelingen werden gedood en een gijzelaar werd bevrijd. Over dode burgers geen woord. Iraakse media beschuldigen de Amerikanen van massamoord: in de moskee zouden ongewapende mensen bij bosjes tijdens het gebed zijn omgebracht. Ook maanden later zijn de omstandigheden van de razzia in de moskee in Shaab niet helemaal opgehelderd, zoals ook in een x-aantal andere gevallen waarbij burgers zijn omgekomen.

Emad neemt het bericht van de dood van zijn vriend verbazingwekkend beheerst op. 'Ik woon in Irak,' zegt hij, 'we moeten altijd rekening houden met zulke dingen.' Pas zijn volgende zin verraadt hoe diep getroffen hij in werkelijkheid is. 'Ik heb mijn werk bij het Amerikaanse leger opgegeven omdat ik er niet meer tegen kon voortdurend vrienden te verliezen. Ik ben naar jullie toe gekomen, in het vredige Sulaimania. Hier heb ik nieuwe vrienden gevonden. En weer verlies ik ze aan de dood. Ik wil geen nieuwe vrienden meer. Irak is geen goed land voor vriendschappen.' Op de dag dat Kamal stierf, droeg hij het T-shirt dat Emad hem bij het afscheid had gegeven.

Tiare herstelt maar langzaam van de schok. 'Ik geloof dat ik niet geschapen ben voor dit land. Hoe kunnen de mensen tussen al die sterfgevallen steeds maar weer doorgaan?' Ze is bijna kwaad op onze Koerdische collega's, die tamelijk vlot na Kamals dood overgaan tot de orde van de dag.

'Niemand is voor dit land geschapen, Tiare,' zeg ik. 'Maar de mensen hier hebben geleerd alles te boven te komen wat het leven hun in de weg legt, zelfs als dat de dood is.' Ik lees haar een e-mail voor, die een vriend uit Bagdad ons na het bericht van Kamals dood heeft gestuurd om te troosten: 'In Koerdistan treuren de mensen als een van hen sterft – omdat hij al op aarde in het paradijs was. In Bagdad zijn ze blij – omdat de overledene eindelijk aan deze hel op aarde is ontsnapt.'

Dan gaan we samen in het park wandelen.

Vertrek

Met lichte bagage

Luchthaven Frankfurt, terminal E, 31 juli 2006. Om me heen bagagekarren die kreunen onder het gewicht van complete inboedels. Mannen met snor en resolute grootmoeders houden torens van stereo-installaties, Aldi-tasjes en koffers zo groot als kasten in bedwang, terwijl jonge vrouwen met slaapdronken baby's over de schouder in de hal heen en weer wandelen. Het wekelijkse voorspel van de nachtvlucht Frankfurt-Arbil. Langzaam, alsof het over drijfzand gaat, schuift de zwaarbeladen karavaan in de richting van de incheckbalie van Kurdistan Airlines.

Ik reis als enige met weinig bagage.

Veel zal ik niet nodig hebben voor mijn laatste maanden in Koerdistan. Bij het vliegveld in Arbil zal zoals altijd mijn chauffeur Akram op me wachten. Op de drie uur durende autorit door de bergen zal hij met het mij zo vertrouwde *'Sulaimania hosha. Arbil na hosha'* de voordelen van zijn eigen stad ten opzichte van Arbil prijzen, zal hij over zijn tijd als peshmerga vertellen en zeggen dat de strijders van tegenwoordig niets meer waard zijn. Als we de stadsgrens van Sulaimania bereiken, zal hij tegen de soldaten bij de controlepost zeggen dat ik *'sahafiya'*, journaliste, ben, waarop zij aan de kant gaan en de weg naar de stad vrijgeven.

Tien à twintig minuten later, afhankelijk van het verkeer, zullen we voor de villa parkeren. Shirwan, Dana, Alan, Hadi en Mariwan zullen me begroeten, drie maanden heb ik ze niet gezien. Time-out in Duitsland, *summer in the city*: onopgemerkt over straat gaan, *galão* drinken bij de portugees, *mojito* in de Beach Bar aan de Elbe, blote schouders, korte rokken, voetbalkoorts bij het wereldkampioenschap, fietsen, sushi eten, Ayurveda-massage, in bikini naar het meer, vierentwintig uur per dag stroom, geen lawaaierige generator voor de deur.

Voorbij. Koerdistan wacht, want voor mijn vertrek had ik beloofd: ik kom terug. 'Kom gauw weer!' schreef Shirwan, schreef Dana, hoewel ze moeten vermoeden dat ik terugkom om afscheid te nemen.

Akram zal mijn lichte bagage naar de eerste verdieping brengen en vragen: '*Hamu?*', is dat alles? Tiare zal op me wachten in de villa, die het afgelopen jaar een thuis voor me, voor ons is geworden en die toch niet meer dan een tussenstop zal blijven, een tijdelijk thuis. Een kruispunt, waarop de levens van heel verschillende mensen elkaar raakten en vanwaar we opnieuw zullen vertrekken naar de vele kanten van de wereld. Of al vertrokken zijn.

Tiare en Mariwan zullen bij mijn aankomst op gepakte koffers zitten, klaar voor vertrek naar Amerika. Mariwan is, evenals Ayub, toegelaten tot een voortgezette studie in de VS en heeft een beurs gekregen. Hij gaat aan de University of Colorado at Boulder journalistiek studeren, Ayub aan de Columbia School of Journalism in New York. Daar zijn we allemaal een beetje trots op.

Tiare gaat met Mariwan mee naar Boulder, daar een baan zoeken 'en dan zien we wel weer'. Irak? 'Ik geloof niet dat ik daar nog een keer voor langere tijd heenga. Misschien over tien jaar, als er vrede in Bagdad is.'

Mariwan wil in elk geval terug – niet alleen omdat de Koerdische regering, die zijn beurs betaalt, als terugkomgarantie het huis van een neef in onderpand heeft gehouden. Hij wil als journalist in Bagdad werken of in Koerdistan de jonge aanwas van een vrije pers opkweken. Reizen, ja – maar niet emigreren. 'Niet nu, nu er zoveel mogelijkheden zijn om iets voor mijn land te doen.' Wat er van hen terechtkomt? Over een jaar weten we meer.

Een groot vraagteken hebben Tiare en ik in elk geval al achter de rug: een ontmoeting in het 'gewone' leven. Vaak zaten we in Sulaimania op de gele bank en praatten erover of we elkaar ooit buiten ons bizarre woongroepwereldje zouden ontmoeten. En of het dan ook zou klikken.

Vervolgens kwam ze me tijdens mijn time-out gewoon in Hamburg opzoeken, toen ook zij een paar weken vakantie van Koerdistan had.

Ze kwam met de trein uit Berlijn, ik haalde haar in Hamburg op het perron af. 'Onderweg vroeg ik me af wat je aan zou hebben,' zei Tiare, toen we even later langs de Alster wandelden, onder grote, oude bomen, na Koerdistan voor ons allebei een droom. 'Een kort rokje? Of een strak T-shirt? Ik realiseerde me dat ik niet eens weet hoe je benen eruitzien – hoewel we zo lang samenwonen. En ja hoor: je kwam in een korte rok!' Ze grijnsde. 'Nu leer ik de echte Susanne kennen.'

De echte Susanne. Was degene met wie ze in Koerdistan heeft gewoond en gewerkt, niet echt? Was ik daar iemand anders, was Tiare daar iemand anders? Afgezien van onze kleren, ons tot op zekere hoogte aan de lokale normen aangepaste gedrag – waren we in wezen andere mensen dan thuis? Heb ik mezelf, hebben Gina, Jessica, Tiare zichzelf in Irak opnieuw uitgevonden, hebben we elkaar een ander gezicht, een andere persoonlijkheid laten zien dan onze oude vrienden van ons kennen?

Welnee. Ik geloof dat in elk geval niet. Maar we hebben facetten van elkaar gezien die onze familie, onze beste vrienden niet kennen en misschien nooit zullen leren kennen. Gewoon omdat de omstandigheden waaronder we met hen leven anders zijn.

Vooral hebben we onszelf beter leren kennen. Hebben grenzen afgetast, in afgronden gekeken en ons normen- en waardenspectrum bijgesteld. Wat voor mij belangrijk is, weet ik nu beter dan ooit: een leven vrij van de dwang tot conformiteit, waarin ik zelf kan bepalen hoe en met wie ik wil leven. Met of zonder kinderen, met of zonder man, met of zonder God.

Mijn andere ik: stel het je voor als de twee poppetjes van een weerhuisje. Pas bij de juiste druk laat het andere zich zien, het slechtweerpoppetje, dat eerst in het donker van het huisje verborgen zat. Ons Irak-repertoire, de manier waarop we op druk, beperkingen, gevaren, extreme situaties reageren, wordt in het dagelijks leven thuis zelden tot nooit aangesproken. De andere Susanne – voor Tiare is dat het mooiweerpoppetje, die niet voortdurend een nieuwe uitzonderingssituatie hoeft te overwinnen, niet ieder moment op het ergste voorbereid hoeft te zijn, die niet aan het geklets van de buren denkt als ze voor haar kledingkast staat, die soms graag een diep decolleté en hoge hakken draagt, veel boeken bezit en een woning 'die er heel anders uitziet' dan Tiare zich heeft voorgesteld: 'Zo *bohemian* – ik had eerder een gestylede stadsloft verwacht.'

Ik ken tot nu toe alleen maar fracties van het leven na Irak van de anderen. Het minst weet ik van Shannon, de Australische: alleen dat ze in Sydney woont. Na haar overhaaste vertrek heeft niemand van ons ooit nog iets van haar gehoord.

Gina leeft met haar man Brian in Detroit, in een eigen huis in Suburbia, en schrijft voor de *Wall Street Journal* over Jaguars van 80.000 dollar en het verband tussen autovoorkeur en stemgedrag bij de presidentsverkiezingen (Bush-kiezers houden van benzinezuipende terreinauto's, democraten meer van zuinige modellen). Brian heeft het leger vaarwel gezegd en werkt ook weer als journalist. Zijn eerste grote reportage na terugkeer in het gewone leven: een minutieuze reconstructie van de uiterst gecompliceerde herzenoperatie die zijn commandant het leven redde; die militair die een schot door zijn hoofd kreeg, die nacht toen we met Jessica in de tuin in Sulaimania Pesach vierden. De man heeft het echt overleefd, kan lopen, praten, zien – en zal desondanks nooit meer degene zijn die hij was tot het moment waarop de kogel van de scherpschutter hem raakte.

Jessica is van New York naar Boston verhuisd en werkt daar voor de BBC als radioverslaggeefster. Ze bericht vanuit heel Amerika, vooral over migratie, racisme en godsdienst. In het huis van een Harvard-professor heeft ze een appartementje met open haard, chique antieke meubelen en een serre gehuurd. 'Kom me opzoeken!' mailde ze toen ze er nog maar net in getrokken was. 'Ik heb plaats genoeg!' Op haar verjaardag, kort na haar terugkeer uit Koerdistan, namen haar ouders haar mee uit voor een verrassingsetentje, zij in een nieuwe jurk met netkousen 'en sexy laarzen. Een stukje been laten zien is een groot gevoel van bevrijding voor me.' Ze klinkt uitgesproken gelukkig in haar mails, een toestand waarin ik Jessica niet vaak heb gezien het afgelopen jaar. 'Ik heb het gevoel alsof ik de lotto heb gewonnen.' Haar baan, het appartement, alles klopt. Tegen de woning heeft ze ja gezegd op hetzelfde moment dat ze die voor het eerst betrad – 'heel ongewoon voor mij. Ik had mijn gewoonte trouw kunnen blijven, mezelf niets gunnen en voor de halve prijs een kamer kunnen zoeken in een woongroep. Maar ik besloot er niet langer over na te denken en niet moeilijk te doen over de beslissing – ik ben echt vooruitgegaan!'

Hiwa en Ava leven nog steeds in Bagdad, in het gevolg van de macht. Bijna een halfjaar na de verkiezingen in december 2005 werd Talabani tot president benoemd, deze keer voor vijf jaar. Of Hiwa en Ava het zolang zullen uithouden achter de muren van de Green Zone?

Ik kijk naar de bedrijvigheid in de lokethal in Frankfurt. Flarden van zinnen in het Koerdisch waaien door de ruimte, af en toe een paar woorden Arabisch. Nog anderhalf uur tot het geplande vertrek om even voor middernacht, en nog niet de helft van de karavaan heeft zijn bepakking bij het loket afgeladen. Het gaat moeizaam vooruit, om iedere kilo bagage wordt gevochten, alsof het overleven van de hele familie ervan afhangt. 20 kilo is toegestaan, sommigen komen in plaats daarvan met 80, 90 kilo aanzetten.

Ik moet aan Niaz denken. Hoe hij vierentwintig jaar geleden als vluchteling naar Europa kwam, met alleen een tas en een paar tekeningen bij zich die hij in het kamp had gemaakt. Een echt uur nul, hij moest werkelijk terug naar af, moest een leven ver van folteringen, oorlog en angst beginnen. Maar hoe leef je iets wat je helemaal niet kent? Hoe word je van een overlevingstalent tot iemand die van het leven kan genieten?

221

Een lang leerproces, misschien wel levenslang. Een paar weken voor ik terug zou gaan naar Sulaimania bezocht Niaz me in Hamburg. Als we samen door mijn buurt liepen, raakten twee werelden elkaar, waarvan ik de enige gemene deler ben. In mijn hoofd mengden beelden en gevoelens zich met elkaar. Als een mixer klutste Niaz' aanwezigheid mijn anders zo gescheiden parallelle universums dooreen en ik wist nog niet of en hoe goed die elkaar verdroegen.

We moeten elkaar in het gewone leven eerst leren kennen, moeten onderzoeken wat ons in Europa verbindt, hoe we, wanneer de buitenwereld niet ruw is en vijandig zoals in Irak, tegenover elkaar staan en wat we voor elkaar voelen.

In Koerdistan waren we beiden vreemd, op verschillende manieren wel, maar het was voldoende voor een wij-gevoel tegenover de anderen, de 'echte' Koerden. Maar wat bindt ons behalve dat in Koerdistan beleefde wij-gevoel? Dat kunnen we pas onderzoeken in een omgeving waar deze band niet als een felle schijnwerper alle andere contouren van ons samenzijn overstraalt.

Een groot verschil tussen hier en daar: in Europa voel ik me niet vreemd, en ik wilde dat dat ook voor Niaz gold. Maar het gevoel vreemd te zijn is een van die gevoelens die van buitenaf maar gedeeltelijk zijn te beïnvloeden. Een ingewikkeld mozaïek uit oneindig veel deeltjes, waarvan we er veel niet bewust kunnen benoemen tot we ze voor het eerst concreet voelen.

En miniature: we ontmoeten in Hamburg vrienden van me, een echtpaar, beiden een jaar of vijftig. Als we weer in mijn woning zijn, vraagt Niaz: 'Hoeveel kinderen hebben ze?' Ik verbaas me kort over de in de vraag doorklinkende vanzelfsprekendheid en antwoord dan: 'Geen.'

'Wie van de twee kan ze niet krijgen?'

'Hoe kom je erbij dat ze ze niet kunnen krijgen?'

'Mensen van die leeftijd hebben normaal gesproken kinderen.'

'In Koerdistan misschien. Hier is het meestal een normale op-
 'oor een leven zonder kinderen te kiezen. Dat moet je toch
  n Denemarken kennen. Heb je geen vrienden zonder kin-

'Hm, eigenlijk niet.'

Verbaasd hoor ik ons praten, niet met het vertrouwde wij-gevoel, maar als Europese en Koerd. Deze dialoog heb ik, in verschillende variaties, in Koerdistan vele tientallen keren gevoerd – maar nooit met Niaz. Lichte bevreemding: zag ik in Koerdistan meer de Europeaan in hem en in Europa meer de Koerd? Of was hij het, die daar zijn ene en hier zijn andere kant benadrukte? Hoe dan ook staat vast: voor ons wij-gevoel is een nieuwe basis nodig. Hoe en waar we die vinden – dat weet ik nog niet.

Nog altijd schuift de kofferkaravaan in de richting van het loket. Anders dan vierentwintig jaar geleden reist ook Niaz tegenwoordig meestal met zware bagage. Toen ik hem eind april bij zijn aankomst uit Arbil op het vliegveld van Kopenhagen afhaalde, kon hij zijn tassen en koffers nauwelijks van hun plaats krijgen. Bij zijn vertrek naar Koerdistan acht maanden eerder had ook hij, evenals nu de mensen voor me, aan het loket om elke kilo gesoebat – overtuigd dat hij op weg was naar huis, eindelijk, en hoogstens nog één keer terug zou gaan om de rest van zijn bagage te halen.

Het liep anders, het plan is niet gelukt. De teruggekeerde voelde zich ook in zijn oude vaderland vreemd. Zwaarder dan aan zijn koffers tilt hij nu aan zichzelf. Aan dromen die in rook zijn opgegaan, aan het verlies van zijn thuisland. Geen wereldenverzamelaar, maar iemand die zich tussen de werelden verloren voelt.

Hier op de luchthaven van Frankfurt, te midden van de bergen koffers vlak voor het inchecken naar Koerdistan, flitst door mijn hoofd: mensen die weten waar ze thuishoren, reizen met lichte bagage. Omdat ze het wezenlijke in zich dragen: dat wat niets ter wereld kan vervangen, wat in geen enkele koffer past: het gevoel erbij te horen, een innerlijk vaderland.

En ik ben blij dat naast me slechts een kleine reistas staat.

223

Woord van dank

Een jaar met vreemden samenwerken en samenleven onder één dak en daar vervolgens een boek over schrijven, is niet gemakkelijk. Ik dank mijn huisgenotes en collega's voor het vertrouwen dat ze mij met hun toestemming voor dit boek hebben geschonken. Zonder hun uitdrukkelijke aanmoediging en goedkeuring zou het me veel meer moeite hebben gekost een zo persoonlijk gedeelte uit het leven van ons allemaal openbaar te maken.

Ik beschrijf onze tijd in de woongroep zoals ik die heb ervaren en me herinner. Het zijn allemaal ware gebeurtenissen en bestaande personen – desondanks blijft het een subjectief verhaal en is het boek geen historische kroniek. Veel details heb ik uit e-mails en dagboekaantekeningen, andere uit mijn herinnering verzameld.

In een paar gevallen heb ik namen en omstandigheden veranderd, in de regel op momenten waar om veiligheidsredenen of op persoonlijk verzoek iemands identiteit moest worden verhuld.

Sulaimania, zomer 2006
Susanne Fischer